U0503425

中国旅游文化

主 编：刘明广
副主编：张贝尔 米 冰 王新强

经济管理出版社
ECONOMY & MANAGEMENT PUBLISHING HOUSE

图书在版编目（CIP）数据

中国旅游文化/刘明广主编. —北京：经济管理出版社，2013.11（2019.9重印）
ISBN 978-7-5096-2767-9

Ⅰ.①中…　Ⅱ.①刘…　Ⅲ.①旅游文化—中国　Ⅳ.①F592

中国版本图书馆 CIP 数据核字（2013）第 267548 号

组稿编辑：宋　娜
责任编辑：宋　娜　庞　勇
责任印制：黄章平
责任校对：陈　颖

出版发行：经济管理出版社
　　　　　（北京市海淀区北蜂窝 8 号中雅大厦 A 座 11 层　100038）
网　　址：www. E-mp. com. cn
电　　话：（010）51915602
印　　刷：北京虎彩文化传播有限公司
经　　销：新华书店
开　　本：787mm×1092mm/16
印　　张：14.5
字　　数：249 千字
版　　次：2014 年 1 月第 1 版　2019 年 9 月第 5 次印刷
书　　号：ISBN 978-7-5096-2767-9
定　　价：39.00 元

文化，是旅游的本质属性。文化交流，构成了旅游活动的基础。博大精深的中华文化，是发展中国旅游事业的依托。学习旅游文化，对旅游管理人员、服务人员和旅游爱好者来说，无疑有着很多好处。它能使我们深入了解我国旅游资源的文化底蕴和民族特性，清楚它们的价值和魅力之所在。它能提高我们的文化修养、专业素养和鉴赏识别能力。学习旅游文化，也有利于我们提高对旅游业的管理水平，促进旅游事业的发展。

进入 21 世纪，中国的旅游业面临着巨大的机遇和严峻的挑战。我们急需提高旅游从业人员的总体文化素质和业务水平，急需发扬我国旅游资源的文化优势，加强旅游产品在世界市场上的竞争能力，增强整个国民的旅游意识，改善旅游环境。这一切，又使得研究和学习旅游文化成为了一项紧迫的战略任务。

目前，学术界、旅游界对"文化"、"旅游文化"的理解和表述还存在较大的分歧。"旅游文化"的内涵和处延还没有统一的、严格的界定。因此，国内有关旅游文化的论著，还处于探索的阶段，本书也不例外。作为一本高等教育旅游专业学生的学习教材，它的编写主要考虑了三方面因素：①科学性。全书的框架结构和内容体系的确定，主要以国内专家学者的众多论述为前提，做到言之有据、言之成理，务求能经受实践的检验。②实用性。本书的使用对象主要为高等教育旅游管理本科专业学生以及一般旅游管理人员和旅游爱好者。从提高他们的文化修养和业务水平，以解决旅游实践中遇到的问题这一根本目的出发，本书着重介绍了旅游文化的基础理论和有关常识，不展开理论上的深入探讨和阐述。③结构性。旅游文化涵盖面甚广。本书是旅游管理专业本科教育内容的有机组成部分，为避免与旅游经济学、管理学、心理学等教材的相关内容重复，本书着重讲述其他系列教材较少提及的旅游文化常用知识等重要内容。

本书是高等教育旅游管理、酒店管理、旅游英语等本科专业学生的学习、考试用书。对旅游从业人员、旅游爱好者来说，这也是一本有用的参考书。

《中国旅游文化》是刘明广、张贝尔、米冰、王新强等同志通力合作的成果，由刘明广拟定全书的框架结构和编写原则。具体撰写分工如下：

第一章　旅游文化概述（吉林工商学院 刘明广）

第二章　旅游历史文化（吉林工商学院 刘明广）

第三章　旅游宗教文化（吉林工商学院 张贝尔）

第四章　旅游园林文化（吉林工商学院 张贝尔、王新强）

第五章　旅游建筑文化（吉林工商学院 刘明广）

第六章　中国民俗文化（吉林工商学院 刘明广）

第七章　旅游艺术文化（吉林工商学院 米冰）

第八章　旅游饮食文化（吉林工商学院 刘明广）

第九章　旅游文学（吉林工商学院 王新强、米冰）

本书作为一本教材，广泛吸取了国内许多专家学者的研究成果，书中的旅游饮食文化部分特请了海口市旅游局蔡俏、广东省经贸委谭杰斌同志审阅，在付梓之际，一并表示衷心的感谢。由于编写时间仓促，同时水平有限，书中存在着种种不足，渴望得到大家的批评指正。

编　者

2013 年 7 月 25 日

目录

第一章　旅游文化概述

【学习目标】

1. 了解文化的渊源

2. 文化与旅游的关系

3. 文化、旅游文化的概念

4. 旅游文化的特征

【章节导读】

文化是旅游的灵魂，旅游是文化的载体，没有文化的旅游显得苍白无力。我们在进行旅游资源开发的时候，既应考虑经济利益，也应强调文化价值。这种文化价值包括历史、艺术、人文等方面的特点和积极功能，以便从文化的角度理解旅游内容，阐释旅游活动，指导旅游行为，将旅游纳入整个文化系统。

旅游文化是文化的一部分，要了解旅游文化的内涵，必须先了解文化的历史渊源及其含义。中西不同的发展背景，使得中国和西方国家对文化有着不同的理解和认识，随着双方交流的不断深入，对于"文化"一词的认识也逐渐趋于一致。本章要求掌握文化以及旅游文化的含义，了解旅游文化的特征和结构，了解我国历史文化和旅游的关联以及中国历史文化的旅游价值。

第一节　旅游文化的基本定义

一、"文化"的渊源及其含义

"文化"一词在中国出现得很早，《周礼·正义》卷三曰："观乎人文以化天下"，这是"文化"一词见于中国典籍的开始，到了先秦时期，才将"文"与"化"并联使用。例如，《易·贲卦》中有"观乎天文，以察时变；观乎人文，以化成天下"，"天文"指自然规律，"人文"指人伦社会规范。"人文化成天下"含有文化出于自然而又能驾驭自然的意思。西汉以后，文献中正式出现了"文化"一词。刘向的《说苑·指武》中有"凡武之兴，为不服也，文化不改，然后加诛"之句。晋束皙的《补亡诗》中也有"文化内辑，武功外悠"之句。这里的"文化"是指与武功相对应的"文治教化"。总之，在我国古代文献中，"文化"一词有着特定的词义指向，大体是就宗法王朝所实施的文治教化和社会伦理规范而言，并不具备现代意义的"文化"内涵。对文化的这种理解，在我国一直保持到近代。

从西文的语源来看，"文化"一词，无论是德文的"kultur"，还是英文的"culture"，都源于拉丁文的"cultura"，其原意为土地耕耘和作物培育。英文中的农业"agriculture"，园艺"horticulture"显然都源于"culture"。"culture"首先被用来指经过人们耕作后的田园。人类的开垦种植，是人类对外部自然世界有目的的改造活动，象征着人类文明生活的开始与演变。之后，与古代西方人从认识自然转向认识自身的逻辑转折相适应，"culture"一词也产生转义，在原意的基础上融进了"培养、教育、发展、尊重"等内容，最终主要用来指称人类的精神领域。公元 1 世纪，古罗马政论家西塞罗使用了"耕耘智慧"（Culturementis）一词，其意与哲学等同。到了 17~18 世纪，欧洲的思想家在更广泛的意义上使用"文化"一词，用以指人类心灵、智慧、情操、风尚的发育，其意与"education"相近。

显然，古代东西方对"文化"的理解有着十分明显的差异。古代中国人所谓"文化"的词源意义仅限于社会人伦方面，而西方人使"文化"具备了双重意义：一是人对土地的耕作，使外在自然人化；二是通过教育和培养的过程使人具有理想公民的素质，使内在自然人化。近代中国所说的文化，则是19世纪从日文转译过来的。其内涵同样包含加工、修养、教育、礼貌和文化程度等多重意义，然而，自从19世纪下半叶人类学、社会学和文化学等间接或直接与文化有关的学科兴起之后，关于文化的定义层出不穷，人们对文化的理解越来越表现出多样性、复杂性和丰富性。

最早把文化作为专业术语使用的是英国人类学之父——泰勒（1832—1917）。他在1871年出版的《原始文化》一书中对文化做出了如下的界定："所谓文化或文明，从广义人类学意义上看，是由知识、信念、艺术、伦理、法律、习俗以及作为社会成员的人所需要的其他能力和习惯所构成的综合体。"这一文化定义事实上并未揭示文化的内在本质，只是把文化与总的人类社会遗存与现象等同起来。尽管如此，泰勒的定义却影响和启迪了不少思想家，以至于许多不同学派的学者对文化的更深挖掘蔚然成风，并沿着各自的研究视野以不同的方法对文化进行了颇有见地的阐说。

我们到底怎样理解文化？首先，文化是人的创造物而不是自然物，是一种社会现象而不是自然现象。文化的存在和发展是与人和人类社会的存在和发展相联系的。文化是一种"人化"的现象，文化的本质是人的本质的对象化，是人的本质力量的外在显现。凡体现了人的智慧和实践创造力的事项均属于文化，否则就应排除出文化的范畴。原始的山川草木不是文化，但经过人类按一定规则加工以后的广义上的园林、旅游景观则是一种文化；海洋中的动物不是文化，但海洋馆里经人训练而能表演节目的海豚、海豹则体现了文化。

其次，文化是人类社会活动所创造的，是为社会所普遍具有和享用的，不是专属个人的。文化体现在普遍的或一般的社会生活方式、社会风俗习惯以及社会物质创造和精神创造物中，它不包括仅仅属于个人思想行为中的某些特殊的东西，却包括体现于个人思想行为中的具有普遍性的东西。文化从纵的方面来看，可以是某个时代的社会群体所具有的；从横的方面看，可以是某个国家、某个民族、某个集团作为社会群体所具有的。用菲利普·巴格比的话说："文化就是那种在一个集团或一个社会的不同成员中反复发生的行为模式。所以，在我们的社会中，一个人先穿左右鞋的哪一只，是件无关紧要的事。如果一些个人有规律地做一事或另一事，我们就视之为一种私人爱好或个人癖好。但是，我们社会中的全体或相当接近于全体的人都把纽扣钉在衣服的右边，这就是我们的一个文化特征了。"

再次，文化是人类智慧和劳动的创造，这种创造体现在人们社会实践活动的方式中，体现在所创造的物质产品和精神产品中。一种生活方式，一种行为模式，一种思维方式，一种风俗习惯，一件物质产品，一件精神产品，其所以说体现了一种文化，就在于体现或反映了人的智慧和创造力量，从中可以看出人类智慧发展的水平和成就。我们说中国的万里长城、埃及的金字塔体现了文化，这并不在于它们的外在砖石材料，而在于它们所体现出的人类科学技术水平和审美标准，在于它们包含着人类的智慧和创造力。

文化是人类的产物，是人类实践活动的结果，是人类智慧和实践创造能力的结晶。它是一种精神性的东西，既体现在人们的精神活动和行为活动中，也体现在人们创造的各种精神产品和物质产品中。文化应该是一个总括性的概念，但人们在具体对待和使用这一概念的时候往往又自觉或不自觉地赋予它不同的外延。

通过以上总结，我们认为，文化应当是指人类在长期历史发展过程中所形成的，具有民族或地域特色的语言文字、思维特征、社会心理、传统道德、法律精神、宗教信仰、艺术风格、生活方式和风俗习惯等精神与物质要素综合作用的结果及其表现。

显而易见，语言文字、思维特征、社会心理、传统道德和法律精神等属于精神范畴；艺术风格、生活方式和风俗习惯等则更多地物化为外在表现，即属于物质文化范畴；宗教信仰既表现为精神的，又通过宗教建筑和宗教仪式等表现为物质的。

二、旅游文化的含义

1. 文化与旅游的关系

"旅游"一词在人们的具体使用中常常有广义和狭义之别。狭义的旅游，特指旅游者的活动行为；广义的旅游，则指旅游主体、客体、媒体相互作用的社会综合现象。长期以来，人们偏重旅游的经济性研究，甚至把旅游简单地视为纯经济现象。事实上，旅游首先是一种文化现象。旅游作为一种文化现象所产生的影响，或许比其单纯的经济影响更为深远。

（1）文化性是旅游主体活动的本质属性。

人类旅行活动可以追溯到原始社会时期。旅行产生之初，主要出于商品交换的目的。随后出现的真正意义上的旅游活动，特别是近现代的旅游活动，虽然也部分含有商业贸易的动机，但显然摆脱了经济的旨趣。

学术界在分析旅游者产生原因的时候，一般都要提及三个方面：可自由支配收入（Disposable Income）、可自由支配时间（Disposable Time）和旅游动机（Tourist Motivation）。旅游是一种跨空间的消费活动，没有一定的经济收入为后盾，没有一定的闲暇时间作保证，便无从谈起。因此，从表面上看，旅游是一种经济现象，旅游活动的广泛开展是经济发展的结果。但是，旅游毕竟是人的主观能动活动。一个人能否成为旅游者，不仅需要外在的客观条件，还需要内在的动因。美国的旅游心理学家就注意到，在 20 世纪 80 年代中期以前的任何一年中，到自己国家之外旅游的人数还不到世界人口总数的 0.5%。在美国，80% 的旅游是由只占人口总数 20% 的人进行的，大约有 5000 万美国人从来没有坐过飞机，大约有 8000 万人是在自己的后院中度过周末和假期的。可见，除了时间和财力之外，可自由支配收入和可自由支配时间只是旅游者产生的先决条件，或称为限定因素，旅游动机是推动一个人从事旅游活动的内在动力，是旅游消费行为的决定因素。

动机产生于需求。在现实社会中，人有各种需求，他们的需要即他们的本性，人的需要是人的内在的、本质的规定性。人是什么样的，决定于他的需要以及满足需要的方式。人类有什么样的需要，就有什么样的活动。人类的旅游活动，以其内在的旅游需求为根据，因此，要考察人类旅游活动的属性，首先需弄清人类旅游需求的产生及其性质。

人的需要是多层次、多种多样的。马克思主义把人的需要分为三个层次，即生存需要、享受需要和发展需要。生存需要是人类最基本的需要，但同动物社会不同，人类是通过生产活动来满足生存需要，而人类"一有了生产，所谓生存斗争便不再围绕着单纯的生存资料进行，而要围绕着享受资料和发展资料进行"。随着社会生产力的提高，"人不仅为生存而斗争，而且为享受，为增加自己的享受而斗争……准备为取得高级的享受而放弃低级的享受"。

中国先秦思想家墨子所谓的"食必常饱，然后求美；衣必常暖，然后求丽；居必常安，然后求乐"，就说明了人类在满足生存需要基础上产生高级需要的必然。享受不仅是物质的，而且还包括精神的。精神的享受总的来说是比物质享受更高一级的享受；而精神享受也有高低之分，高级的享受同样具有满足自然欲望的一面，但更多地表现出人的社会性的一面，往往成为衡量人类社会文明程度的标尺。人类的发展需要，即表现自己生命力的需要对于一个人来说，发展需要是一种内在必然的需要，是人的一种永恒的追求，这种超越生理的或本能的欲望，上升到了社会文化层次，便具有了社会文化意义。

人类的旅游活动显然不是为了满足肉体生存需要的手段。旅游者不吝金钱、不辞辛苦的空间位移活动，不具有"谋生"的性质，而是出于"乐生"的需要，是一种有意识的、对象性的乐生活动，是人的"精神状态得到自由解放的象征，其起步的地方，也正和具体的游戏一样，是从现实观念中得到解脱"。旅游的人，"实即艺术精神性的一种形式，摆脱了异化劳动的束缚。旅游需要主要属于精神性的享受和发展需要，是一定文化背景下的产物，是文化驱使的结果"。没有文化的发展，就无法激发人们的旅游动机，也就不可能产生旅游。从历史发展的观点看，旅游与其说是经济发展的产物，不如说是人类文化进步的结果。经济发展为社会进步提供了物质基础，但是从宏观上说，经济发展只是整个社会发展的一个组成部分，新的物质生产运动改变旧的社会图景的过程，是最深切也是最根本的社会文化革命与观念革命，而且往往是新的文化观念的运动早于新的物质生产运动。

第二次世界大战以后世界范围内旅游活动的兴盛，从表面看是全球经济恢复、繁荣的结果，从深层看则是文化观念转变的结果。正如日本前首相大平正芳所指出：20世纪中后期是从以经济为重心转向以文化为重心的时代，国民关注的目标由物质转向精神、转向生活品质全面提高。正是这种转变与经济的增长表里协同、交互作用，才使旅游活动在近半个世纪内逐渐大众化、生活化、社会化。总之，从旅游者的角度而言，旅游活动尽管带有经济色彩，但在本质上是一种文化活动。

（2）旅游客体的文化属性。

旅游活动的产生和普及，一方面是由于人类无限的"理性冲动"，即追求自由生命表现的内力的驱使；另一方面也受到旅游客体即旅游资源（产品）的吸引和激发，旅游客体所具有的魅力调动了人们旅游的欲望和动机，并最终转化为实际的行动。那么，旅游资源的魅力又从何而来、由何而生呢？旅游资源按其基本成因和属性，可分为自然旅游资源和人文旅游资源两大类。人文旅游资源，无论是以实物形态存在的文物古迹，还是无形的民族风情、社会风尚，都是人类生产、生活的产物，属于文化的范畴。由各种自然环境、自然要素、自然物质和自然现象构成的自然景观，并非人类的创造，而是在人类出现之前就已存在着，但那时它只是一种纯粹的物理世界，不具有任何实质意义，原始人的器物装饰和人体装饰，意味着人类对自然界形式韵律的自觉意识。

但是，这个时期的自然物还只是作为装饰材料被采用的，本身尚未具有独立的审美价值。图腾形象的创造使得自然事物大量进入到人类的社会生活圈中，但这时的自然界仍主要是一种象征，或仅具有象征意义。大自然从一般的精神客体转变为审美客体，即自然资源转变为现实的旅游资源，在人类历史上是比较晚的事情。这种转变的发生，意味着自然界已成为"人化的自然界"或"人类学的自然界"，是表现和确证人的本质力量的对象。我们不反对自然美的客观性，但自然美无疑是通过文化来鉴赏、反映和传播的，只有当自然界的形式韵律与主体人的生命韵律形成某种"同构"关系时，自然界才获得审美价值。因此可以说，山水美是思维的人类社会特有的概念，自然旅游资源同样也具有文化性。

一个国家或地区的旅游吸引力主要来自其旅游资源的特色，而这种特色在很大程度上取决于人文旅游资源的独特性。工业化促进了世界一体化，而世界一体化反倒使文化个性受到越来越多的青睐。特色鲜明的人文旅游资源在旅游市场竞争中可起到垄断或近似垄断的作用，能不断刺激旅游业的发展。人文旅游资源在我国旅游发展中的地位尤其突出。法国旅游学家弗朗索瓦·韦拉曾把亚洲的主要旅游国分为三类：第一类是具有航空与港口交通枢纽以及进入东南亚和中国的得天独厚通道的国家与地区，如新加坡；第二类是工业国家，如日本；第三类是拥有特殊旅游资源国家，如泰国。这个分类应该说是比较合理的，韦拉虽然没有提及中国，但很显然，中国属于其中的第三类。我国旅游资源的特殊性固然也体现在自然景观的丰富多彩，但更主要的是表现在人文旅游资源的绚烂奇丽。我国是世界四大文明古国之一，中华文化源远流长、博大精深、自成一体，就连西方学者也不得不说："在近现代以前的所有文明中，没有一个国家的文明比中国文明更发达、更先进。"在长期的发展积淀过程中，中国文化在各个领域都孕育出极其独特丰硕的成果，为全世界人民所瞩目。众多的文物古迹，灿烂的文学艺术，多姿多彩的民族风情，宏伟精深的思想宝库，构成了中国以古老东方文化为特色的国度形象，这一特点决定了我国的旅游发展必然带有浓厚的文化色彩。

（3）旅游业的文化特性。

旅游业作为国民经济产业部门之一，以实现经济效益为目的。毋庸置疑，经济性是旅游业的本质属性。但是，旅游业毕竟是一个特殊的经济部门，它的主要服务对象是旅游者，旅游者以追求精神享受为旨趣，可以说是文化消费者或审美者。因此，旅游业的核心产品只能是文化产品，旅游经营者必须为消费者提供文化享受，如此方能从交换中实现盈利目的。正是因为旅游供求具有这样的特殊性，才决定了旅游业在其有经济性的同时还具有文化特性，在遵循经济规律的同时还必须遵循文化规律。

旅游资源开发是旅游业发展的基础。在大多数情况下，旅游资源，特别是人文旅游资源只是制造旅游产品的原材料。潜在的旅游资源优势能否很好地转化为现实的旅游经济优势，取决于人们对旅游资源的开发和利用，取决于进入市场的旅游产品是否适销对路。人文旅游资源是相对复杂的资源，既具有客观的物质属性，又具有超乎物质之外的精神属性。例如，建筑资源是土木建造之物，同时也是某一历史时期社会经济文化的综合写照，在其外观结构背后蕴藏着深厚的文化意味，而且其所隐含的、内在的文化意味往往是建筑的灵魂之所在、审美价值之所系。又如道教资源的物质层次大都简洁平实、朴素无华，不易诱动大众游客的兴奋中枢，但其所附载的无形的道教精神文化却博大精深、源远流长，并与中国人特有的伦理道德、生活习俗有着难以分开的联系。总之，人文旅游资源的开发和利用常常与历史文化的整理、选择、强化、辐射密不可分。在市场经济体制下，旅游资源的开发者还必须了解旅游客源地区的文化特征，寻求能架起本地旅游资源文化内涵与旅游者背景文化之间的沟通桥梁，据此提炼、加工、组合、促销旅游产品。只有如此，才能保证旅游经济效益的获得和提高。毫无疑问，旅游资源的开发和利用反映着一个国家和地区人民的智慧和创造力，既是一种经济活动，又是一种文化活动。由于旅游消费本质上是文化消费，旅游业的文化特性就不仅体现在旅游资源开发、旅游产品（主要是指景点景区）设计，也渗透在旅游业多个部门的运行之中，例如旅游饭店业的经营管理就带有明显的文化色彩。现代旅游饭店不是简单提供膳宿的场所，而是集膳宿、社交、娱乐、审美种种功能于一体的综合性场所。它不仅要能满足旅游者生理的、物质的需求，更要能够满足旅游者精神享受的需要。饭店的建筑、设备设施、餐饮产品乃至服务人员的行为形象，无一不是客人的审美对象。因此，一个优秀的饭店，有必要在饭店建筑造型、内部装饰等方面注重文化个性的塑造与表现，有必要不断提高餐饮、客房、娱乐等环节的文化品位，有必要培养和提高服务人员的文化素质，提供有情调的个性化服务。

实践已从正反两个方面证明：只有提高饭店产品的文化含量，才能提高饭店的档次，增强吸引力和竞争力，在市场竞争中立于不败之地。至于饭店管理与文化的密切关系，也早已得到理论和实践的双重证实。美国管理学家麦格雷戈（Dorhlas Megregor）早在几十年前指出：管理的真正问题在于管理者的宇宙观和价值观的改变，管理观念是第一位的，而管理措施是第二位的。管理观念的变化，既受到经济基础的制约，同时也受到社会传统文化的影响。任何一家饭店的管理体系和制度都建立在特定的文化环境之中，不可能放之四海而皆准。越来越多的饭店管理人员通过亲身的实践意识到，不顾本国或本地区的文化传统，生搬硬套别人的管理模式，是行不通的或低效的。只有一方面吸收国外或外地先进的饭店管理理论思想，另一方面根据本国或本地的文化传统对其加以取舍、消化、完善，才能真正管理好饭店，才能推动中国饭店业的健康发展。

总之，文化是旅游者的出发点和归结点，是旅游景观吸引力的渊薮，是旅游业的灵魂。所以，旅游文化的提出和研究既是理论建设的需要，也是旅游生产力发展现实的需要。

2. 旅游文化的定义

尽管旅游与文化的紧密关系很早就被一些人所认识，但旅游文化作为一个专用名词是美国学者罗伯特·麦金托什和夏希肯特·格波特提出的。1977 年他们两人合作出版了《旅游学：要素·实践·基本原理》一书，用"旅游文化"作为书中一章的标题，并指出旅游文化"实际上概括了旅游的各个方面，人们可以借助它来了解彼此之间的生活和思想"，它是"在吸引和接待游客与来访者的过程中，游客、旅游设施、东道国政府和接待团体的相互影响所产生的现象与关系的总和"。

在国内，20 世纪 80 年代初就有人指出，"一定意义上，旅游也是一种文化事业"，"即使从经济意义上说，也要加强对旅游的文化建设"。但是，最早正式使用"旅游文化"一词者，是 1984 年出版的《中国大百科全书·人文地理学》。该书对旅游文化作了如下的阐释："旅游与文化有着不可分割的关系，而旅游本身就是一种大的文化交流，从原始文化到现代文化都可以成为吸引的因素：游客不仅吸取游览地的文化，同时也把所在国的文化带到了游览地，使地区间的文化差别日益缩小。绘画、雕刻、摄影、工艺作品，是游人观赏的项目。戏剧、舞蹈、音乐、电影又是安排旅游者夜生活的节目。诗词、散文、游记、神话、传说、故事，又可将旅游景物描绘得栩栩如生。"很显然，这个解释并没有直接告诉人们旅游文化的本质，而且将所理解的文化主要局限于文学艺术领域，而不是广义上的文化概念。

到 20 世纪 80 年代后期，国内学术界加强了对旅游文化的研究，不少人致力于其概念的界定。由于看问题的视角不同、归纳的方法不一、理解的宽窄度不等，对旅游文化的定义表述可谓众说纷纭、见仁见智。有人把这种认识上的差异概括为三种：其一，旅游文化是人类过去和现在所创造的与旅游有关的物质财富和精神财富的总和；其二，旅游文化是旅游主体、旅游客体和旅游媒体相互作用所产生的物质和精神成果，旅游三要素中的任何一项都不能单独形成或构成旅游文化；其三，旅游文化是以一般文化的内在价值因素为依据、以旅游诸要素为依托而作用于旅游生活过程中的一种特殊的文化形态，是人类在旅游过程中精神文明和物质文明的总和。

由于旅游和文化这两个概念本身的复杂性，对旅游文化的定义和表述的确有很大的难度，但我们又非常有必要在各种学术观点所组成的动态网络上对旅游文化的概念加以规定，否则就无法厘清它的脉络，也影响人们对旅游规律的认识。

现代旅游具有大量人口作跨空间运动的特征，涉及的范围相当广泛。在社会学家看来，存在一个"泛旅游社会"。作为人类生活观念形态的一种反映，旅游是客观存在的，并具有相对的独立性。旅游文化的产生和发展，必然要建立在一般文化的基础之上，以一般文化内在的价值因素为依据，但又有其发育的特殊背景和原因，从而形成有别于其他文化形态的内容和本质特性。文化的本质在于创新，旅游文化不是一般社会文化向旅游领域的简单"移入"，而应该是在继承或局部包容一般文化形态的前提下创造出的新型文化。如果不是这样，旅游文化的提出就失去了任何价值：随着科学技术的发展和交通运输业的进步，当今世界的每一个角落几乎都留下了旅游者的足迹，没有哪一种自然的或人文的事物或现象不可作为旅游观赏的对象。换言之，人类过去和现在所创造的任何物质财富和精神财富都可能成为人类旅游实践的对象。

综上所述，可以对旅游文化的概念作如下表述：旅游文化是旅游者和旅游经营者在旅游消费或旅游经营服务过程中所反映、创造出来的观念形态及其外在表现的总和，是旅游客源地社会文化和旅游接待地社会文化通过旅游者这个特殊媒介相互碰撞作用的过程和结果。

还有必要说明的是：旅游文化与文化旅游是两个截然不同的概念，不能混淆。旅游文化属文化的范畴，是文化的一个门类。文化旅游属于运动的范畴，是旅游的一种类型。文化旅游可以促进旅游文化的发展，但其构成要素要比旅游文化简单得多。

第二节　旅游文化的特征和结构

一、旅游文化的特征

分析把握旅游文化的特征，有助于进一步揭示旅游文化的本质，充分发挥其作用。近年来，学术界对此作了不少有益的探索。

1. 双重性

由于旅游活动的特殊性，旅游文化在许多方面都表现出双重性特征。

第一，旅游文化是旅游消费文化和旅游经营文化的对立统一。旅游文化有两个对立统一的主体，即旅游者和旅游经营者。旅游者是文化产品的消费者，其活动以消费为表现形式，以获得审美享受为目的，体现或创造的是旅游消费文化。旅游经营者是文化产品的生产者，其活动以制造有韵律、有意味的形式为手段，以获取经济利益为目的，体现或创造的是旅游经营文化，旅游文化是这两种文化的对立、统一、融合。

第二，旅游文化是暂时性和延续性的统一。旅游者的旅游活动一般是短暂的，通常只持续数天或数周。以某个或某些旅游者为中心的旅游文化活动，随着旅游活动的始终，而开始而结束，是暂时性的。正是这种暂时性，使得旅游消费与普通的消费存在诸多文化上的差异。旅游是人类对常态生活的一种主动的、暂时的逃脱或反叛，是文化的回归，是对日常生活的补充。但是，从社会主体的角度而论，旅游活动是从来没有也永远不会停止，一个旅游者的一次具体的旅游行为结束了，整个社会的旅游活动则还在继续进行，旅游文化还在不断地向前发展。另外，旅游从业人员是相对稳定的，旅游接待部门的企业文化一旦形成，就不会因旅游者的交替而中断。因此，旅游文化能够具有相对的稳定性。

第三，旅游文化是文化求异与文化认同的统一。旅游活动是旅游者在文化时空下的新与异、奇与美的追求，在空间上表现为体验和探索异域文化的渴望，在时间上表现为对传统文化和新型文化的向往。旅游文化是在不同文化的冲突中产生的。经济学家研究指出：国际贸易需求总量在很大程度上取决于产品的差异。实践证明，在旅游业这一无形贸易中，对需求起决定作用的是旅游产品的文化差异。因此，营造有文化个性的旅游产品应被旅游业奉为圭臬。但是，我们还必须指出：旅游也是一种文化认同过程。没有文化认同，旅游就失去了意义。文化差异是旅游活动形成和发展的基本条件之一；同时，文化差异又是文化距离，当它超出一定范围后，对旅游业不是促进，反而是限制和妨碍。文化差异太大，主客间无法交流、认同，旅游目的地的吸引力就会大大减弱，事实上，一些学者在分析世界旅游流的分布及演变规律时已注意到了这一点。旅游文化是文化求异和文化认同的平衡，是不同民族文化的冲突交流，是传统文化和现代文化的交汇。所以，发展旅游既不能不求民族、地域特色，也不能片面地强调民族性、地域性，而是要慎重地考察中外文化所包含的文化要素之间相容与不相容的关系，形成既不游离于传统又不拘泥于传统、既有民族地方特色又具有世界意义的新文化。只有如此，旅游业才能得到快速、持久的发展。

2. 大众性

按照创造主体和范围的不同，文化可以分为雅文化和俗文化两类。雅文化亦即精英文化（Elite Culture），是属于上层阶级的文化，具有明显的人文理性精神。俗文化亦称大众文化（Mass Culture），是属于社会大众的文化，具有商品性、娱乐性和消遣性三大特征。当代的旅游活动已经不再是社会上层的特权，而是一种社会大众性活动，是社会大众对刻板的、紧张的常态生活环境的反叛，现代旅游文化因此表现出娱乐性文化特征。旅游大众化刺激了旅游业这一文化产业的兴起。不消说，文化产业也按照盈利的原则来设计，利润起着决定性的作用，这就使得旅游文化自然地呈现出商品性特征。因此，旅游文化不是书斋文化，而是民间文化；不是高堂文化，而是庶民文化；不是雅文化，而是俗文化。它具有广泛的群众性。

3. 双向扩散性

在跨空间的旅游活动中，旅游者既是文化产品的消费者，又是大众传播的媒介。旅游者与一般文化传播媒介不同，通过旅游者所引起的文化扩散是双向的：一方面，旅游客源地的文化借助旅游者传入旅游接待地，进而导致接待地文化受到潜移默化的影响；另一方面，旅游接待地的文化也会被旅游者带回客源地，影响客源地的文化。游客的大量涌入，不仅会使接待地的经济结构发生变化，而且对接待地语言文字、风俗习惯、伦理道德、价值观念等领域形成强大冲击。这种冲击，将逐渐缩小客源地和接待地的差异。随着我国旅游业的深入发展，旅游文化的双向扩散性必然引起旅游各界的高度关注。

二、旅游文化的结构

了解旅游文化的构成，是有助于我们对旅游文化进行深入研究的必要前提。目前，对于旅游文化的结构有以下几种观点：

1. 按照现代旅游的三大基本要素分

按照现代旅游的三大基本要素，可将旅游文化分为旅游客体文化、旅游主体文化和旅游介体文化三部分。

旅游客体文化，包括旅游历史文化、旅游建筑文化、旅游园林文化、旅游宗教文化、旅游民俗文化、旅游娱乐文化，旅游文学艺术、人文化的自然景观等。

旅游主体文化，包括旅游者的政治主张、思想和信仰，旅游者的文化素质、职业，旅游者的心理、性格、爱好，旅游者的生活方式等。

旅游介体文化，包括旅游餐饮文化、旅游商品文化、旅游服务文化、旅游管理文化、旅游文化教育、旅游导游文化、旅游政策和法规及其他旅游介体文化。

2. 按照文化的结构模式分

依据文化的结构模式，可将旅游文化分为物质文化、制度文化和观念文化三层。

旅游物质文化，指旅游者视觉可辨识的文化物质实体，如建筑、园林、古人类文化遗址、碑刻、雕塑等景观景物，还有旅游商品、旅游服务设施等。

旅游制度文化，指旅游活动中的各种社会规范和约定俗成的习惯定势。

旅游观念文化，指引导、影响人们旅游实践的直接或间接地在旅游实践中抽象出来的价值观、审美心理、思维方式等。

3. 按照旅游文化的主体和旅游交换的过程分

考虑到旅游文化的两个主体和旅游交换的过程，可将旅游文化分为旅游消费文化和旅游经营文化。

旅游消费文化包括旅游消费行为文化和旅游审美文化。旅游消费行为文化主要研究文化和亚文化对旅游者旅游态度、旅游动机、旅游决策模式以及具体消费行为的影响过程、机理和具体表现形式；旅游审美文化则探讨旅游审美文化特征和基本类型以及不同文化时空下旅游审美活动的演变和差异等。

旅游经营文化可按照经营活动对象和范围的不同分为三个层次：一是旅游产品经

营文化，亦称旅游产品开发文化，指旅游资源转化为旅游产品的过程，内容包括旅游资源文化特质分析，旅游产品的文化规范、塑造和表现方法；二是旅游企业经营文化，指旅游企业围绕着国际化、个性化、人性化三大目标，在显在和潜在层面上的文化建设；三是旅游目的地经营文化，包括目的地旅游整体形象的确立与宣传，适于旅游发展的文化环境营造、旅游对当地社会文化的冲击和这种冲击对旅游业的影响、旅游目的地可持续发展中的文化调适等。

【本章小结】

    本章主要介绍中国文化的渊源及文化和旅游文化的概念，通过阐述不同时期不同国家对文化的理解，加深同学们对文化的认识。历史文化是旅游文化的基础和灵魂，通过对我国哲学与旅游、宗教与旅游、文学与旅游、艺术与旅游、民族民俗与旅游等的关系介绍，了解我国旅游文化的旅游价值。

第二章　旅游历史文化

【学习目标】

1. 了解古代的官阶科举制度

2. 熟悉中国古代重要思想和科技成就

3. 了解中国古代姓氏由来和称谓

【章节导读】

中国历史文化的概念有广义和狭义之分。广义的中国历史文化是指中华民族的祖先在历史上创造的一切文化的总称；狭义的中国历史文化则是指中国历史的有关知识，主要有社会形态与历史分期、历代官制与科举、历代思想和科技以及古代姓氏称谓等。本章详述狭义上的中国历史文化相关知识。

第一节　中国历史概述

一、原始社会

传说中的中华民族历史开始于盘古开天地和女娲造人，这些神话传说的目的在于探求中华民族起源的奥秘，而古人类学和古地质学的研究已为其找到了科学答案。

约 80 万年前，"蓝田猿人"在今陕西蓝田一带过着原始群居生活。约 69 万年以前，"北京猿人"活动在今北京房山区周口店一带，他们已经能够打制石器，使用天然火；约 20 万~10 万年以前，活动在广东的马坝人、陕西的大荔人、山西的丁村人等已比"北京猿人"更加聪明，由"猿人"进入"古人"（智人）阶段；距今 1.8 万年的北京"山顶洞人"则由"古人"进化到"新人"阶段，他们已进入氏族公社阶段，掌握了磨制和钻孔技术，学会了人工取火。自此，我们的祖先彻底地与猿类分手，走向了崭新的世界。

距今五六千年左右，居住在黄河中上游和长江流域的中华民族祖先已进入母系氏族公社阶段，他们按母系血缘组成氏族社会，共同生活，女性在社会生活中发挥着主导作用，氏族成员亲属关系依母亲血统确定。长江流域的浙江余姚河姆渡氏族，已经普遍使用磨制石器，并已学会了打井，饲养牲畜，种植水稻，生活固定。黄河流域的半坡氏族，已能制造弓箭，使用磨制石器，烧制彩陶，饲养家畜，种植粟，过着定居生活。

距今四五千年左右，我国东部沿海和黄河下游一带进入父系氏族公社时期，即铜石并用时代。这一时期的文化发现，以山东大汶口文化中晚期、河南龙山文化、浙江良渚文化等为代表。此时男性在社会生活中居于支配地位，氏族成员的亲属关系以父系血统确定。随着社会生产力的进一步发展，私有制开始萌生，出现了贫富分化。

父系氏族公社晚期，正是传说中的五帝时期，黄帝便是其中之一。据说黄帝是黄河流域的一个部落首领，传说他曾打败了南方的蚩尤部落，并与西方的炎帝部落联盟，形成了日后华夏族的骨干。尧、舜、禹是继黄帝之后三位贤能的部落联盟首领，当时部落联盟首领的产生实行民主推选的"禅让"制。据说禹在位期间，洪水泛滥，禹率领民众消退洪水，划分"九州"。

二、奴隶社会——我国的奴隶社会时期，历经夏、商、西周、春秋四个时期，约 1600 多年

约前 21 世纪，活动在黄河中游一带的夏部落联盟，父系氏族公社制度逐渐瓦解。在其首领禹死后，一部分氏族贵族打破民主选举部落联盟首领的制度，扶持禹的儿子启做了国王，建立了我国历史上第一个奴隶主阶级政权夏朝，建都安邑（今山西夏县）。有夏一代，自启至末代王夏桀，历 14 代共 17 位国王，维持了近 500 年。

公元前 1600 年左右，夏桀的残暴统治激起奴隶反抗，黄河下游的商部落首领汤趁机起兵灭夏，建立商朝，都于亳（今河南郑州）。商朝前期曾多次迁都，直到约前 14 世纪，商王盘庚迁都于殷（今河南安阳）后，其统治方得以稳定，此后史称其为"殷"，殷商社会，由"汤"到"纣"，共有位 30 位国王，17 代，629 年。约前 1046

年，商末代王纣统治残暴腐朽，激起民愤，新兴的周部落起兵灭商，即著名的"武王伐纣"，建立周朝，定都镐京（陕西西安），史称"西周"。西周实行了分封制，把王侯、功臣分封于各地为诸侯，建立诸侯国。在土地制度上实行井田制，全国土地归天子所有，天子把土地分赐给诸侯贵族世代享用，但不得转让和买卖。公元前 841 年，都城的平民暴动，赶走残暴的周厉王，推举武王弟周公和召公共同执政，史称"周召共和"，共和元年是我国历史上有确切纪年的开始。公元前 771 年，犬戎攻占镐京，杀周幽王，西周灭亡。随后，周平王继位，迁都洛邑（今洛阳），史称"东周"。东周分为春秋、战国两个时期，公元前 770 年到公元前 476 年为春秋时期，公元前 475 年到公元前 221 年为战国时期。

春秋时期，王室衰微，诸侯并起，新旧势力斗争激烈，一些大的诸侯不断发动争霸战争，先后称霸的诸侯有齐桓公、宋襄公、晋文公、秦穆公、楚庄王，史称"春秋五霸"。生产力进一步发展，已经开始使用铁器，私田逐渐扩大，井田制逐渐瓦解，新的生产关系正在形成，奴隶制度走向崩溃。

三、封建社会

我国的封建社会，自战国至鸦片战争前（公元前 475 年—公元 1839 年），历经 2300 余年，分为以下几个发展阶段：

1. 战国、秦、汉——封建社会的确立和初步发展，战国为我国封建社会的开端

此时期，铁器开始广泛使用，牛耕的普遍推广，使农业生产力进一步发展，生产关系发生了重大变革。随着奴隶制向封建制的过渡，各国相继进行变法，封建制在各诸侯国逐渐确立。当时称雄一方的诸侯国有秦、齐、楚、燕、韩、赵、魏七国，史称"战国七雄"。

秦国在商鞅变法之后，迅速强大，成为当时最先进的诸侯国，经过一系列兼并战争，公元前 221 年，秦王嬴政统一全国，建立了中国历史上第一个统一的多民族的中央集权的封建君主专制国家——秦。嬴政始建"皇帝"称号，是为秦始皇。秦王朝在全国设立郡县，统一法律、文字、货币、度量衡、车轨等，对巩固国家的统一，促进各地经济、文化的发展起了积极的作用。为了巩固边防，公元前 214 年，秦始皇派蒙恬击败匈奴后，又以大量的人力连接以前燕、赵、魏、秦等国的长城，筑成了一条东起辽东郡（今辽宁辽阳县北），西到临洮（今甘肃岷县），长达 2500 余千米的长城，以

防御匈奴。这便是世界古代最伟大的建筑工程之———我国的"万里长城"。由于秦朝的赋税和兵役、徭役极为沉重，刑法过于严酷，使阶级矛盾激化。公元前209年，陈胜、吴广发动了中国历史上第一次农民大起义，公元前206年，刘邦攻占关中，秦王朝灭亡。

公元前202年，经过4年的楚汉战争，刘邦战胜项羽，建立汉朝，定都长安，史称西汉。西汉前期，几代皇帝都采取了休养生息的政策，使社会经济得到恢复和发展，曾出现了著名的"文景之治"。汉武帝时期，国力强盛，经济繁荣，疆域广大，科学文化艺术也空前繁荣，各民族之间的联系得到加强，对外交流不断扩大，丝绸之路由此开辟。西汉后期，土地兼并十分严重，皇权衰败。公元8年，外戚王莽趁机夺权称帝，阶级矛盾激化，农民起义爆发，随着王莽政权被推翻，西汉灭亡。

公元25年，刘秀窃取了农民起义的胜利果实，重建汉政权，定都洛阳，史称东汉。刘秀在位期间，社会出现了较为安定的局面，经济得到了恢复和发展，史称"光武中兴"。东汉后期，豪强地主利用特权不断兼并土地，外戚、宦官把持朝政、交替专权，阶级矛盾日益尖锐，最终导致了黄巾大起义的爆发。起义虽被镇压，但已深深动摇了东汉的统治基础。此后，地方势力日渐强大，进入军阀割据混战时期，东汉名存实亡。

2. 三国两晋南北朝——封建国家的分裂和民族大融合

东汉末年，军阀混战，群雄逐鹿。赤壁之战后，曹操的势力局限于中国北部，刘备趁机占领湖北、湖南大部，又向西发展，占领四川，孙权则在长江中下游地区得以巩固，三分天下形势已定。公元220年，曹操的儿子曹丕代汉称帝，国号魏，建都洛阳，史称曹魏；221年刘备在西川称帝，建立蜀汉，定都成都；222年孙权称帝建立吴国，以建业（今南京）为都，三国鼎立局面形成。公元263年，魏灭蜀。265年司马炎废魏自立，建立晋朝，定都洛阳，史称西晋。280年晋灭吴，南北统一。

316年匈奴人攻占洛阳，西晋灭亡。317年，西晋皇族司马睿在建康（今南京）称帝，史称东晋。与此同时，北方的匈奴、鲜卑、羯、氐、羌等各族统治者先后建立起许多国家，包括前赵、北凉、夏、前燕、后燕、西秦、南凉、后赵、后汉、前秦、后凉、后秦、前凉、西凉、北燕、南燕16个国家，史称五胡十六国。

公元420年，东晋灭亡后，中国历史南北对峙时期。南朝包括南方的宋、齐、梁、陈四个连续建立的王朝，均建都于建康，这些王朝的君主都是汉族。北朝始于439年，北魏统一中国北部，后北魏分裂为东魏、西魏。随后又分别为北齐、北周所代。北魏、东魏、西魏、北齐、北周总称北朝，它与南朝并存，史称南北朝。三国两晋南北朝，中国历史虽经历了300多年的战乱、割据与动荡，但却极大地促进了北方各族人民的大融合和江南地区的开发。

3. 隋唐——封建社会的繁荣

公元581年，北周外戚杨坚篡位称帝，建立隋朝，定都大兴（今西安）。589年，隋灭陈，结束了南北分裂格局，神州大地复归统一。隋文帝杨坚在位期间，建立了许多巩固封建政权的制度，改革官制，实行均田，减轻徭役，使隋初出现了社会安定、经济繁荣局面，史称"开皇之治"。其子隋炀帝杨广篡位后，奢侈腐化，穷兵黩武，严重地破坏了社会经济，同时还大兴土木，修建了沟通南北水运的京杭大运河，造成民怨四起，在农民大起义的风暴中，隋王朝土崩瓦解。隋朝统治，实有两代君主，共37年。

在隋末农民起义过程中，太原留守李渊举兵反隋，于618年建立唐朝，定都长安（今西安）。唐太宗李世民即位后，吸取亡隋教训，调整政策，勤于纳谏，任贤使能，轻徭薄赋，使社会安定，经济繁荣，出现了著名的"贞观之治"。690年，唐高宗皇后武则天废唐称帝，改国号"周"，史称"武周政权"。705年，唐中宗李显继位，复国号"唐"。唐中叶以前强盛无比，这一时期，经济发展，文化繁荣，各民族间的联系大大加强，对外交流非常频繁，唐朝当时与亚、欧、非许多国家和地区都有着广泛的联系。唐中叶以后，朝政腐败，地方势力渐强，先后发生了"安史之乱"、藩镇割据和宦官之争，因此唐朝由盛转衰。唐末农民大起义最终瓦解了唐的统治，907年，唐朝灭亡。

4. 五代宋辽夏金元——封建制度的持续发展与民族融合的加强

公元907年，唐大将朱全忠代唐称帝，定都汴梁（今河南开封），国号"梁"，史称"后梁"。自此到北宋建立为止，在北方中原一带，先后经历了后梁、后唐、后晋、后汉、后周五个朝代，合称五代。与此同时，在南方和山西则先后出现了吴、南唐、吴越、楚、闽、南汉、荆南、前蜀、后蜀、后汉10个割据政权，史称十国。

公元960年，北周殿前都点检赵匡胤发动"陈桥兵变"，黄袍加身，改国号为"宋"，以汴京为都，是为北宋。与此同时，916年契丹族首领耶律阿保机建契丹国（大辽）；1038年，党项族首领李元昊称帝，国号"大夏"（西夏）；1115年，女真族首领完颜阿骨打称帝，建立"金"政权。宋与辽、金、西夏长期对峙，曾发生过多次战争。1127年金军攻陷北宋都城东京，北宋灭亡。

北宋灭亡的同一年，宋高宗赵构在应天府称帝，后定都临安（今杭州），史称南宋。南宋与金长期对峙。此时，北方的蒙古汗国兴起。成吉思汗统一蒙古诸部后，发动了大规模的战争，1227 年灭西夏，1234 年亡金，1271 年忽必烈建立元朝，建都燕京（今北京），1279 年消灭南宋，统一全国。元朝的疆域在中国历史上是空前的，元朝的统一进一步促进了我国各民族的融合。

5. 明清——统一的多民族国家的巩固和封建制度的衰落

元末农民军领袖朱元璋于 1368 年在应天府（今南京）称帝，建立明朝。1421 年明成祖朱棣迁都北京。明后期统治腐朽，宦官专权，土地兼并严重，最终爆发了高迎祥、李自成、张献忠等领导的农民起义。1644 年，李自成在西安建立大顺农民政权，同年攻占北京，结束了明王朝的历史。

明末，生活在我国东北地区的女真族逐步崛起，1616 年其首领努尔哈赤在赫图阿拉（今辽宁新宾县）称"汗"，建立"金"国，史称后金。1636 年，其子皇太极在奉天（今沈阳）称帝，改国号为清。1644 年，清军进入山海关打败李自成，迁都北京。

明清时期，中国虽然仍是大国，但封建主义发挥到极致后缺乏更新机制，在内部产生资本主义萌芽、外部又面临西方资本主义文明的挑战和冲击，中国封建制度走向没落。

四、半封建半殖民地社会

1. 从鸦片战争到五四运动

1840 年，鸦片战争爆发，拉开了中国近代史的序幕，也开始了中国人民反帝反封建的旧民主主义革命时期。这一时期，由于清政府的腐败无能和屈膝投降，中国遭受了西方资本主义列强的无端侵略与欺凌，他们先后将许多战争强加给中国人民，如两次鸦片战争、中法战争、中日甲午战争及八国联军侵华等。侵略者烧杀抢掠，无恶不作，并通过一系列不平等条约，掠夺了我国大量的财富和土地。中国也因此一步步沦为半殖民地半封建社会。对此，中国人民奋起自卫，从虎门销烟到三元里人民抗英、从太平天国运动到义和团运动，反帝爱国运动充满了整个中国近代史。同时，统治阶级内部出现了"自强""求富"的洋务运动。1911 年，孙中山领导的辛亥革命爆发，1912 年建立"中华民国"，结束了清政府的反动统治。1919 年五四爱国运动爆发，标志着我国旧民主主义革命的终结。中国历史又翻开了新的一页。

2. 从中国共产党诞生到中华人民共和国成立

以 1919 年五四爱国运动和 1921 年中国共产党成立为开端，中国历史进入新民主主义革命时期。1924 年，中国共产党和孙中山领导下的国民党实现了第一次合作。1926 年国民革命军出师北伐。1927 年国民党右派发动反革命政变，第一次国内革命战争失败。1927 年 8 月 1 日，中国共产党举行南昌起义，并开始创建革命根据地。1931 年日本发动"九一八事变"，侵占我国东北，1934 年中国工农红军进行长征，北上抗日。1935 年遵义会议召开，确立了以毛泽东为代表的新的党中央的正确领导。1936 年 12 月"西安事变"爆发，蒋介石被迫接受了停止内战、一致对外、联共抗日的条件。1937 年日本制造"七七事变"（卢沟桥事变），发动全面侵华战争，国共两党实现第二次合作，开始了全民族的抗日战争。1945 年日本无条件投降，抗日战争结束。1946 年 6 月国民党向解放区发动进攻，挑起全面内战。经过三年的解放战争，中国共产党取得胜利。1949 年 10 月 1 日，中华人民共和国在北京宣告成立，中国人民告别了近百年的耻辱历史，进入了一个改天换地的崭新时代。

第二节 历代官制科举

官吏制度和科举制度是我国历代沿袭传承的一种相辅相成的人才制度。依靠科举选拔人才，官吏制度使人才为国家、社会所用。学习把握历代官制和科举方面的相关知识，对于了解古代政治经济、文化教育以及社会生活等是十分必要的。

一、历代中央官制

我国在夏代就已进入奴隶社会，具备了国家的雏形，那时就出现了帮助奴隶主国王进行管理的官员，但尚无文字可考。在商代的甲骨文、金文中，已经发现了许多官名，如"臣正"、"宰"、"士"、"吏"、"尹"、"史"等，均是辅助国王处理政事、掌管祭祀、记事、率众守边征伐乃至管理家务的官员。

据金文及相关文献记载，周王室的主要官职，有太师、太傅、太保，为天子的顾问；有"卿士寮"，卿士是最高政务官，总理行政、军事、外事，其下有司徒、司马、司空、司寇、太史、内史、御史、太卜、乐师等，分别负责政事、民事、礼仪、占卜、军事、刑罚、建筑等方面的事务。总管王家事务的称宰或太宰，负责王宫警卫的称师氏，卫士称虎贲，近侍称小臣，宦者称寺人。其职掌大体明确，但分工尚较粗略。

秦统一中国后，实行中央集权，建立了以三公九卿为主体的中央官制。其中央官制基本上是行政、军事、监察三权分立体制。设丞相（相国）以掌全国政务，太尉（国尉）掌军事，御史大夫掌监察兼秘书，合称"三公"，地位都相当于后世的宰相，而又互相制约。"三公"之下有九卿，即奉常（掌条祀礼仪）、郎中令（掌宫殿掖门）、卫尉（掌警卫）、太仆（掌车马）、廷尉（掌刑罚）、典客（掌少数民族及对外事务）、宗正（掌皇族事务）、治粟内史（掌财政）、少府（掌税收）。以上九种官职，多数属于宫廷服务性质，少数属于行政事务性质，互有交叉和联系。

两汉官制基本上承袭秦代，而又稍有损益。汉武帝以后，中央官职出现了一些变化。原先汉初在少府属下设尚书诸员，专在皇帝身边负责收发文书，由于汉武帝独揽大权，将处理政务的中心由外朝移至内廷，尚书台长官尚书令逐渐掌握原来丞相的实权。东汉时，尚书令"总典纪纲，无所不统"，成为执掌中央政务事实上的宰相。魏晋时期朝廷又专设中书省作为文书处理机关，"总国内机要，尚书唯听命而已"，其地位逐渐超过尚书省。南朝时原先参与审议起草诏令的门下省掌管朝廷机要，其长官又成为执掌政事的宰相。

隋唐时期，中央官制进一步得到发展。魏晋以来尚书、中书、门下执掌政事的惯例被继承，建立了以三省六部为主体结构的中央官制，尚书、中书、门下省长官均是宰相：尚书省主要负责处理行政事务，中书省掌管策令的起草和颁布，门下省掌管审议策令的制定和颁布。尚书省下又设吏、户、礼、兵、刑、工六部，以尚书为部首领，侍郎为副手。每个部又各设四司，下有郎中、员外郎等一套官吏。除六部之外，中央司法、行政等部门还有御史台、大理、宗正、太仆等九寺和国学、少府、将作、军器等五监，这些机构和官员的设置，标志着我国古代封建国家的官僚制度完全趋于成熟。

宋元明清各代，在基本沿袭隋唐官制格局的同时，不无变化。如元代只设中书省，尚书省虽几次议置，均很快被撤销，六部也改属中书省。明代时以官品较低的翰林院编修、大学参与机要，组成内阁，成为事实上的宰相，六部则直接向皇帝负责。清代自雍正以后，设军机处，有军机大臣、军机章京若干人，协助皇帝处理机要事务，权力很大，内阁的地位几乎为其所取代。然不管如何变化，隋唐时建立的中央官制体系一直没有改变。

二、历代地方官制

我国古代地方官制，从周朝至明清，也经历了一系列递嬗演变。

西周初期，实行分封制，诸侯可以说是当时的地方长官，可以在自己的封国内仿照王室的官僚制度，设置百官有司。春秋战国时期，一些国家在边远地区和兼并之地设置郡、县，开始产生真正的地方长官郡守和县令。秦始皇统一中国后，令万户以上县的长官称令，万户以下县的长官称长。汉代地方长官也是郡守和县令两级，而在京师则设京兆尹、左冯翊、右扶风三种官职，称为三辅，其地位相当于郡太守。汉武帝时，设十三部州刺史，为监察官性质，成帝时改称牧，成为事实上的一级行政区域。这种县令、郡守、州牧三级地方长官制，一直通行于魏晋南北朝时期。隋代又改为州、县两级。唐代设道，犹如汉初设州，作为对诸州的监察区，道的长官为观察使。

宋代县令之名虽存，事实上朝廷另派朝官前去知（主持）一县事务，故称知县，州一级行政长官也由朝臣担任，称知州。元代将行中书省作为中央派至地方的最高行政机关，把全国划为 10 个行省，于是行省长官成为地方高级长官。行省之下为路，长官为达鲁花赤和总管各一人，再下为州、县，长官为州尹、知州和县尹，明代地方行政基本上是省、府、县三级。一省之中，布政使司是最高行政机构，提刑按察使司掌一省刑狱之事，都指挥使司管军事，合称"三司"。清承明制，总督管辖一省至三省，综理军民，一般都兼兵部尚书、督察院右都御史衔，又称制军、制宪、制台。巡抚主管一省军政刑狱，又称抚台。布政使、按察使为督、抚属官，并称两司，布政使掌一省财赋，又称藩台、藩司。按察使掌管一省刑狱、监察，别称臬司、臬台。府、州以上行政长官，别称道台。

三、古代官吏的品阶

品阶是我国古代封建社会表示官员级别高低的标志。西周时期，官有九命之别。天子上公为九命，王之三公为八命，卿六命，大夫四命，上士三命，中士再命，下士一命。汉代对各级官员实行正规的俸禄制，因禄秩的多寡便成为官员等级的别称，丞相、太尉和将军等为秩万石级、御史大夫及太常、卫尉、廷尉等为秩中二千石级、京兆尹、州牧、郡守等为秩二千石级。魏晋时期，实行九品中正制，将官员分为九品，一品多是大将军、三公、丞相等官，九品是县令、县长、关卡边塞之尉等。隋代沿用了魏晋的九品制，但将一品至九品官称为流内。意为正规官员的等级，而将地方官府的胥吏称为流外。隋唐之后，我国古代官吏以九品为等级的制度基本上固定下来，并以法律形式做了规定。

随着官员品级的制度化，不同品级的官员在服色、礼仪等方面的规定也相应制度化。如唐代规定五品穿紫色衣服，六品穿朱红色衣服，七品穿绿色衣服，九品穿青色衣服。明清时除了服色规定之外，对不同品级官服上的绣纹（亦称"补子"）也有严格的规定，如文官一品绣仙鹤，二品绣锦鸡，三品绣孔雀，四品绣云雁，五品绣白鹇，六品绣鹭鸶。武官一、二品绣狮子，三、四品绣虎豹，五品绣熊，六品绣彪等，各不相同。

我国古代封建社会在职事官的品阶制之外，还有一种虚的品阶侧，它表示官员享有某一级的荣誉称号，通常称为散官官阶。汉代以后，出现了特进、光禄大夫、中散大夫等官的名称。它们只是作为领取某一级俸禄或享受某种礼遇的依据和标志，如汉武帝时设光禄大夫，平常无职事，只是作为皇帝的顾问，应对诏命。唐代散官品阶有文官散阶和武官散阶之分。文散阶共 29 级，一品称开府仪同三司，正二品称特进，从二品称光禄大夫，正三品称金紫光禄大夫，从三品称银青光禄大夫等，从二品至从五品称某某大夫，正六品至从九品称某某郎。武散阶共 45 级，从一品称骠骑大将军，正二品称辅国大将军，从二品称镇国大将军，以下多以将军、中郎将、郎将、校尉等为号。

明代以后散官与职事官已逐渐接近，清代散官官阶废弃。

四、科举制度

科举制度是中国封建社会考试选拔官吏的一种制度，具体指政府经过定期举行的科目考试，根据成绩优劣来选取人才，分别任官的一种制度，同时又是中国古代社会教育制度的重要组成部分。

1. 科举制之前的选官制度西周实行"世卿世禄制"

"世卿世禄制"奴隶主贵族凭借血统关系，子孙世代做官。国王不能随意任免，选士做官只是一种辅助手段而已。到了春秋战国时期，形成"士、农、工、商"四个阶层，士居第一位。各国为了政治和军事上的竞争，纷纷招贤纳士，贵族和士大夫们为了提高自己的威望，也纷纷开门养士，是为"客卿制"。

由秦及汉，实行察举征辟制。所谓"察举"，就是由公卿、列侯和地方郡守等高级官员把所谓品德高尚、才干出众的人才推荐给朝廷，由朝廷考核后授予他们官职，察举的科目有"贤良方正"、"孝悌力田"、"秀才"、"孝廉"。所谓"征辟"，就是由皇帝和官府直接聘请有名望的人来做官。"征"是由皇帝聘请，"辟"是由官府来聘请。此外，汉代还实行所谓的"任子"制度，即担任"二千石"以上的官员，任期满 3 年以后，可以举保自己的子弟一个任"郎官"，苏武就是由父亲保举做官的。这些制度有很多弊端。首先是被选的范围有限，大都为官僚和富豪子弟；其次是以财产为入选标准，因此所选人才未必都是贤才，以财富钻营者大有人在。东汉初年，出现了这样的歌谣："举秀才，不知书；举孝廉，父别居"。

魏文帝曹丕时，采用礼部尚书陈群的建议，制定了"九品官人法"，即"九品中正制"。由中央王朝向各地委派专门负责鉴别和选拔人才的官员，郡叫"中正"，州叫"大中正"。他们负责把当地人士按照品德才识分别评定为上上、上中、上下、中上、中中、中下、下上、下中、下下九等以备国家量才录用。曹魏以后选官的权力被世家大族掌控，其品评人物只看门第出身高低，并不看重实际才能，形成了所谓"上品无寒门，下品无士族"的局面。到南北朝时，豪门世族的子弟只凭自己的显贵门第，就可以"平流进取，坐至公卿"。由于这些官员的无能和政治的腐败，九品中正制受到了来自庶族地主阶级的冲击，到了难以维持的地步。隋朝建立后，隋文帝下令废除九品中正制，规定各州被举荐的人必须经过考试，才能被录用，从而拉开了科举制的序幕。

2. 科举制的创立与发展

隋文帝废除九品中正制，规定采用考试方法选拔官吏，与开皇八年（公元 588 年）设立德、才两科，以选拔人才。大业三年（公元 607 年），隋炀帝又在诸多科目中设"进士科"，以考试策问取人，这便是科举制的真正开始。

唐代继承、发展和完善了隋代开始的科举制。因其基本做法是设立科目，以考试举士，故称"科举"。唐代的考试方法主要分为两类：一是常科，二是制科。"常科"就是每年举行的考试，设立的科目有秀才、明经、进士、明法、明字、明算、史科等，但以应考明经、进士两科的人数最多，其中又以进士科的考试最受尊崇，报考的人数最多，因而录取最严。因为考中进士的仕途较快，唐朝的宰相大都由进士出身。"制科"是皇帝临时设立的科目，也叫特科，是朝廷特选人才的一种办法。参加常科考试的考生大体有两种：一种是中央及地方学校的学生，称为"生徒"；另一种是不在学校的读书人，可以向所在的州、县官府报考，经州、县考试合格后到京城参加考试，这些人称为"乡贡"。常科考试最初由吏部主持，由吏部考功员外郎任主考，后因其位卑望轻，唐玄宗时改由礼部侍郎主持。考试时间在每年春季。考试的内容和录取标准，各科并不相同。进士科考诗赋，题目和韵脚都有极严格的限制，题目前冠以"赋得"二字。白居易的《赋得古原草送别》即属于后一种情况。明经考贴经，比较简单。

唐代科举考中后，还要经过吏部的选试，才能授予官职。选试包括身、言、书、判四个方面，即相貌、言谈、书写、表达四方面是否合格。新进士录取后，都要到长安杏园举行宴会，由两三名年少英俊的进士去采集名花点缀盛宴，称为"探花使"或"探花郎"（后来以此称殿试第三名为探花），宴会则称为"探花宴"。所以诗人孟郊在中举后写诗道："昔日龌龊不足嗟，今朝旷荡恩无涯。春风得意马蹄疾，一日看尽长安花。"而后还要到长安城南的曲江亭聚会庆贺，称为"曲江会"。随后到慈恩寺塔（即今大雁塔）下题名，称为"题名会"或"雁塔题书"，以求流芳后世。

3. 宋明清时期的科举制度

宋代继承了唐代的科举制，并有一些重要改革。最重要的有三点：一是主考官直接由皇帝任命，而不是按例由礼部侍郎担任。这等于是加强了皇帝对科举考试的控制，使其人才的选拔更能符合最高统治者的心愿。二是建立了殿试制度，对那些考中进士的人进行最高一级的考试，由皇帝亲自主持，并决定录取的名次。这就在实际上打破了唐代以来主考官与众多门生之间的特殊关系，使被录取的人只对皇帝本人感恩戴德。宋太宗时，把殿试录取的进士按三等发榜，称为"三甲"：第一甲由皇帝赐以"及第"名义，第二甲赐以"出身"名义，第三甲赐以"同出身"名义。三甲都可以直接授官，有的还能很快得到高官。殿试以后，皇帝于琼林苑赐宴，称为"琼林宴"。北宋时，殿试第一名称"榜首"，二、三名称"榜眼"，一、二、三名都可以称"状元"。南宋以后，专以第一名为状元，第二名为榜眼，第三名为探花，其后历代成为定制。三是到宋神宗时，又于国子监内实行三舍法取士。所谓"三舍法"，就是把国子监的学生分为上舍生、内舍生、外舍生三个等级。在校考试成绩优秀者，外舍生可以升为内舍生，内舍生可以升为上舍生，如果考到上舍上等，就可以直接授官；考上上舍中等，可以直接参加殿试；考为上舍下等的，可以参加京城的省试。由于理学在宋代的发展，宋代的科举选官制度特别注重考生对理学的理解和运用，理学便逐渐成为后来科举取士的最高标准。因此可以认为，宋代是我国科举制度发展的重要阶段。

宋以后的元代也实行科举考试，而且已经实行三级考试，即乡试、会试、殿试（御试）。明清两代科举的正式考试也分为院试、乡试、会试三级录取，考试内容以八股为主，每级考试都严密而繁琐。会试以后，还要经过朝考才能分配官职。

明清院试实际上要经过三次考试，即县试、府试、院试，合称"童生试"。参加考试的人，不论年龄大小，一律称为"童生"，这三次考试及格以后，就叫"生员"，也叫"诸生"，俗称"秀才"。有了秀才的资格，才能参加更高一级的考试。这些生员依据成绩分为贡生（送入国子监学习的学生）、廪生、增生（廪生原有名板以外增加的廪生）等。这些人都具有参加乡试的资格。

明清乡试是一省范围内的考试，参加者必须是秀才，及格后称为"举人"。乡试每三年举行一次，即每逢子、卯、午、酉年举行，时间在秋八月，故又称一"秋闱"，地点在各省城（包括京师）的贡院，发榜时正值桂花开放，因而也叫做"桂榜"。乡试及格者都叫举人，第一名称为"解元"，是解送朝廷录用之意。中举以后，就算正式进入了统治阶级，既可以参加会试，继续上进；也可以要求担任教职，去做学官，甚至还可以参加大选，候补知县。

会试是全国范围的考试，也是每三年举行，即于乡试的第二年举行，也就是在丑、辰、未、戌年举行，时间是春三月，因由礼部主持，所以又叫"礼闱"或"春闱"，发榜时正值杏花开放，故称"杏榜"。主考官由皇帝亲自任命，均由一、二品大员担任，并且必须是进士出身。参加考试的人员，必须是举人，已经做官的和尚未做官的均可。各省举人进京，由地方政府发给路费。考试地点在北京贡院。会试取中后，通称"贡士"，第一名叫"会元"。会试之后接着举行殿试，地点在今故宫保和殿，由皇帝亲自主考，有时只设御座，而由钦命大臣宣读考题，清代一般由亲王担任。应试者必须是贡士，考中者才是进士。发榜时采用金榜，因而考中进士又叫"金榜题名"。殿试分三甲录取：第一甲取三名，一甲第一名为状元，第二名为榜眼，第三名为探花。二甲第一名叫"传胪"。前十名名次决定之后，皇帝首先接见，称为"小传胪"，然后再于太和殿接见全体进士，称为"大传胪"。接见时，御旨宣布名次，同时宣布一甲赐"进士及第"，二甲赐"进士出身"，三甲赐"同进士出身"。如果一个人在乡试、会试、殿试中都考取第一名，就叫"连中三元"。殿试之后，还有一次朝考，目的是分配官职。状元、榜眼、探花不参加朝考，按例状元授"翰林院修撰"，榜眼和探花授"翰林院编修"，其余授予"翰林院庶吉士"、各部主事和知县等。

明清时科举制度的最大变化，就是考试内容和形式的变化。乡试和会试，专取《四书》、《五经》命题，考生答题有固定的程式和一系列清规戒律。规定一篇文章在开始的破题、承题之后，必须有起讲、领题（入手）、提比（起股）、中比（中股）、后比（后股）、束比（束股）、落下等部分，在提比、中比、后比、束比的每一部分都要有两股两相排偶的文字，共计八股，所以这种严格的文体又称八股文。八股文这种死板的考试形式，在明初至清末的五百多年里，严重束缚了士人的思想，使应试者都向酸腐迂拙、不学无术的方向发展，将曾经在历史上起过重要作用的科举考试制度完全引入了死胡同。

另外，明清科举考试中还设有专为选拔武艺人才的武科。武科始于唐武则天时代开设的"武举"，以后历代皆续有开设，但不定期，至明代始仿文士考试的体制，定武乡试、武会试之制。清代沿袭。中选名目与文士科相同，唯加武字以区别之。武科考试分内外场，内场考文辞，外场考武功，项目有马、步、箭、弓、刀、石等。明后期，特别是清中期以后，火器在军事上应用日广，旧式作战方式和技能已渐过时，但武科考试中仍用这些陈旧的内容来选拔武官，所起作用甚微。直到光绪二十七年（1901年），才正式废止武科考试。

第三节　历代思想及科技

一、学术思想

历代学术思想是中国传统文化的核心部分，它是中华民族的心路历程，其中不仅凝聚着中华民族的无穷智慧，同时也塑造了中华民族的灵魂与品格。尽管现代科学与民主的思想已深入人心，但传统的思想文化仍然在很大程度上影响和支撑着中国人的精神家园。

1. 儒家思想

儒家思想学说可谓中国文化史上的第一学说，其思想包括社会政治、伦理道德、思想教育等立身处世、为政治国的各个方面，在中华民族的思想和文化发展史上，影响最大、时间最久、程度最广最深。儒家是孔子创立的我国古代的一个重要学派，在春秋战国的诸子百家中，它高居"显学"之首，其思想在后世成为主宰中国封建上层建筑及其意识形态的正统思想。在海外，"儒学"几乎成为中华民族传统文化的代名词。"儒"是古代对一般学者的通称。春秋时期，王权衰落，礼坏乐崩，"天子失官，学在四夷"。社会大变革不仅打破了统治者垄断知识的局面，也促进了知识分子阶层——"士"的兴起与活跃。孔子是中国历史上第一位朝廷公开教学的大教育家，他把古代为贵族所专有的礼仪和其他知识传播到民间。在他的学生中，又有一部分人相继设教讲学，逐渐形成儒家学派。为了教学的需要，孔子整理了诗书礼乐一类古代文化资料，成为两千多年中学者必读之书。

先秦时期的儒家代表人物是孔子、孟子、荀子。孔子的学说在很大程度上渊源于上古时代的思想，面对诸侯日寻干戈、"礼坏乐崩"的局面，他希望统治者能修己、恤民、礼让，实行贤人政治，主张以德政、礼治君临万民。孔子死后，儒家分为八派，其中对后世影响深远的是经过曾子、子思三传至孟子的那一支。孟子发展了孔子的仁爱思想，主张实行王政，使破产的农民重新获得土地，并给予一个比较安定的生产环境，具有浓厚的富民思想。他还进一步主张恢复井田制，企图以此来根本解决土地问题。荀子出于儒家，又对儒家的某些思想作了改造，集中表现在他已认识到不能完全抛弃法治手段。从孔子到荀子，他们的思想都偏于保守，不能适应新兴地主阶级建立封建政权的需要。荀子虽已是新兴地主阶级的思想家，并把一些法家思想因素融入了儒家，但儒家"王道"思想的重负，仍阻碍他迈出新的一步。

秦朝灭亡后，儒家学说又重新活跃起来。经汉初统治者的提倡，儒学以经学的形式得到广泛传播。到汉武帝时，经学大师董仲舒借助道家哲学，又以阴阳五行思想融入儒学，通过注解儒家经典来阐述他"三纲五常"那一套理论，宣扬"君权神授"的思想。这一套理论自然为好大喜功的汉武帝所欢迎。如此，一度是先秦"显学"的儒家，虽然在大变革时代有点迂阔难行，到汉代又被捧上独尊的地位，而董仲舒也成为自汉武帝以后对历代封建统治者影响最大的一代儒宗。

继先秦儒学、两汉经学之后，儒学演变发展的第三个重要形态是宋明理学。理学的产生，迎合了赵宋王朝重建封建统治秩序的需要。它是一种以儒、道、佛三教合一为特征的新儒学，把人的自我完善放在最重要的位置，强调"存天理，灭人欲"，对人与人之间的相互关系作了深入研究，并提出了一系列重要的道德规范和修养方法。它不同于孔孟的停留于伦理道德的说教，也不取董仲舒那种简单粗糙的神学目的论，而是吸取了佛道两家的某些思维方法，构成了具有严密的思辨结构的唯心主义思想体系。理学的出现，确立了儒学发展的最终形态；后代儒者虽然对其各有损益，却再不能改变它的基本趋向。清代乾嘉以后，儒学已经无发展余地，逐步走向衰落。

2. 道家学说

道家是影响中国文化发展的又一学说，它虽然在历史上不曾有过儒家独尊的显赫，但也曾经辉煌，其思想上承古代文化、下启百代之学，中国历史上各家学派，无不从中汲取学术思想养分。道家同儒家一样，亦经历了两千多年的沿革变化。

道家是"道德家"的简称，以其创始人老子的《道德经》而闻名。它与儒家的不同之处异常明显，儒学是"入世之学"，讲究政治教化，其作用偏重于社会，就个人来说，偏重于人的品格修养；道家是"出世之学"，主要讲宇宙人生，其作用偏重于个人精神层面。先秦时期道家的主要代表人物是老子和庄子，他们都代表着没落奴隶主阶级中地位日益下降的中下层势力。作为阶级的失败者，他们的处世态度是消极的，在他们的思想中，明显存在着对于那已经逝去的原始氏族社会的平等自由的记忆和向往，他们把社会的动荡不安归咎于新兴地主阶级的兼并战争，他们对儒家礼仪德政的说教不满，对法家的变法革新也持否定态度，要求统治者"处无为之事，行不言之教"，使社会自由发展，率民走"清静无为"的道路；庄子更提倡一种"无君"的社会。他们的理想自然是不可能实现的。

在对待人生和社会方面，老庄的思想具有明显的保守性，而世态的变幻莫测，又促使他们去积极探索历史上的成败、兴衰、祸福。老庄都是相当博学的人，他们从古人那里汲取了丰富的辩证思想，尤其是古代的阴阳观念和《易经》中的辩证观点。在古代"天道"思想的基础上，抽象出一个高居一切范畴之上的"道"以此来说明世界的统一性。"道"在老子那里，既是一种物质，又是一种规律，而在庄子那里，则已摆脱了物化性，成为至高无上的哲学范畴。道家思想在中国历史上的作用不仅仅停留在社会经济和政治生活的表层，老庄的认识论方法在哲学、艺术、美学等方面对中国传统的思想文化产生了深远影响。

道家学说在中国政治上最为显赫的有三个时期。一是汉初的"黄老之治"；二是魏晋玄学；三是唐初统治者抬举，老子被戴上"太上玄元皇帝"的桂冠，道家的思想贵清静尚无为，每当历史经过一段战乱以后，这种思想就会对那个时代的政治产生强有力的影响。它与儒家思想在政治上的地位此起彼伏，成为中国封建社会盛衰治乱的晴雨表。

3. 法家学说

法家思想是在战国时期社会变革的激烈斗争中成长起来的一种政治哲学，也是对中国古代社会产生重大影响的思想流派之一。随着战国时代奴隶制向封建制的过渡，代表新兴地主阶级利益的法家所面临的任务是，扫除残余的奴隶主贵族经济，废除贵族特权，为地主经济的发展开辟道路，建立中央集权的封建专制主义制度，在思想文化领域，则要求结束百家争鸣，众说纷纭的局面。因此，在各家学派都在宣传自己理想社会制度之时，法家则简单直接，于大处落笔，以加强君权，实行法治为基本主张，提出了最为现实的明确的政治主张。

法家思想的产生、发展和最终形成，伴随着社会的变革、各派政治势力和派别的激烈较量及封建制度的确立过程。春秋时期有早期法家的代表管仲、子产，他们都是掌握实权、推行法家政策的先驱。战国时代最主要的代表人物是韩非，另外还有吴起、商鞅、申不害等，都先后在各国实行变法，在这中间，他们曾屡遭挫折，甚至付出了生命代价。与此同时，在思想领域，法家与儒家展开了激烈的论争。春秋时期，儒家还占明显优势，到战国时代，这种优劣地位就完全颠倒了过来。这种颠倒，正好反映了两种社会制度交替的基本完成。秦始皇统一六国后，更以强制手段推行法家政策，使法家学派的统治地位达到了高峰。

法家思想的一个重要特点，就是注重实际需要，不尚空谈。其在中国古代学术思想史上的地位，主要不在于它的理论价值，而在于它的实用价值。在这一点上，远胜于其他各家学派。在中国历史的长河中，法家思想犹如一股伏流，始终在发生着影响。后世许多思想家、政治家都不同程度地继承了法家的变革精神，每逢内忧外患的年代，这种影响就尤其显著。法家的代表著作，以《韩非子》最为著名，该书是先秦法家思想的集大成者，也是中国历史上封建社会政治学最重要的经典之一。

4. 墨家学说

正当儒学大兴之时，还有一个影响广泛的学派，就是墨家，它在战国时代与儒学并称为两大"显学"。墨家的创始人是墨子，据说他出身平民，曾师从孔子，因不满儒学而另立学派，曾往各国讲学，门徒众多，有严密组织，并能行侠仗义，赴汤蹈火。

《墨子》一书是墨家的代表作。

墨家思想更多地代表了下层劳动者的利益和要求。墨子提出了"兼爱"、"非攻"、"尚贤"、"尚同"、"节葬"、"节用"、"非乐"、"非命"、"尊天"、"明鬼"十大主张。墨家同儒家一样讲"仁爱"，但墨家讲"兼爱"，即不分亲疏远近，一视同仁地博爱，不像儒家的爱是由亲而疏，推近及远。墨子认为，"兼爱"要"交相利"，是要"兴天下之利，除天下之害"。从"兼爱"出发，墨家认为战争对人民的危害最大，因而主张"非攻"，反对不义的战争和兼并。墨家的"尚贤"也以"兼爱"为标准，只要他能兼爱，则无论什么出身的人都可以做官，所以"官无常贵，民无终贱，有能则举之，无能则下之"，这是明确地反对奴隶贵族的世袭制，而具有阶级平等的意识。墨家的"尚同"，主要讲统一思想，统一政令，使天下百姓能与天子的是非相同。墨家主张节约财富，节制人的欲望，因而反对儒家所主张的"久丧、厚葬"，反对无益于民众的金钱和时间的浪费，提倡"节葬"、"节用"、"非乐"。墨家所讲的"非命"，实际上也是主张人们依靠自己的努力来改变生活处境，而不要屈服于命运。其"尊天"和"明鬼"则是肯定"天志"和"鬼神"的存在，这一方面是墨家思想局限性的反映，另一方面也是这个团体宗教性的要求，是企图利用所谓的"天志"和"鬼神"的法力来威慑和警诫统治者。

墨家的贡献不仅在思想理论方面，在形式逻辑和自然科学方面也有突出成就。比如后期墨家提出了以"名"（概念）、"辞"（判断）、"说"（推理）为思维的三种基本形式，甚至还提出了推理的四种形式；在几何学方面，墨家论述了点、线、面、圆的关系；在力学方面，论述了杠杆原理，力与运动和重量的关系等，充分展示了中华民族的聪明才智。

二、科学技术

作为一个文化发达的文明古国，在科学技术方面的具体体现就是，在公元 3 世纪到 13 世纪之间保持了一个西方所望尘莫及的科学知识水平。从秦汉到宋元的千余年间，中国的科学技术曾长期处于世界领先地位，在人类文明发展的进程中做出了巨大贡献。

1. 天文与历法

中国古代的天文学十分发达，并且具有很高的成就。我国古代的天文历法知识是古人出于生产、生活实际的需求，从观察天象中产生出来的。根据考古学和古文献资料可以确知，早在新石器时代中期，我们的祖先就已开始观测天象，并用以定方位、定时间、定季节了。到夏、商、周三代我国已经产生了历法。春秋末年则形成了所谓"四分历"，该历法规定一回归年的长度为 365 日，朔望月的长度不到 29 日，并在 19 年中置 7 个闰月。在当时世界上，这个历法是最为先进的。罗马人于公元前 43 年采用的儒略历也是用的这个数值，但要比我国约晚 500 年。此后中国的历法仍不断改进，先后出现过秦代的颛顼历，西汉的太初历、三统历，东汉的乾象历，南北朝的大明历，唐代的大衍历，南宋的统天历，元代的授时历等，使古代历法越来越精确和趋于成熟。历朝历代在对历法的不断改进中，还逐渐认识到月球运行的不均匀，太阳运行的不均匀以及岁差等现象，并把这些现象作为制定历法时必须考虑的因素。

由于我国古代的天文观测开始很早，因而也积累了非常丰富的天文记录。在世界上，我国最早用文字记录了日食、哈雷彗星、新星、超新星爆发、太阳黑子、流星雨等天文现象。同时还绘有较完备的恒星图，并为观测天象制造了许多天文仪器。其中有测量日影长度的表杆和土圭；测量太阳方向并用以计时的日晷；观察天空的窥管瞭望筒；观察天体的浑天仪、浑天象、浑天黄道铜仪、黄道游仪、水运浑象台等。

在宇宙结构理论方面，较著名的有汉代的盖天、浑天和宣夜三说。盖天说起源比较古老，最初认为天圆像张开的伞，地方像棋盘。到汉代则改为天像一个斗笠，地像反着的盘子，天在上，地在下，日月星辰随天盖而运动，其东升西没是由于远近所致，这种说法已为后来越来越多的天文观测事实所否定，很快便被淘汰；浑天说则主张天地的关系像鸡蛋壳包着蛋黄那样，天的形体浑圆如蛋丸，"浑天"之名因此而得。浑天说是一种以地球为中心的宇宙理论，它认为天和天上的日月星辰每天绕南、北两极不停地旋转，北极在正北出地 36 度，南极在正南人地 36 度，这一学说在当时的历史条件下，能比较近似地说明天体的运行，因而对后世产生了很大的影响；宣夜说认为天没有形质，抬头看去高远没有止境。日月星辰悬浮于空中，并依靠气的作用而运动，宣夜说的上述思想在人类认识宇宙的历史上有着重要的意义，但它仅仅停留在思辨性的论述上，因此其影响远不及浑天说深远。

2. 算学

算学即数学，在我国的起源可以追溯到新石器时代的结绳记事。经过漫长历程，大约在原始社会后期发明了"十进制"的计算方法，并将其运用到生活和生产之中。

商代甲骨文和周代钟鼎文中已有一、二、三、四、五、六、七、八、九、十、百、千、万十三个数字记数，而《尚书》中也展见亿、兆等数，足见我们的祖先对十进制的运用已非常熟练。可以说，十进制计算法是我国对世界文明的一大贡献。

在中国算学的发展史上，不能不提到公元前 3 世纪到 1 世纪成书的《周髀算经》和《九章算术》。前者记载了周代商高提出的直角三角形的"勾三股四弦五"的关系，即所谓"勾股弦定理"，成为世界上关于勾股定理的最早记录，后者对以后历代算学产生的深刻影响，其意义与古希腊阿基米德的《几何原理》对西方数学的影响不相上下。《九章算术》的作者无考，流传至今的是晋刘徽和唐李淳风的注本。所谓"九章算术"就是九个问题的解法，合计有 246 个数学问题，记载了当时世界上最先进的四则运算和比例算法，书中运用的开平方、开立方及在此基础上求解一元二次方程、联立一次方程的方法，还有负数概念与最小公倍数等，都比印度和欧洲要早得多。刘徽在《九章算术》注中第一次提出了"极限思想"，并创造性地运用割圆术，计算出圆周率的精确值为 3.1416。继刘徽之后，南北朝时的大数学家祖冲之进一步把圆周率精确到 3.1415926~3.1415927，这在当时的世界上是最先进的，比荷兰人安托尼兹求得此值的时间要早 1000 多年，直到 15 世纪的阿拉伯数学家阿尔·卡西和 16 世纪的法国数学家维叶特才打破这个纪录。

宋元时代的算学成就更是达到光辉的阶段，先后涌现出不少杰出的数学家。北宋的贾宪在《黄帝九章算法细草》一书中，提出指数为正整数的二项式定理系数表，史称"贾宪三角"，可以求出任意高次方程的数解值，这比欧洲阿皮纳斯的系数表要早 400 年。之后不久，数学家秦九韶在《数学九章》中，提出了"大衍求一术"和"正负开方术"，前者即数学上常说的"一次同余式解法"，后者则为"高次方程的求正根法"。二者在当时都领先于世界，秦氏被美国科学史家称为"所有时代最伟大的科学家之一"，他的"大衍求一术"被世界同行公认为"中国剩余定理"。

中国算学的一大特色计算法是"珠算"，它由竹签做筹码进行运算的"筹算"发展而来，至元末明初已得到普遍应用。珠算的工具就是算盘，采用上下分框，上框两珠，一珠当五，下框五珠，一珠当一，其计算方法形成口诀，至今仍十分流行。详细说明珠算算法的著作很多，其影响巨大且流行最广的是明代程大位所著的《直指算法通宗》。珠算东传还流行于日本和韩国。

3. 农学

中国自古以农立国，把农业生产作为生存与发展的根本，因而对农学的研究历来受到人们的重视，并且结出了丰硕的成果。

考古证明，大约在新石器时代早期，我国已经有了比较发达的原始农业，同时也开始了对农业生产经验的总结。文字出现后，农业生产经验逐渐上升为农学理论。成书于公元前 239 年的《吕氏春秋》中的《上农》、《任地》、《辨土》、《审时》四篇文章，是我国现存最早的农学理论著述。其中《上农》讲了农业的理论和政策；后三篇则讲农田整治、播种、锄草、收获、农时等农业生产技术和原则。这标志着我国传统的农学理论已经形成。西汉时也出现了不少农书，保留至今的有辑佚本《氾胜之书》，是对陕西关中地区农业生产经验的总结，其最大的特点就是把整个农作物的栽培过程，当做一个有机的整体加以研究。《齐民要术》为北魏贾思勰所著，全书共 10 卷，分别论述了耕种、粮食作物、蔬菜、林果的栽培方法和牲畜、鱼类的饲养技术，还介绍了一些食品加工和家庭手工业等。它总结了从西周到北魏一千六百多年的农业生产技术经验，反映了那个时期我国北方农业科技的水平，是现存最早最完整的传统农学著作。它的问世，标志着我国古代农学体系的建立。隋唐至宋，又出现了许多农学著作。如隋代诸葛颍的《种植法》，唐代韩鄂的《四时纂要》、陆羽的《茶经》等。宋代陈敷的《农书》是论述我国南方水稻产区的农业生产和农业技术的地区性专业性著作。它和反映北方农业生产的《齐民要术》珠联璧合、交相辉映。元代王祯对北方黄河流域的旱地耕作技术和南方长江流域的水田耕作技术加以综合，写成另外一本《农书》。明代徐光启的《农政全书》则是我国传统农学的集大成之作，全书共 60 卷，采用文献 229 种，分农本、田制、农事、水利、农器、树艺、蚕桑、蚕桑广类、种植、牧养、制造、荒政 12 个方面，对中国古代传统农学进行了综合性论述，建立了一个比较完整的农学体系。

4. 中医学

我国的中医学在世界医学史上独树一帜，是中国传统文化中最珍贵的遗产之一，至今在世界上仍享有很高的声誉。据统计，留传至今的古代医学著作达八千多种。其中，著名的有《黄帝内经》、《伤寒杂病论》、《针灸甲乙经》、《脉经》、《肘后卒急方》、《请病源候论》、《千金方》、《本草纲目》等。成书于春秋战国时期的《黄帝内经》就已提出了阴阳五行学说、脏腑学说和经络学说，基本上构成了一个独特的理论体系。脏腑和经络学说是中医基本理论的重要组成部分，它对人体五脏、六腑、十二经脉、奇经八脉等生理功能、病理变化及其相互关系作了比较系统和全面的论述。它是从临床实践中观察得来，并被两千多年来的临床实践证明是行之有效的，而阴阳五行学说则是把朴素唯物主义和辩证法思想直接应用于医疗实践，它将阴阳两个方面的对立统一、消长变化的朴素的矛盾发展观点，作为处理医学中各种问题的总纲，并运用五行的生、克、乘、侮等学说，作为具体的治疗准则。这在当时的历史条件下，是一个了不起的成就。这就是中医学成为我国古代科学中最完善的学科之一的一个重要因素。汉代名医张仲景的《伤寒杂病论》一书最突出的贡献是，出色地总结出六经辩证的原则，从而使医家既可以探索各类疾病发生、发展与变化的规律，又注意到疾病在每一阶段上的特殊性，从而能够全面地掌握病变的发展状况，为论治提供依据。此外，该书还强调了八辩证的诊断方法，这些都对后世产生了极深远的影响。与张仲景同时代的神医华佗，发明了全身麻醉剂——麻沸散，不仅在中国医学史上而且在世界医学史上都是一项伟大的创举。金元时期，形成了以刘完素为代表的寒凉派，以李杲为代表的温补派，以张从正为代表的攻下派和以朱震亨为代表的滋阴派，他们各立学说，自成一家，在争鸣中促进了学术理论的发展，被后世称为"金元四大家"。明代李时珍花费 27 年时间所著的《本草纲目》，则是一部具有历史性意义的药物学巨著。该书集古代本草学之大成，它不仅促进了药物学的发展，而且推进了对药物学的进一步研究。它已传播到世界各地，被译成 7 种文字，至今仍被誉为"中药宝库"、"东方医学巨典"。

5. 四大发明

中国对人类文化发展的巨大贡献当首推造纸术、指南针、火药和印刷术，它们被称为改变世界历史进程的伟大科学技术成就。

先说造纸术。自有文字以来，人们以不同的东西作为书写材料，但没有比纸更方便和实惠的了。我国的造纸术起源很早。根据地下发掘可知，早在公元前 2 世纪的西汉初期，就已经有了纸，其原料主要是大麻、苎麻等植物纤维。公元 2 世纪，东汉的宦官蔡伦革新了造纸术。在原料上，采用比较经济的树皮、麻头、破布和渔网等；在工艺上，可能已经用石灰对原料进行碱性烹煮，从而改善了纸的质量。这种被称为"蔡侯纸"的新产品，因其质地好、成本低，被很快地推广开来。到了公元 3 世纪，纸张已为人们普遍使用，完全取代了简、帛的地位成为我国主要的书写材料。从公元 6世纪开始，中国造纸术相继传入朝鲜、越南、印度和日本，8 世纪传入阿拉伯地区，而且许多中国工匠赴该地区亲自操作并传授造纸技艺。到了大约 12 世纪，造纸术又经阿拉伯传入欧洲，西班牙、法国、意大利、德国相继设厂造纸。16世纪，中国造纸术传遍欧亚大陆并传入美洲，取代了当地传统的羊皮纸。到了近代，中国造纸术传遍五大洲，为整个人类的科学、文化的繁荣昌盛做出了杰出贡献。

再说指南针。中国是世界上最早发现磁针指极性的国家。相传黄帝战蚩尤时，就用指南车在大雾中辨别方向。战国时期就利用磁铁的指极性，发明了指向仪器"司南"，即用磨制成汤勺形状的天然磁石，将其放在平滑的"地盘"（用铜和涂漆木料制成）上，静止时勺柄恒指南，它也曾作罗盘或罗盘针。北宋时发明了人工磁石，人们用它制成指南鱼，让鱼浮在水面自由转动，静止时鱼头便指向正南。后来人们将鱼片改成细小的磁针，真正的指南针便诞生了。沈括在《梦溪笔谈》中详细记载了用人造磁铁制作指南针的技术过程，并列出水浮法、指甲旋定法、碗唇旋定法和悬挂法四种装置指南针的方法。中国的指南针大约在11世纪中叶用于航海，北宋末年的朱彧在《萍州可谈》卷二中写道："舟师识地理，夜则观星，昼则观日，阴晦则观指南针"。这是世界航海史上使用指南针的最早记录。由于指南针技术的大规模应用，使船只能够在茫茫大海上全天候航行，从而对宋元明时期中国航海事业起了巨大的推动作用；以后这项伟大发明相继传播到波斯、阿拉伯和欧洲，又对世界范围内近现代的航海事业起到了奠基作用。

三说火药。火药是硝酸钾、硫磺和木炭三种粉末的混合物，它的发明是古代炼丹术长期实践的结果。汉代的《神农本草经》已明确记载石硫磺"能化金银铜铁"，被称为"奇物"。至迟在唐代，火药已被发现并利用。据唐代炼丹著作《真元妙道要略》记载，"有以硫磺、雄黄合硝石，并蜜烧之，焰起，烧手面及烬屋舍者"。孙思邈在其《诸家神品丹法》中所记载的"丹经内伏硫磺法"，其实就是制造火药的具体方法。北宋曾公亮在《武经总要》中最早使用"火药"一词，并记述了三种复杂的火药配方和各种火药武器。火药的主要用途是制成火器应用到军事方面，在唐代我国就开始出现火药武器。宋代以后，人们相继发明了"火枪"、"飞火枪"、"突火枪"、"火炮"等火药武器。明代还出现了"飞弹"和"两级火箭"之类较复杂的东西。我国的火药以及制造使用技术在南宋时由商人外传，14世纪传到欧洲，遂成为资产阶级革命强有力的武器。

最后说印刷术，中国的印刷术开始于古代的印章和石刻文字。到隋代初年，民间已开始用雕版印刷佛像和历书等。其方法是将文字或图画以阳文反刻在质地坚硬的枣木或梨木板上，然后刷墨铺纸加以印刷。到唐代已逐渐用雕版印刷流行较广的书籍。

唐咸通九年（公元 868 年）雕版印刷的《金刚经》是世界上目前发现最早的印刷品。到北宋时，毕昇发明了活字印刷，完成了印刷史上的一次伟大变革。他用胶泥刻单字，然后烧硬作活字，再按照需要把活字排在铁框板上进行印刷，这便是排版印刷的开始。以后，又有人用锡铜等金属制成活字。中国印刷术最早传入朝鲜，8 世纪又传到日本。后来，经欧亚大陆北部传入欧洲。雕版与活字印刷术在欧洲的流行，逐渐改变了当地文化落后的状况，把学术、教育从宗教贵族手中解放出来，使之在平民百姓中得到普及，从而为当时欧洲的宗教改革运动、反封建斗争和思想文化的交流传播提供了有力武器，产生了巨大作用。

我国的四大发明对世界文明的发展产生了巨大影响。造纸术为人类提供了质地优良、方便而又经济的书写材料，使人类文化得以保存、传播、延续和发展。火药、指南针、印刷术被马克思称为"预告资产阶级社会到来的三大发明。火药把骑士阶层炸得粉碎，指南针打开了世界市场并建立了殖民地，而印刷术则变成新教的工具，总的来说变成科学复兴的手段，变成对精神发展创造必要前提的最强大的杠杆"。这种评价，恰如其分。

第四节　古代姓氏称谓

姓氏称谓是标志社会结构中，人的自我存在及人与人关系的符号。姓氏代表血缘关系，名、字、号表示自我存在，称谓则表明人与人之间的关系。在历史的发展中，社会成员赋予其中某些特定性，用以调整和维持某种社会结构，从而形成一种制度。作为一种制度文化，中国的姓氏制度所包含的文化内涵是非常丰富的，它既是氏族血缘关系的产物，又是宗法制度的体现，其历史渊源非常久远，是世界上最古老的姓氏制度之一。

一、姓氏的产生、发展与渊源

中国姓氏的产生可以追溯到母系氏族社会时期。那时人们按母系血缘分成若干氏族，每个氏族都以图腾或居住地形成互相区别的族号，其族号就是"姓"。据《说文解字》云："姓，人所生也。古之神圣，母感天而生子，故称天子，从女从生。"所谓感天而生，其实就是知母不知父之意。如传说中的商族祖先契是其母简狄吞玄鸟之卵怀孕而生；周族祖先后稷是其母姜源踩了天帝的脚印感孕而生。这都在一定程度上反映了母系氏族社会的婚姻状况。远古的大姓，如姜、姚、姬、姒、妫等，都从"女"。

"氏"的产生比姓要晚一些，这是因为同一氏族子孙繁衍、人口增加，然后分为若干支族迁往不同的地方生活，每个支族都要有一个区别于其他支族的称号，这个称号就是"氏"。一个氏族分成多少个支族，就有多少个氏。因此可以说，姓代表母系血统，氏代表氏族分支；姓是不变的，氏是可变的；姓区别血统，氏区别子孙。这就是姓与氏在最初阶段的根本区别。

进入阶级社会后，姓氏的功能除了保留原来的区别外，又带上了浓厚的阶级色彩，特别是氏，多由统治者赐封而来。正如《左传·隐公八年》所说："天子建德，因生以赐姓，胙之土而命之氏。诸侯以字为谥，因以为族；官有世功，则有官族；邑亦如之"。这就是说，天子立那些有德的人为诸侯，根据他的出身赐姓，分封给他土地，并且由此确定他的氏号。诸侯以字作为谥号，其后人就用他的谥号作氏。世代为官而且有功绩，他的后人就以官名为氏，有封邑的就以邑号为氏。可见，此时的氏已成为贵族地位的标志，贵者有氏，贱者无氏。当时的贵族都是男子，故男子有氏，如果他的封邑、官职或居住地发生变化，他的氏也就跟着变化，如商鞅原为卫国公族，称"公孙鞅"，也可称"卫鞅"，后来被封于商，故而又称"商鞅"。这就是史书上所说的"男子称氏以别贵贱"。至于女子则称姓，这是因为，在夏、商、周三代，严格实行"同姓不婚"的制度。姓表示出生于某个氏族，起着"别婚姻"的重要作用，它是外婚的标记。一个待嫁的贵族女子在姓前冠以孟、仲、叔、季排行序列，如孟姜、仲姜、孟姬、仲姬等。出嫁后则在姓前冠以国名，如秦姜、秦姬，死后又在姓前冠以配偶或本人的谥号来称呼。此所谓"女子称姓以别婚姻"也，因为"男女同姓，其生不蕃"（《左传》）。"同姓不婚，恶不殖也"（《国语·晋语》）。古人从长期的生活实践中逐渐认识到近亲婚配会产生不良后代的道理，为了辨别男女之间姓的异同从而决定婚娶与否，在女子称谓中著之以姓是非常必要的。

周代的姓和氏有着一套相当严密的制度，它是当时宗法制度的一个重要组成部分。春秋以前只有百姓以上的统治阶级才有宗法。"氏者，别其子孙之所分"，表明氏是父系血缘关系宗族的称号；同时氏还是表明一个人身份贵贱高低的标志，到战国之际，社会发生变革，旧贵族开始没落，有许多还沦为奴隶，所以表示贵族身份的"氏"就变得没有存在的必要了，平民也开始从无姓到有姓。姓与氏混合为一，大约在秦汉时代，在司马迁撰写《史记》之时，二者已经没有区别，如说秦始皇因生于赵，故姓赵氏；项羽先世封于项，故姓项氏等，这都表明在进入封建大统一社会以后，姓氏原有的区别已经毫无寓意了。到汉代，姓氏已基本确立，与现代通用的姓大体相仿。

姓氏的来源相当复杂，历史上有许多研究专著。《左传·鲁隐公八年》将姓氏来源归纳为 5 种。东汉应劭的《风俗通义·氏族篇》又归纳为 9 种："或氏于号，或氏于谥，或氏于爵，或氏于国，或氏于官，或氏于字，或氏于居，或氏于事，或氏于职。"宋代郑樵《通志·氏族略》，详细分为 32 种。在此我们主要介绍以下几种：

1）最早产生的姓，即真正意义上的姓，后人以姓为氏。它们多带女字旁，如姜、姚、姬、姒、嬴等。传说中的炎帝姜姓，黄帝姬姓，大禹姒姓。

2）以国邑为姓氏。如周朝建立后，天子再封诸侯，包括同姓诸侯和异姓功臣以及夏、商王朝的子孙。这些人得到大小不同的土地，建立了许多诸侯国。这些诸侯国如鲁、卫、晋、齐、宋、陈、杞以及后来战国时期出现的韩、赵、魏等国名都成为姓氏。

3）以官职为姓。如司马、司空、司徒、司寇、史、理、钱、宗、帅等原是官名，后来都演变成姓。

4）以祖父或父亲的名或字为氏。这是宗法制的明显特点之一。根据宗法制规定，天子的儿子称"王子"，王子的儿子称"王孙"，王孙的儿子则以其祖父的名或字为氏；诸侯的儿子称"公子"，公子的儿子称"公孙"，公孙的儿子也以其祖父的名或字为氏。这类姓有牛、关、柯、丰、乐、仇、廖等。

5）以排行次第为氏。这也是宗法制的一种体现。周代以孟（伯）、仲、叔、季作为子孙排行次序，其后裔则可称为孟氏、伯氏、仲氏、叔氏、季氏。

6）以爵号为氏。爵号姓以王、侯二氏最为突出，特别是王氏的来源不止一处，但都与祖先封王或称王有关，故有姬姓王、子姓王、姒姓王，还有少数民族的王，在中国成为一大姓。谥号如文、武、穆、宣、闵、简等。

7）以居地为氏。有些人没有资格得到封赏的土地，便以居住地为氏。如住在傅岩的人以傅为氏，住在池边的人以池为氏，住在柳下的人以柳为氏，此外，还有西门、东郭、南宫、东方等。

8）以职业或技能为氏。如陶、屠、甄、卜、巫等。在夏、商、周时期，这些人属于低级贵族，不得封土，但可称氏，当时称为"百工"。其后人即以其从事的职业为氏。

9) 以事为氏。这类姓不多，但却很有意思。如李氏，其祖为少昊的后裔皋陶，本姓底，在尧、舜时任理官，掌刑狱，后人以官为氏，称"理氏"。商末理征因得罪纣王被杀，其子理利真逃往山中隐藏，以一种果子为食，即木子，谐"理"字的发音，其后人改为李氏。这类姓氏还有林、车等。

10) 避讳改氏和皇帝赐姓。这种情况也不少。如唐玄宗李隆基即位，姬姓改为周隆姓；唐宪宗李纯即位，淳于姓改为于姓等。皇帝还常常把所谓的"国姓"赐给自己的功臣，以示殊荣。如唐代许多开国功臣都姓李。宋代西夏李继迁被赐姓赵，明末的郑成功被赐姓朱等。

11) 由少数民族的称呼转化而来，成为汉姓的一个组成部分。如宇文、鲜于、尉迟、慕容、长孙、贺兰等。北魏孝文帝实行民族融化政策，命令鲜卑人改姓，皇族拓跋氏改为元，其他贵族改为穆、陆、贺、刘、楼、于、尉等；隋唐时有西域九姓小国，归唐以后以其国名改为康、曹、石、何、史、安等。

中国的姓氏究竟有多少？通常说"百家姓"，其实远不止此。宋代初年，钱塘（今杭州）的一位读书人编过一本《百家姓》，内收当时常见的单姓408个，复姓76个。由于宋朝的皇帝姓赵，钱塘所在的吴越国皇帝姓钱，其后妃姓孙、姓李，因此《百家姓》以"赵钱孙李"开头。但《百家姓》所收姓氏甚少，不足以反映全国姓氏的状况。其后又有许多有关姓氏的书出现，所收数目各不相同。近代臧励和所编（中国人名大辞典），共收入姓氏4129个。1984年出版的《中国姓氏汇编》收录达5730个。据最新出版的《中国姓氏大辞典》统计，中国历史上共有姓氏11969个，其中单姓5327个，复姓4329个，其他姓氏2313个。但是现在常见的姓氏不过200个左右，其中最常见的单姓只有100个左右。

二、中国人的名、字、号

现代中国人，大都有"名"无"字"，当我们说到"名字"这个词时，通常仅仅是指人名。但是，古代的人确实是既有"名"又有"字"，有的人在名、字之外还有别号。

所谓"名"，是社会上个人的特称。古代早期的人名一般都很朴素，如夏商两代留下的人名孔甲、盘庚、武丁、帝辛（商纣王）等，都以"干支"命名，这可能与当时人重视时辰的观念有关。后来，随着语言文字和文化观念的发展，人名也越来越复杂。

周代的贵族取名，还有一定的规矩，如孩子一般在出生之月或百日才取名，取名很讲究，有所谓，"五名六避"，即取名的五种规定和六个避讳。《左传·桓公二年》记载，晋穆侯夫人姜氏生了两个儿子，一个取名叫仇，一个叫成师。晋大夫师服知道后大发议论，认为取这样的名字不合礼制，"始兆乱矣"，会导致国家大乱。当然，平民百姓并不如此讲究，有的还特意起恶名。如狗、奴等，据说这样孩子便不会夭折，容易养大。

"字"，往往是"名"的解释和补充，是与"名"相表里的，故又称"表字"。《礼记·曲礼》说："男子二十，冠而字。"周代贵族男子年长二十行冠礼，即结发加冠，也就是说，"字"，是男女成年后才加取的，这表示他们已开始受到人们的尊重。古人的字，多与名涵义相近或相辅，如诸葛亮，字孔明，"亮"与"孔明"义近；岳飞，字鹏举，"飞"与"鹏举"义近；关羽，字云长，名、字相辅，取展翅入云之寓；赵云，字子龙，取"云从龙"之意；宋代文学家晁补之，字无咎，名、字相合，意为"补"过而"无咎"。也有人名、字取自古书上的名句或成语，如东汉末建安七子之一的徐干，字伟长，就是取《孔丛子》中"非不伟其体干也"之句；曹操，字孟德，出于《荀子》"夫是之谓德操"句；唐代《茶经》的作者陆羽，字鸿渐，取《周易》"鸿渐于陆，其羽可用为仪"之句。名、字之间也有互为反义的，如宋代理学家朱熹，字元晦，"熹"与"晦"便互为反义。另外，有的古人还有"小字"即乳名，如南朝宋武帝刘裕小字寄奴，曹操被称为阿瞒，刘禅被称为阿斗，都是乳名。

古人的名、字还常用来表示在家族中的行辈。先秦时，常在名、字中加孟（伯）、仲、叔、季表示兄弟长幼。汉代以后逐渐在名或字中用同样的字或偏旁表示同辈关系，如唐代书法家颜真卿的一些兄弟名杲卿、曜卿、春卿，都有一个"卿"字。宋代文学家苏轼、苏辙兄弟共用"车"偏旁以表示同辈关系。这种情况，现在仍常可见到。

"号"，是人的别称，又叫别号。封建社会中的士大夫特别是文人往往有自己的别号，如唐代李白号青莲居士，杜甫号少陵野老，宋代王安石号半山，明代唐寅号六如居士。宋代以后，取别号之风尤盛，有的人别号多达十多个、几十个，几如现代作家的笔名，有的人因别号而为后人所熟知，其本名反而较少为人所知了，如郑板桥、章太炎等都以号闻于世。取别号往往反映了一个人的志趣爱好。如别号中常见的"山人"、"居士"之类表示了使用者鄙视利禄或自命清高。有的则以号寓志，如南宋画家郑思肖在宋亡后自号"所南"、"木穴国人"（木穴合写为宋），以示心向南方，不忘故宋；也有的用号表达其处世心情，明末画家朱耷号"八大山人"，因"八大"两字上下连写似"哭"非哭，似"笑"非笑，借以抒发其心中因明亡的苦闷。当然，也有许多封建官僚和文人取别号只是为了附庸风雅，对照他们的行事，根本"号"不副实。如近代袁世凯罢官在家时，自号"洹上渔人"，其实，他的"垂钓洹上"不过是行韬晦之计，真正的用意是要东山再起。

笼统地讲，名、字、号其实都是人的名称，只是在取用的时候，才显示出其间的不同。一般名、字多由父母长辈所取，其中多体现了长辈对子女的期望与想法，别号则是使用者本人起的，并不受到家族、行辈的制约，可以更自由地寄托或标榜自己的某种情操，因而，我们往往可以通过某人一生别号的更改，看到他们的思想在各个时期的变化情况。

由于古人重礼仪，在名、字、号的用法上很有讲究。在人际交往中，名一般用于谦称、卑称，或上对下、长对少的称呼；在尊称、下对上称呼时则称字、号，平辈之间只有在很熟悉的情况下才相互称名。在多数情况下，提到对方或别人时直呼其名，是一种不礼貌的做法。按照封建社会以"忠孝"立国的礼制，对于君主或自己父母长辈的名，更是提都不能提，否则就是"大不敬"甚至"大逆"，这就是中国古代特有的"避讳"制度。

此外，古人还常以人的籍贯地名、官爵名、道号来代替人名的。东汉孔融称为孔北海（孔，任北海太守）、唐代韩愈称韩昌黎（韩，姓郡望）、杜甫称杜工部（杜，曾任工部员外郎）、岳飞称岳武穆（武穆为岳飞谥号）等。这些称呼，大都是他人、后人为表示尊敬或方便而使用的，被称呼者本人并不使用。但其中有些因沿用已久，也有被作为习惯称呼而保留下来的。

三、古代社交中的称谓

在我国古代，从社会生活的需要或礼节出发，在人际交往的自称和相互称呼方面，形成了一套颇为严格的规矩。

一般来说，在相互言谈或书信往来中，凡提到自己时往往用谦称或卑称，自称除了直接用自己的名以外，还有一些其他的谦称，最常见的就是自称为"鄙人"，"鄙人"的本意指居于郊野的农人，引申为无地位、没文化之人，即所谓的鄙俗之人，古人常用来表示自己地位不高，见识浅陋。如《南史·蒯恩传》记载："恩益自谦损，与人语，常呼官位，自称鄙人。"

与"鄙人"相类似的谦称还有"臣"、"妾"、"仆"等，这些本是殷周时对奴仆的称呼，所谓"男人为臣，女人为妾"，地位最为低下。但后来也被用来作自谦之词，一般男子自称臣、仆，女子自称妾，《史记·高祖本纪》中《集解》引张晏语说："古人相与语，多自称臣，自卑下之道，若今人相与语，皆自称仆。"如司马迁在《报任少卿书》中说："仆非敢为也。""仆"字即是谦称。"妾"字之例也很多，如汉乐府诗《孔雀东南飞》中"君当作磐石，妾当作蒲苇"。京剧舞台上的女子出场都自称"妾"，这个"妾"并非指小老婆，而是女子的谦称，日本现在仍以"仆"为谦称，也是受我国隋唐古风的影响。在古人的自我谦称中，使用较广而常见的还有以下几种："不才"，即自谦为无才之人，如《左传·成公三年》有"臣实不才，又谁敢怨？"。"不肖"，即自谦为不贤而不能继承祖先德行之人，如归有光《祭外舅魏光禄文》："重以不肖，连赛困顿"。"不佞"，也是无才能之意，如《战国策·赵策二》有"不佞寝疾，不能趋走"。"不敏"，即不聪明敏捷之自称，如《孟子·梁惠王》："我虽不敏，请尝试之。"此外，年轻者在年长者面前自称"晚生"、"学生"、"后学"，老百姓在官吏面前自称"小人"、"小民"，女子在别人面前自称"奴"、"奴家"等，都是常见的自谦之词。即使是地位至尊至显的帝王和诸侯也有谦称，一般都自称"孤"、"寡"。"孤"、"寡"本有单独、小、少等义，《老子》第二十四章："人之所恶，唯孤、寡、不穀（即不善）。而王公以为称。"《礼记·玉藻》："凡自称……小国之君曰孤。"朱熹在《孟子》注解中说："寡人，诸侯自称，言寡德之人也。"可见这种自称来历已久。不仅国君如此谦称，他们的妻室也这样自称，如《诗·邶风·燕燕》中的"寡人"、《诗·大雅·思齐齐》中的"寡妻"等，都是指国君或诸侯之妻。有时一些大臣也可自称"孤"、"寡"，不过，这种情况不太常见。后来，"孤家寡人"渐渐成为帝王的专用自称，其他人反而不好滥用了。另外，封建社会的官吏大臣对皇帝都自称"臣"，这是大家熟知的，但清代满族官员对皇帝、皇后却自称"奴才"，包括一些身为封疆大吏的满族官员，在向皇帝上奏折的时候，也自称"奴才"（奴才满语意为仆人），这是清代满族中一种特殊的谦称。

与此相反，古人在相互称呼对方时，则往往用尊称（除了关系交恶有意侮辱对方外）。最早的尊称是"父"，"父"的本意是指父系氏族社会中司火的长者，以后遂成为男子的尊称。比如孔子的祖父是贵族，叫正考父，别人尊称孔子叫他尼父，而通常所说的"父老兄弟"中的"父"，也是对年长男子的尊称。古代帝王对某些德高望重者也称为"父"，如吕尚被周武王尊为"尚父"，范增被楚霸王项羽尊为"亚父"。大约在周代，"父"也成为父亲的称呼，为了与其他用作尊称的"父"有所区别，故又有生父、本生父这样的称呼。

此外，"公"、"子"、"长者"，也是古时常用的尊称。如陈胜、吴广在对戍卒作起义动员时说："公等遇雨，皆已失期，当斩。"甚至父亲对儿子说话，有时也以"公"相称，如汉代晁错建议中央削藩，其父劝阻未成，遂对他说："公为政用事……吾去公归矣。"至于"子"的称呼，古代也很常见，如春秋时孔子、孟子、老子、庄子等都属尊称，后代则多以"子"来表达学生对老师的敬意，如宋代理学家程颐的弟子称他为"子程子"。"长者"一般指有德行、受尊重的人。如朱元璋一见到李善长，便"知其为长者，礼之"。一些古代名人如伍子胥、信陵君等，也都被人称为"长者"。

在古代官场中，也有一些专用的尊称，如君称臣作"卿"、"爱卿"，臣称君作"陛下"，这在今天的戏剧舞台上还经常可以听到。陛，本是指帝王宫殿的台阶，因臣下不能对君主直呼其名，只能以在陛（台阶）下执事之人代之，请其转达，但后来这却转意为执政者的尊称。同样，殿下、阁下、执事等称呼的来源也是如此，不过有些官场尊称，后来运用的范围已不像开始那样严格，如"阁下"这种尊称，已成为今天礼仪性场合经常使用的称呼了。

古人的尊称中，有些应用界限极不明显，如"足下"、"君"等。君的称号，既可称地位很高的人，如战国时赵惠文王的弟弟赵胜称平原君，魏安釐王的弟弟魏无忌人称信陵君等，也可用作普通人的尊称，有些运用范围极狭，如陛下、殿下等，至于称人的字、号，虽然也属尊称，但只能用于特指的个人。

在古代的尊称中，今天仍广泛使用的只有一个，即"先生"，古人对师长、老人、有德行的人均称"先生"，其涵义基本上与今天应用时差别不大。

【本章小结】

本章主要介绍中国古代文明的发展历程，通过阐述不同时期的文化思想，加深同学们对中国古代的官阶科举制度的了解，掌握中国古代重要的文化思想和突出的科技成就，了解古代姓氏称谓的由来和产生环境。熟悉历史文化是了解中国旅游文化的基础和灵魂。

第三章　旅游宗教文化

【学习目标】

1. 理解"宗教"一词

2. 了解我国的四大宗教

3. 熟悉宗教形式与发展历程

4. 了解中国宗教资源赋予当时人们怎样的精神情感

【章节导读】

宗教是一种意识形态、一种上层建筑、一种社会生活、一种历史现象，是与科学、艺术、文学、道德、风尚等并列的一种特殊的文化现象。学习本章不是让我们的读者去研究宗教本身，而是让读者了解宗教文化对中国传统文化和旅游的影响。因为它在我国传统文化形成与发展的过程中起到了举足轻重的作用，并且影响着我国文化的外延。学习本章是以此促进我们的读者对宗教文化的认识和理解。

第一节　宗教文化概述

一、宗教的定义

宗教是阶级社会普遍的历史文化现象，是支配人们的自然力量和社会力量，以超自然、超人间的形式在人们头脑中颠倒的和虚幻的反映，是相信、崇拜和传播这种特殊社会意识形态的社会实体。它要求人们信仰和崇拜上帝、神灵，相信因果报应，把希望寄托于所谓天国和来世。宗教属于社会意识形态范畴。宗教在英语语言中为 religion，其意为"人与神的结合"或"敬神"。

二、宗教的起源

宗教起源于原始社会后期，早期智人已经有了宗教这种思想意识。原始人不能对周围的自然现象和自身生理做出解释，于是将支配人们生活的自然力量和自身梦境加以神化，并从自然崇拜发展到图腾崇拜、祖先崇拜和神灵崇拜，这样就产生了原始宗教。

进入阶级社会后，人们不仅对自然崇拜，而且发展到所有社会现象都由神来主宰，通过对神的顶礼膜拜，求得死后能够进入天堂，得到神的恩赐和褒赏，这样，宗教就正式产生了。

三、宗教文化

从广义文化的角度说，宗教是一种文化。它既是一种社会意识形态，属于心态文化中的高层意识形态，又是一种社会实体，属于关系文化中的一种社会组织。宗教是人类历史上一种古老而又普遍的复杂的社会历史文化现象，包含了人类社会得以维系的几乎全部因素，至今仍在社会生活各个方面发挥着重大作用。我们要了解一个国家、一个民族的社会生活、历史文化、心理素质，就必须分析了解它的宗教。因此，我们只有在广义文化的前提下去了解宗教，才能揭示宗教在人类历史上从过去到现在乃至未来的作用，才能对作为社会现象的宗教文化做出全面的把握。宗教与其他文化形式相结合而产生宗教文学、宗教音乐、宗教建筑等，是历史文化财富的一个重要组成部分。对于这些文化现象要取其精华去其糟粕，以有利于社会主义精神文明和物质文明建设。

四、宗教对旅游的影响

宗教对旅游业有重要影响。首先，宗教文化本身就是具有特色的有着强大吸引力的人文旅游资源。宗教文化旅游资源的开发和利用，可形成鲜明特色的旅游产品，开拓旅游市场，吸引游客，对旅游业的发展具有重要意义。

其次，虔诚的宗教信仰和强烈的求知欲望很容易激发和转化为旅游动机，使大量的宗教信徒成为旅游者，而许多知名的宗教圣地也很容易变为旅游目的地。

宗教文化的许多内容还是旅游纪念品的极好素材，这些宗教纪念品，既能丰富旅游商品，又能增收创汇，产生极大的经济效益。利用宗教节日，促进旅游业的发展，是旅游促销的重要手段。一些重要的宗教节日，其新奇感和神秘感颇具魅力，符合大众的心理需求而成为民间流行的节日，同时也是旅游节日，宗教文化还可以通过间接的艺术形式影响旅游的发展，如众多的宗教人物、故事和传说，通过电影、电视和文学作品被广为传播。

宗教文化对旅游饭店也有一定的影响。不同宗教信仰的旅游目的地，所设的饭店要有相应的设施和膳食供应，绝对不能违反和触犯该地的宗教信仰和风俗习惯。在承担接待宗教信徒的饭店中，管理者和员工都要具备丰富的宗教文化知识，这样管理者可以根据不同宗教信仰的客人采取相应的接待方案，服务员根据客人的要求提供满意的服务，导游为游客做好高质量的讲解。

五、中国的宗教

历史上，世界三大宗教先后传入中国，加上我国独自发展的具有上千年历史的道教，我国共有四大宗教。但自始至终，汉族都没有形成全民族的宗教信仰。不论是佛教、伊斯兰教、基督教还是道教，在中国都只有一部分人信仰，但这些宗教活动对我国的民族文化却有着重大的影响。

中国是一个多民族、多宗教，但又无国教的国家。中国信教的人数占中国总人数的比例不大，但绝对数字却不小。针对我国国情和宗教的独特性，《中华人民共和国宪法》规定："公民有宗教信仰自由，任何国家机关、社会团体和个人不得强制公民信仰宗教或者不信仰宗教，不得歧视信仰宗教的公民和不信仰宗教的公民。国家保护公民进行正常宗教活动的自由，但不允许任何人利用宗教破坏社会秩序、损害公民身体健康，以及妨害国家教育制度。在保障对外交往的基础上，坚持独立自主、自办教会的原则，宗教活动宗教团体不受外国势力的支配。"

第二节　中国佛教文化

一、佛教的创立

佛教创建于公元前6~前5世纪的古印度，是世界三大宗教之一，在三大宗教中创教最早，广泛传播于亚洲很多国家和地区，对中国乃至亚洲各国的社会文化生活特别是旅游产生重大影响。

公元前6世纪，雅利安人征服了南亚次大陆，民族矛盾尖锐，城邦林立，种姓制（瓦尔纳）将人分成婆罗门（僧侣）、刹帝利（骑士）、吠舍（工商业者）、首陀罗（被统治者）四个等级，各等级之间矛盾尖锐复杂，而婆罗门的反动统治成为其余阶层反对的对象。这样，为佛教的产生创造了有利的因素。

佛教创始人释迦牟尼，姓乔达摩，名悉达多，是古印度北部（今尼泊尔境内）小城邦国家迦毗罗卫国的太子。相传，他自幼受传统的婆罗门教育，其父净饭王对他寄予厚望。但他感到人世间充满苦难，变幻无常，为摆脱人生苦难，29岁时出家修行，6年后得道成佛，在鹿野苑初转法轮，向首批教徒传教，并在印度河、恒河流域向大众宣传自己悟出的真理，拥有越来越多信徒。80岁时，在拘尸那迦入灭。佛教界有"八相成道"的传说：兜率天降、白象入胎、住胎说法、右胁出胎、逾城出家、树下成道、初转法轮、双林入灭。人们将释迦牟尼出生地蓝毗尼花园、成道地菩提伽耶、初转法轮地鹿野苑、涅槃地拘尸那迦称为佛祖四大圣迹。

释迦牟尼，是佛教信徒对悉达多·乔达摩的尊称，意为释迦族的圣人，简称释尊、佛陀、佛，即为三觉圆满的智者。他既是创立佛教的教主也是佛教崇拜和供奉的对象。

二、佛教的发展

印度佛教的发展主要分为四个时期。

原始佛教时期：这是佛陀及其弟子所宣扬的佛教，称为根本佛教，佛陀去世后，弟子们奉行四谛、八正道等基本的教义，维持佛陀在世时的惯例。

部派佛教时期（公元前 4~1 世纪）：由于佛陀在世时，在不同场合，对不同的对象有着不同说法，弟子便对此产生不同的理解。在佛陀去世后的 100 年时，佛教分裂为上座部和大众部两大派（根本两部），此后又陆续分裂，形成 18 部，成为枝末部派。

大乘佛教与小乘佛教时期（公元 1~7 世纪）：乘即为运载之意，大乘旨在运载一切众生达到涅槃境界的彼岸，而小乘只求自我解脱。在这一时期，佛教徒中流行着对佛塔的崇拜，从而形成大乘最初的教团——菩萨众。他们中的一部分教徒根据《大般若经》、《维摩经》、《妙法莲花经》等阐述大乘思想和实践的经籍，形成了中观派（空宗）和瑜伽行派（有宗）两大系统。而将早期佛教贬称小乘。佛陀逝世 500 年后，大乘中观派兴起，创始人龙树，阐发"空"、"中道"和"二谛"的思想。佛陀去世 900 年后，瑜伽行派兴起，奠基人是无著和世亲两位大师，弘扬"万法唯识"、"三界唯心"的唯心论。

密教时期：大约 7 世纪以后，印度密教开始流行，8 世纪后与印度教相接近，波罗王朝在佛教中心那烂陀寺以外另建超戒寺，作为研习和宣传密教的中心。9 世纪后，密教开始形成金刚乘、俱生乘和时轮乘。11 世纪初，伊斯兰教进入印度各地，13 世纪初，超戒寺等重要寺院被毁，佛徒星散，这样佛教在南亚被灭。

三、佛教的传播

佛教原来只流行于中印度恒河流域一带。孔雀王朝时，阿育王奉佛教为国教，广建佛塔，刻赦令和教义于摩崖和石柱，从此传至南亚各地，同时又派人传佛教到周围国家。

印度佛教向亚洲各地传播，大致可分为南传、北传以及藏传三条路线。南向最先传入斯里兰卡，又由斯里兰卡传入缅甸、泰国、柬埔寨、老挝等国。北向经帕米尔高原传入中国，再由中国传入朝鲜、日本、越南等国。7~8 世纪，佛教分别由印度和中国汉族地区传入中国西藏，10 世纪中叶后形成藏语系佛教，后又传到四川、青海、甘肃、内蒙古以及蒙古国、俄罗斯部分地区。19 世纪末 20 世纪初，佛教先后传入欧洲、北美。

释迦时并无文字记载的佛教经典，释迦涅槃后，大弟子迦叶在王舍城举行第一次结集，编成了最早的佛典。但古印度梵文佛教经典由于历史原因，仅有极少量残存。

现存佛经按语系划分，一般认为有三大系统：①巴利语系佛经，盛传于东南亚斯里兰卡、缅甸、柬埔寨、老挝、印度、泰国和中国云南的傣、布朗和德昂等少数民族地区，主要为上座都佛教（小乘）的经典。现存最大最完善的巴利语大藏经是 1954~1956 年缅甸政府的第六次结集时勘定的。②汉语系大藏经流传在中国汉族地区和朝鲜、日本、越南等国，主要为翻译印度佛教经和中国、朝鲜等国僧人的撰述。③藏语系佛经流传在中国藏、蒙古、土、裕固等民族以及尼泊尔、不丹、锡金、蒙古、俄罗斯、西伯利亚地区。

佛教典籍分为经、律、论三藏。"藏"的原意是可以盛放东西的竹筐，有容纳、收藏的含义，佛教用以概括全部佛教典籍。经是释迦所说的教义；律是佛陀为教徒制定的必须遵循的规则及其解释；论是为阐明经、律而作的各种理论的解释和研究。

佛教传入中国内地的年代，有两种说法。传说阿育王曾派使者到秦国面见秦始皇传播佛教，被秦始皇杀死。据司马迁《史书》记载：西汉哀帝元寿元年（公元前 2 年），大月氏使臣伊存向中国博士弟子景卢口授《浮屠经》，佛教开始传入中国，史称这一佛教初传的历史标志为"伊存授经"。但另有说法为东汉永平年间，佛教传入中国。据史料记载：汉明帝夜梦神人，醉后询问群臣，大臣告之神人为西方号称"佛"的得道者。于是汉明帝派遣蔡愔、景明等人西行求法，在大月氏抄回佛经四十二章，收藏在皇室图书档案馆"兰台石室"中，但后人经过加工润色，于是出现了"白马驮经"的传说。据说蔡愔等在大月氏遇见高僧摄摩腾、竺法兰，邀请他们在汉地传授佛教。公元 67 年，二僧到洛阳，同时用白马驮着佛像和经卷。汉明帝为表示欢迎，在洛阳建起我国内地首座佛教寺院"白马寺"。综上所述，可知佛教传入我国内地当在两汉之际，即公元 1 世纪前后。

中国佛教包容了佛教在印度的三个时期，世界上最完整的佛教在中国，世界上最完整的佛教经典也在中国。可以说佛教诞生在印度，发展在中国。佛教在中国的发展大致经历了译传、创造和融合阶段。

两汉魏晋南北朝时是译传阶段。天竺、安息等地高僧先后到洛阳，从事翻译佛经工作。同时，中国僧人也开始了西行求法，朱仕行成为中国西行第一人。

隋唐两代是中国佛教的创造和鼎盛时期。中国僧人分别以一定的印度佛经为经典，开宗立派，形成了三论宗、天台宗、华严宗（贤道宗）、法相宗（唯识宗）、律宗、净土宗、禅宗、密宗（真言宗）八个主要宗派，号称中国佛教的鼎盛时期。但此时佛教思想与中国固有的传统思想协调不够，出现佛教与儒、道对峙有余，相融不足的局面。

唐以后，中国佛教即内地汉传佛教处于融合时期。佛教在此则与中国文化全面结合，一方面，佛教与儒、道融合，成为"三教合一"历史背景下的佛教；另一方面，佛教借助文学、绘画、雕塑和建筑等艺术形式，成为民间风俗习惯，民族心理与思维，及至语言素材构成的重要有机成分。唐以后，黄河流域佛教开始削弱，但此时中国西南佛教迅速升起。特别是清王朝对汉传佛教采取限制政策，使佛教进一步中国化。近代社会，对于佛教的信仰，也逐渐由单纯修来世、求解脱、向往"西方极乐世界"，演变为同时追求现世利益，祛病消灾，延寿增福。"有求必应"已成为民间佛教对"佛"和"菩萨"、"神力"的一种信念。

中国藏传佛教，或称藏语系佛教，俗称喇嘛教，是中国青藏高原和蒙古高原地区的藏族、蒙古族、土族、裕固族等信奉的藏传佛教。佛教没有传入西藏以前，藏民信奉原始的苯教。喇嘛一词，藏语意为"上师"。密教中尊师如佛，以上师居首而倡"四皈依"，信仰者除皈依佛、法、僧之外，还要皈依喇嘛，藏传佛教后期因传承的不同，产生若干教派，较大的有宁玛派（因穿红袈装、僧裙、僧帽，俗称红教）、噶当派（红黄衣帽、袈裟、僧裙，俗称黄教，但由于以后出现新黄教，因而称之为老黄教）、萨迦派（该派寺院墙上涂红、白、黑三种颜色，后称花教）、噶举派（因穿白色裙衣俗称白教）、格鲁派（戴黄色帽子，而称新黄教，因噶当派后势弱，从而称为黄教）。原始苯教虽为原有的西藏宗教，但后来逐渐与佛教融合，这样，也成为藏传佛教一个派别，因其僧人穿黑衣，俗称黑教。

云南地区上座部佛教是我国云南傣族、布朗族、德昂族、阿昌族和佤族等民族信仰的佛教，也就是我们所说的小乘佛教或南传佛教，属巴利语系，是中国佛教的三大派系之一，信徒大约有 70 万人。南传上座部佛教，约在 7 世纪由缅甸传入中国云南傣族地区，最初未立塔寺，经典只是口耳相传 。11 世纪时，因战争原因，佛教徒四散，佛教也随之而灭。战事平息后，佛教由勐润传入西双版纳，随之传入泰润文写的佛经。这就是现在傣族地区的润派佛教。此外缅甸摆庄派佛教传入德宏等地，明时，缅甸国王派僧团携三藏典籍及佛像来传教，在景洪地区兴建大批塔寺，不久上座部佛教便盛行于傣族地区。现云南上座部佛教，按其名可分为润、摆庄、多列、左抵四派。傣族男童达到入学年龄必须出家为僧，在寺院中学习文化知识，接近成年时再还俗，个别被认为优秀的可继续留寺深造，并按僧阶逐步升为正式僧侣。

云南地区上座部佛教文化具有明显的特色。第一，具有原始佛教的特点，在信仰上教徒只尊释迦牟尼佛，并且拜佛时不供香烛，这与汉地佛教信仰多神化相比较，显示出独特的文化面貌；第二，南传佛教具有全民信仰的特点，"村村有佛寺，人人当和尚"；第三，历史上的政教合一的色彩相当浓厚，当时最高政治统治者就是最高的宗教领袖，佛教寺院分成若干等级，与各级行政机构平行，组织严密。佛教文化在传统文化中比重大、地位高。

四、佛教供奉的对象

1. 佛

佛教供奉的对象主要有佛、菩萨、罗汉等。佛即自觉、觉他、觉行圆满者。寺院经常供奉的佛有以下几种：

三身佛（释迦牟尼佛、毗卢遮那佛、卢舍那佛）。据天台宗说法，佛（释迦）有三身，即法身佛毗卢遮那佛，代表佛教真理（佛法）凝聚所成的佛身；报身佛卢舍那佛，指以法身为因，经过修习得到佛果、享有佛闲（净土）之身；应身佛（又称化身佛）释迦牟尼佛，指佛为超度众生，来到众生之中，随缘应机而呈现的各种化身，特指释迦牟尼之生身。

三方佛（横三世佛），即西方极乐世界教主阿弥陀佛、婆娑世界教主释迦牟尼佛、东方净琉璃世界教主药师佛。三方佛体现净土信仰，佛教世界有秽土（凡人所居）和净土（圣人所居佛国）之分，每个世界有一佛二菩萨教化。世界十方都有净土，但最著名为西方极乐世界、东方净琉璃世界和上方的弥勒净土。中国佛徒大多向往西方极乐世界。

释家三尊。"三方佛"的正中为婆娑世界（人类现住"秽土"，"娑婆"为"堪忍之义"）教主释迦牟尼，其左侧侍为文殊，右为普贤，合称"释家三尊"。

东方三圣。"三方佛"左侧为东方净琉璃世界教主药师佛，其左侧侍为日光菩萨，右侧侍为月光菩萨，合称"东方三圣"，或称"药师共尊"。

西方三圣。"三方佛"右侧为西方极乐世界教主阿弥陀佛，其左侧侍为观世音，右为大势至，合称"西方三圣"或称"（阿）弥陀三尊"。

三世佛（竖三世佛），即未来世（弥勒佛）、现在世（释迦）、过去世（燃灯佛或迦叶佛）。三世佛从时间上体现佛的传承关系，表示佛法永存，世代不息。佛经上说，约3900亿年以前，释迦前世未成佛时曾借花献给燃灯佛，燃灯佛为他"授记"（预言他将来成为佛的接班人）。有的寺院供迦叶佛。未来佛弥勒佛，现仍为菩萨，据佛经说，弥勒佛还在兜率天内院中修行，释迦预言他将在 56.7 亿年以后降生印度，在华林园龙华树下得道成佛接班，并分批超度一切众生，故称未来世佛。寺院弥勒造像有佛像、菩萨像（天冠弥勒）和化身像（大肚弥勒）。

华严三圣，即华藏世界教主毗卢遮那佛，左侧为文殊菩萨，右侧为普贤菩萨。华严宗经典《华严经》特别推崇法身佛毗卢遮那佛。认为无限的宇宙是华藏世界（又称莲花藏世界，它包含多个层次世界），法身佛毗卢遮那佛是华藏的教主、主宰和本体。毗卢遮那佛无所不在，整个华藏世界不过是毗卢遮那佛的显现，一切佛、菩萨也全是毗卢遮那佛的应化身。毗卢遮那佛有两个最亲密的助手，即文殊菩萨和普贤菩萨，三者合称"华严三圣"。华严宗对毗卢遮那佛的崇拜取代了对其他佛的崇拜，故有的寺院专门供奉"华严三圣"。

2. 菩萨

菩萨指自觉、觉他者。寺院中常奉的菩萨有：文殊菩萨、普贤菩萨、观世音菩萨、地藏菩萨、大势至菩萨。他们又分别组合为"三大士"（文殊、普贤、观世音），"四大士"（三大士加地藏）和"五大士"（四大士加大势至）。

文殊势利菩萨，简称文殊菩萨，意译为"妙德"、"妙吉祥"，专司智德（佛教认识论），手持宝剑（或宝卷）象征智慧锐利，身骑狮子，象征智慧威猛，人称大智菩萨，相传其道场在山西五台山。

普贤菩萨，专司理德（佛法），手持如意棒，身骑六牙大象（表六度），人称大行菩萨，相传其道场在四川峨眉山。

观世音菩萨，也称为观自在，光世音等，为避李世民讳故称观音，其左手持净瓶，右手持杨柳枝，因其大慈大悲，救苦救难，人称大悲菩萨。观音本无性别。但南朝后，为体现其大慈大悲及其闺房小姐供奉的需要，产生女身观音像。千手千眼观音，有两种：一种为 40 只手，每只手有一只眼睛，每只手和眼睛有 25 种功能，相乘后得千手千眼；一种为一面 250 只手，4 面为 1000 只手，每只手上一只眼睛，为实际的千手千眼。常见的还有海岛观音又名渡海观音，此观音普度众生，解脱苦海，其左侧侍为善财童子菩萨，其右侧侍为龙女菩萨，相传观音菩萨的道场在浙江普陀山。

地藏菩萨，因其"安忍不动犹如大地，静虑神密犹如地藏"，所以称地藏王菩萨。又因其决心"众生度尽，方证菩提，地狱未空，誓不成佛"，所以人称大愿菩萨。他手持锡杖，或手捧如意珠，相传其道场在安徽九华山。

大势至菩萨。《观无量寿经》载，他"以智慧光普照一切，令离三涂（指地狱、饿鬼、畜生'三恶趋'）"得无上力，因此称为大势至菩萨。他头顶宝瓶，内存智慧光，让智慧之光普照世界一切众生，使众生解脱血火刀兵之灾，得无上之力，相传其道场在江苏南通的狼山。

3. 罗汉

全称阿罗汉，即自觉者，称已灭尽一切烦恼，应受天人供养者。他们永远进入涅槃不再生死轮回，并弘扬佛法。寺院中有十六罗汉、十八罗汉和五百罗汉。①十六罗汉：据玄奘译《法住记》，释迦牟尼令十六罗汉常住人间普济众生。②十八罗汉：唐五代时，张玄、贯休两位画僧，在十六罗汉后画两个罗汉，而后苏轼又作《赞十八罗汉》和《十八罗汉颂》，故宋以后寺院大多供奉十八罗汉，其中前十六罗汉与"十六罗汉"同，另外加之两名，说法不一，一说是宾度罗跋罗度《法住记》的作者庆友；一说是迦叶和军屠钵叹；一说为庆友及译《法住记》的玄奘；一说是达摩多罗和布袋和尚；一说是降龙和伏虎；一说是摩耶夫人和弥勒。③五百罗汉：是指佛陀涅槃后，迎腻色迩王召集五百佛陀弟子，论释经、律、论三藏，形成五百罗汉。

南宋僧人道济，俗名李心远，世称济公。他不守戒律，嗜好酒肉，如痴如狂，被称为"济颠僧"。相传济公为罗汉转世，但去罗汉堂报到已晚，加上辈分不高，只得站在过道里，甚至让其蹲在梁上。

4. 护法天神

护法天神本是古印度神话中惩恶护善的人物，佛教称之为"天"，是护持佛法的天神。著名的护法天神有四大天王、韦驮、哼哈二将及伽蓝神关羽。

四大天王：佛教称世界的中心为须弥山，山的四方有四大部洲，即东胜神洲、南赡部洲、西牛贺洲、北俱卢洲。四大天王住须弥山山腰的犍陀罗山，其任务是各护一方天下，故又称"护世四天王"。四大天王即东方持国天王，名多罗吒，身白色，穿甲胄，手持琵琶；南方增长天王，名毗琉璃，身青色，手握宝剑；西方广目天王，名毗留博叉，身红色，手缠龙或蛇，有时另一手持宝珠；北方多闻天王，名毗沙门，身绿色，右手持宝伞（又称宝幡，用以制服魔众，保护人民财富，他原为印度财神），有时左手握神鼠。世称四大天王为"四大金刚"，这是中国封神演义中的戏言，金刚与天王其实是不能混淆的。

韦驮：原为南方增长天王手下神将。韦驮曾受佛祖法旨，总统东、西、南三洲巡游护法事宜，保护出家人，护持佛法，故称"三洲感应"。相传释迦涅槃后，帝释天手持七宝瓶准备取下佛牙舍利回去建塔供养，时有罗刹鬼躲在帝释天身后趁其不备突然窃去佛牙舍利，韦驮奋不顾身，急起直追，刹那间把罗刹鬼抓获并夺回佛牙舍利。汉化韦驮是身穿甲胄的少年武将形象，手持法器金刚杵，或双手合十将杵搁于肘间（表该寺为十方丛林，接待寺），或以杵拄地（为非接待寺）。通常韦驮位于天王殿弥勒像后，脸朝大雄宝殿。

哼哈二将：在印度原为密迹金刚，是释迦五百执金刚卫的卫队长。在中国小说《封神演义》中，他被汉化成了两个金刚力士，专门把守山门，即世俗所称"哼哈二将"。

伽蓝神关羽：在古印度伽蓝神有 18 位之多，地位相当于寺院的土地神。关羽是最著名的汉化伽蓝神。传说关羽被杀后托梦给湖北当阳五泉寺普净大师："还我头来，还我头来。"大师点化说："你过五关斩六将，这些人的头向谁讨去？"关羽顿然觉悟，皈依空门，成了伽蓝神（寺院守护神）。关平成了其左侧侍，周仓成了其右侧侍，寺院将关羽供在鼓楼中。

佛教的旗帜或佛像的胸间，往往有万字标记。这个标记武则天将其定音为"万"，意为太阳光芒四射或燃烧的火，后来作为佛教吉祥的标记，以表示吉祥万德。

第三节　中国道教文化

道教是以"道"为最高信仰的中国本土宗教，是在中国古代宗教信仰的基础上逐渐形成的。道教将老子及《道德经》加以宗教化，称老子为教主，尊为神明，奉《道德经》为主要经典，并作宗教性的阐述，相信人经过一定修炼有可能长生不老，成为神仙。在它产生之时的东汉，曾经流行于民间并和当时的农民起义相结合。魏晋以后，一部分道教逐渐与上层社会相联系，成为统治阶层；民间流行的道教，有的转化为秘密宗教组织，成为农民和平民起义的旗帜或纽带。道教的经籍为中华民族保留下了大量的文化遗产。唐以来，道教曾流行于我国周边的朝鲜、日本、越南和东南亚一带。近年，国外研究道教的学者和学术团体日益增多，成为中国国内与国外文化交流的又一座桥梁。

一、道教的创立和发展

早在汉武帝时，儒家思想成为封建社会的统治思想，但此时的儒家思想经过董仲舒改造走上了宗教化的道路，这为道教的产生提供了有利条件，同时，两汉之际，佛教传入中国，给当时的方士很大的刺激和启发，促使他们利用中国古代的宗教信仰和思想意识去创造中国的本土宗教。加上东汉顺、桓之时，社会矛盾空前激化，广大人民群众生活悲惨，使宗教有了现实社会的需要。

东汉顺帝时，张陵在四川鹤鸣山，奉老子为教主，以《道德经》为主要经典，自称出于太上老君口授，造作道书，同时吸收了巴蜀少数民族的原始宗教信仰，创立五斗米教。张陵死后，其子张衡、其孙张鲁在川西和陕南一带传教，特别是张鲁割据汉中20多年，传播五斗米教，实行政教合一，政局稳定，得到当地人民的支持。公元215年，张鲁归降曹操，被拜将封侯，这样五斗米教也获得了合法地位。五斗米教产生、壮大的同时，汉灵帝时侍奉黄老道的张角，创立太平道，以《太平清领书》即《太平经》为主要经典，自称大贤良师，以跪拜符水咒语为人治病。教徒数十万，于公元184年发动起义，史称"黄巾起义"。起义失败后，太平道被封建统治残酷镇压，逐渐衰微。无论是太平道还是五斗米教，两派教义基本一致，其思想和道术都来源于中国古代社会中的鬼神思想、巫术、神仙方术、谶纬思想和黄老思想等。

魏晋以后，一部分道教向上层化发展，东晋葛洪建立了一套"成仙"的理论体系。他以神仙方术与儒家纲常伦理相结合，认为道教徒要忠孝、仁恕、信义、和顺，否则虽勤修炼也不能成仙。南北朝时，北魏嵩山道士寇谦之在太武帝主持下，制定乐章诵诫新法，代张陵为天师，为北天师道，南朝刘宋、庐山道士陆修静，仿效佛教仪式，依据封建宗法思想和制度，改革五斗米教，为南天师道，经过寇谦之、陆修静，道教教规逐步定型，道教的内容更加丰富，对后来道教的发展有深远的影响。在道教走向上层化的同时，民间依然流传着"通俗道教"。东晋末年，孙恩就是利用民间五斗米教组织进行的起义，后遭镇压。

隋唐北宋时，不少帝王崇奉道教。唐代统治者自称老子后裔，从而奉行道教为国教。北宋时，宋真宗称赵玄朗为其族祖，奉作道教尊神。宋朝统治者的崇道措施，对道教的发展起了促进作用。这时道士人数大增，宫观规模扩大，神仙系统也更为庞杂，经书数量也日渐增多。研究道经并修炼有成的著名道士和道教学者也相继出现，如唐朝的吕洞宾、北宋的陈抟、张紫阳等。

明代中叶以后，道教逐渐转衰，清朝重佛抑道。乾隆时，将正一真人的官阶由二品降到五品。道光时，停止道教的朝觐，道教在上层社会的地位日渐衰落，但民间通俗形式的道教仍很活跃。

二、道教的教派

道教初创时便有太平道和五斗米道之分，两晋南北朝时又有上清、灵宝等派先后出现，但各道教派教义思想基本一致，只是有的在道法道术的侧重点不一，有的师承系统有别。道教真正的教派是从南宋和金元南北对峙之时开始。南宋偏安，在与金元南北对峙的形势下，道教内部的宗派纷起。新兴的宗派力图改革教理，大多主张道、儒、释三教结合。在修炼方术方面，着重于内丹，强调于精、气、神的修炼。

1. 正一道

正一道或称正一教、正一派，原为五斗米道。元以后，为道教上清派、灵宝派和天师派的总称。正一道以《正一经》为主要经典，不重修持，崇拜神仙，画符念咒，降神驱鬼，祈福禳灾。相传张陵创教时，称太上老君援以三天正法"教以正一新出道法"。张陵第四代孙张盛徙居江西龙虎山，为道教龙虎宗，尊张陵为"正一天师"，唐宋时，南北天师道与上清、灵宝等道派逐渐合流，宋理宗敕第 35 代天师张大可提举三山（龙虎山、阁皂山、茅山）符箓，兼御前诸宫观教门事，龙虎山正一天师遂为各道派之首。元世祖命 36 代天师张宗演"主江南道教事"，天师道遂与全真教相抗衡；与上清派、灵宝派、净明道逐渐合流。元成宗时即 1304 年，授 38 代天师张与材"正一教主，主领三山符箓"。此后，江西龙虎山传天师法箓的龙虎宗，江西樟树阁皂山传灵宝法箓的简皂宗（灵宝派），江苏句容传上清法箓的茅山宗（上清派）皆统一于正一派，天师道从此亦名正一道，其道士可不居宫观而有家室。

2. 全真道

全真道也称全真教或全真派，王重阳于金初 1167 年创立儒、释、道兼容的全真道。王重阳山东宁海人（今山东牟平），自题所居庵堂为全真堂，凡入道者皆称全真道士而得名。该派吸取儒、释部分思想，声称三教同流，主张三教合一。以《道德经》、《般若波罗蜜多心经》、《孝经》为主要经典，教人"孝谨纯一"和"正心诚意，少思寡欲"。早期以个人隐居潜修为主，不沿符箓，不事黄白之术。

全真教认为清静无为乃修道之本，除情去欲，心地清静，才能返朴存真，识心见性。在教规上，严格要求入道者不娶妻，不吃荤，出家住丛林。主张修道者必须出家，并忍耻含垢、苦己利人、戒杀戒色、节饮食、少睡眠。全真道的支派较多，包括属于依托北五祖钟离权的正阳派，吕洞宾的纯阳派，重阳祖师的重阳派。王重阳死后，其弟子马钰等 7 人分别在陕西、河南、河北、山东等地进行传道，创下北七真，所创的有马钰的遇仙派，谭处端的南无派，刘处玄的随山派，丘处机的龙门派，王处一的嵛山派，郝大通的华山派，孙不二的清净派，教旨与方法基本相似。此外北宋时张紫阳撰《悟真篇》传紫阳派，本不属全真道，但金末时陈致虚兼受王重阳所传，统归全真，而称张紫阳所传为南宗，王重阳所传为北宗。元太祖时即 1220~1223 年，丘处机应召赴西域大雪山谒见元太祖，受到礼遇，命其掌管全国道教，在各地大建宫观，全真道进入全盛时期。但在其发展过程中因不断侵占佛教寺院和宣传老子化胡之说，引起僧人不满，导致元宪宗和元世祖时两次僧道辩论及全真道的失败，全真道遭到沉重的打击。元成宗时全真教才见恢复，明时重视正一道，清时虽有王常月中兴之举，但总的趋势更加衰落。

3. 大道教

金初，沧州刘德仁创立大道教，崇尚《道德经》，并吸收部分儒、释思想，不尚符箓，不重飞升化炼之术，也不讲长生久视之事，而颇重默祷召劾为人治病，一时信奉者甚多，元末逐渐衰落。

4. 太一教

卫州萧抱珍创教于金初，该派道士必须出家，以传"太一三元法箓之术"著名，以符箓为人治病，近似天师道，传至七祖萧天佑后逐渐与正一道合流，其后即湮没无闻。

三、道教的信仰和标志

道教的核心信仰是神化了的"道"，《老子》把道释为"虚无"。它是超时空的永恒所在，是天地万物的根源，即道生一、一生二、二生三、三生万物。庄子则将"道"释为有情有信，自古固存，神鬼神帝，生天生地，在太极之先而不为高，在六极之下而不为深，先天地生而不为久，生于上古而不为老。道教利用老庄得道成仙思想，把

"道"加以神化，说成"神异之物，灵而有性"，"造化之根，神明之本，天地之元"，"万象以之生，无行以之成"，宇宙、阴阳、万物皆由此化生。东汉明帝、章帝时，益州太守王阜说："老子者，道也。乃生于无形之先，起于太初之前，行于太素之元。"把道和老子合而为一。道教继承并发挥了这一思想，相传张陵所著的《老子想尔注》中，将老子作为道的化身，将老子在道教中神化为众生信奉的神灵。因道是天地万物之源，因而太上老君也成为混沌之祖宗，天地之父母，万神之帝君。后又演化为至高无上的元始天尊，产生三清尊神，以后又发展成包罗万象的神仙体系。道教的标志为八卦太极图。

四、道教的主要崇拜对象

道教的主要崇拜对象主要有尊神、俗神和神仙。

1. 尊神

三清：是玉清、上清、太清的合称，始于六朝，唐宋时被道教奉为最高尊神。据《道教宗源》称：由混洞太无元之青气，化生为天宝君，又称元始天尊，居清微天之玉清境，故称玉清；由赤混太无元黄之气，化生灵宝君，又称灵宝天尊，居禹余天之上清境，故称上清；由冥寂玄通元玄白之气，化生神宝君，又称道德天尊，即老君，居大赤天之太清境，故称太清。此三君各为教主，三洞尊神，统御诸天神，为神王之尊，宇宙万物皆为其创造，或说三清都为元始天尊的化身。

四御：指地位次于三清尊神的四位天帝，即总执天道的玉皇大帝；协助玉皇执掌天地经纬、日月星辰、四时气候的中央紫微北极大帝；协助玉皇执掌南北极与天、地、人三才，统御诸星并主持人间兵革之事的勾陈上官天后上帝；执掌阴阳生育万物之美、大地山河之秀的后土皇地祇。

日月星辰：把日、月、金、木、水、火、土以及二十八宿诸星和北斗奉为很高的神灵。

四方护卫神：东青龙、西白虎、北玄武、南朱雀。

2. 俗神

俗神是指流传于民间而被道教信奉的神祇如有与自然相关的雷公、电母、风伯等；有带有明显人间特征的英雄神、文化神，如关帝、文昌等；有被认为专门保护个人、家庭和城乡公共安全的守护神，如门神、灶神、城隍、土地、妈祖等；有被认为有特定职能的行业神和功能神，如药王、财神等。

3. 神仙

"老而不死曰仙"，又有人仙、地仙、天仙和神仙之分，最初流传的多为上古传说的人物，如彭祖、广成子、容成公、黄帝、王乔、西王母、东王公、九天玄女等。汉魏以后多为道教人物仙化，如安斯生、三茅真君（茅盈、茅固、茅衷）、阴长生、王玄甫等。唐宋以来，历史人物被仙化，如八仙（铁拐李、汉钟离、张果老、何仙姑、蓝采和、吕洞宾、韩湘子、曹国舅）等。同时根据道教所述神仙有品位等级、高下之分，道教认为，神仙在其仙班中，各有其不同的品级，各有其神庙，相成相依，形成无所不能的神力，神仙各有其居住的仙境。《太真科》将仙分为：上仙、高仙、大仙、神仙、玄仙、真仙、天仙、灵仙、至仙九品。

五、道教的"仙境"、名山、宫观

1. 仙境

仙境是道教所称神仙所栖之胜境，或在天上，或在海中，或在幽远的名山洞府。仙境之说源于中国的远古神话：一是昆仑山，从《山海经》传说的帝之都，演变为西王母所居处。二是蓬莱仙境为中心的海上"三神山"（蓬莱、方丈和瀛洲）。战国时，燕、齐、吴、越等滨海地海上交通的发展，便产生了寻找"三神山"和不死之药者。从齐威王、秦始皇到汉武帝延续二百多年。三是《庄子》和《楚辞》中将昆仑山和蓬莱仙境的神话合二为一的新的神仙世界。道教承袭神仙传说，出现了所谓的"十洲共岛"仙境。三岛指昆仑、方丈、蓬丘。十洲指：祖、瀛、玄、炎、长、元、流、生、凤麟、聚隆。隋唐以后，随着道教修炼术的发展，许多名山胜地被视为神仙所居的洞府，或修道成仙的佳境。

2. 名山

名山即将为神仙所居住的洞府或修道成仙的山林佳境，较早的有《洞天府地·天地宫府图》中的所谓十大洞天、三十六小洞天和七十二福地等，道教修真养性的五岳：嵩山、泰山、华山、恒山、衡山。泰山又名岱山，主峰位于山东泰安。道教因东方为阴阳交替之地，遂以泰山为群山之祖，五岳之首。古代帝王封禅礼一般都在泰山。供奉东岳大帝（主治人生死及人生贵贱，为冥府众鬼之主帅）。嵩山，位于河南登封。主庙为中岳大帝（禽山神，主治土地山川陵台）。历史上唯有武则天选择中岳礼祭封禅，为道、佛（少林寺）、濡（嵩阳书院为代表）三教荟萃之区。华山，五岳最高，也是五岳中唯一一座道家独占的名山。主庙西岳庙供奉西岳大帝（华山神，职掌五金陶铸坑冶）。衡山，隋以前南岳指安徽的天柱山，现为湖南中部主峰祝融峰，主庙南岳大庙供奉南岳大帝（主星辰分野），也是三教荟萃之地。恒山，位于山西浑源。清以前为河北曲阳恒山，清顺治十七年即 1660 年改为浑源恒山，曲阳恒山改为大茂山。曲阳大茂山北岳庙为北魏至明朝时祭祀北岳之所，浑源恒山主庙北岳庙，供奉北岳大帝（恒山神，主治江河湖海）。此外，江西贵溪的龙虎山、江苏常州的茅山、江西樟树的阁皂山、四川都江堰市的青城山、广东东江博罗的罗浮山、陕西西安的终南山、湖北丹江口的武当山、山东青岛的崂山、云南大理的巍山等，有的为道教发祥地，如青城山和终南山，有的是符箓派三名山，即龙虎山、阁皂山、茅山，有的为道教神仙祖庭，如武当山（真武大帝）、丰都山（丰都为冥府阴王酆都大帝）、七曲山（四川梓潼的文昌帝君祖庭）。

3. 宫观

宫观是道士修道、祀神和举行宗教仪节的处所，为道宫和道观的合称。道教著名宫观有：陕西周至楼观台、河南鹿邑太清宫、江西贵溪上清宫、四川成都青羊宫、江苏苏州的玄妙观、江西南昌的万寿宫、江苏句容的六符宫、浙江余杭的洞宵宫、江苏南京的朝天宫、北京的白云观、山西芮城的永乐宫、陕西户县的重阳宫、青岛的太清宫、广州的三元宫、湖北武汉的长春观及台北的指南宫，其中陕西户县重阳宫、北京白云观和山西芮城永乐宫并称为全真道三大祖庭。

第四节　中国伊斯兰教文化

伊斯兰教是公元 7 世纪穆罕默德创立于阿拉伯半岛的一种宗教，是世界三大宗教中产生最晚的，但距今也已有 1300 多年的历史。目前，该教流行于亚洲、非洲，特别是西亚、北非、东南亚等地区。在 90 多个国家和地区里，拥有 10 亿多教徒，有 20 多个国家将之定为国教。中国有 10 个民族、1700 多万人信仰该教。

一、伊斯兰教创立、传播

伊斯兰教的创始人是穆罕默德。穆罕默德（570—632）生于麦加的古莱氏部落的一个没落贵族家庭中，自幼父母双亡。12岁时，随伯父到巴勒斯坦、叙利亚经商，25岁时受雇于富孀赫底彻，不久与赫底彻结婚，这为他创教获得经济保障。长期的社会生活使穆罕默德了解了阿拉伯地区的各种宗教知识和原始信仰情况，为他创教准备了实践和思想条件。610年，穆罕默德在麦加宣布自己是先知，得到安拉的启示，正式创立了伊斯兰教。伊斯兰是阿拉伯语的音译，是"服从"、"和平"的意思。教徒称穆斯林，是信仰安拉，服从安拉和先知的人。因他严格的一神崇拜，妨碍了"克尔白"神殿中的多神崇拜，因而激起以阿布·苏富扬为首的麦加贵族们的强烈反对和迫害。穆罕默德于是在622年7月16日率其信徒前往麦地那，在那里建立了宗教、政治、军事三位一体的穆斯林社会组织乌马公社，同时对一些教规作了最后的决定。后来，伊斯兰教国家规定，以公元622年7月16日为伊斯兰教历法元年的开始。630年，穆罕默德率军打回麦加，废除克尔白神殿中全部的360多种神像，并将克尔白神殿改为清真寺作为全世界穆斯林礼拜的朝向。同年，阿拉伯半岛各族代表到麦地那表示放弃其原有宗教，归信穆罕默德领导的信仰唯一安拉的宗教——伊斯兰教。公元631年，阿拉伯半岛基本统一，建立起政教合一的国家，这是阿拉伯历史上划时代的伟大事件。公元632年6月8日，穆罕默德因病去世，穆斯林称为"归真"，将他葬在麦地那清真寺内。穆罕默德是第一个阿拉伯国家的缔造者和伊斯兰教的创始人，是公认的世界中古史上伟大的思想家和政治家，中国穆斯林称他为"至圣"。

二、伊斯兰教义、教规、经典

1. 教义

教义主要内容可概括为六大基本信仰，即信仰安拉是宇宙唯一的主宰、信天使、信使者、信经典、信"前定"、信"后世"。

安拉是阿拉伯Allah（真主）的音译。讲汉语的穆斯林称他为"真主"，讲波斯语的穆斯林称他为"胡达"。在伊斯兰教产生前，安拉是麦加古莱氏部落居民信奉的主神，穆罕默德在创立伊斯兰教时，号召人们摒弃其他神祇和偶像，把安拉奉为独一无二的神。"除安拉外，再无神灵"成为伊斯兰教最重要的信条。伊斯兰教教徒认为安拉是世界的创造者，安拉不仅使大地生长万物，同时也创造了人。人的一切都由安拉恩赐，"天地万物，均属安拉"。安拉还是全能者，虽然看不到，摸不着，但又无所不在，无所不有，不生不灭，永恒存在。

2. 教规

教规即宗教仪式和义务，为了坚定信仰，安拉规定穆斯林必须严格遵守的宗教制度，称为"五功"：第一，念功，念诵"万物非主，唯有真主"。安拉是唯一的主宰。穆罕默德是安拉的使者，以表白自身信仰。中国穆斯林称其为"清真言"。第二，拜功，即礼拜，穆斯林每天五次即晨、晌、晡、昏、宵向麦加"克尔白"方向礼拜，每周一次聚礼（星期五），每年两次（开斋节和宰牲节）聚礼。第三，斋功，即斋戒，凡是穆斯林（病人、旅客、怀孕和哺乳妇女除外）都必须在斋月（伊历九月）里封斋一个月，每天从日升到日落，禁绝一切饮食。伊历十月新月初现时开斋。第四，课功，以纳天课的名义向穆斯林征收定量的财产税。第五，朝功，即朝觐，凡条件允许的穆斯林，不分性别，一生中应去麦加圣地"克尔白"朝觐一次，朝觐者必须受戒。经过朝功者，在名字前冠以"哈吉"以示荣誉。

3. 经典

《古兰经》是伊斯兰教的根本经典。"古兰"是阿拉伯语的译音，意为"诵读"、"读本"。《古兰经》是安拉通过天使哲布勒伊来降给先知穆罕默德的最后一部天启经典，是穆罕默德在 23 年的传教活动中，以奉真主的启示，陆续发表的有关宗教和社会主张的言论。《古兰经》内容相当广泛，包括：①传播以信仰一神真主，反对多神崇拜为中心的宗教信条；②申述伊斯兰的社会主张、人伦道德以至立身处世应持的态度；③设计政教合一的伊斯兰国家政权的宗教、政治、经济、社会、军事和法律制度；④论述多神教徒、犹太教徒及基督教徒之间的论辩和斗争；⑤引用有助于宣传宗教道德，修身哲理的阿拉伯故事、传说和谚语等。伊斯兰教国家把《古兰经》奉为圣典，成为伊斯兰教社会穆斯林生活中的准则和国家立法的最高依据。

《圣训》是阿拉伯语"哈底斯"或"逊奈"的意译，前者意为谈话、交谈，后者意为教训、告诫，我国通译为圣训，是穆罕默德的言行和其认可教门弟子言行的集录，是仅次于《古兰经》的伊斯兰教的重要经典，是在伊斯兰教创立一百多年后才开始收集汇编的，是《古兰经》的补充和注释。

三、伊斯兰教在中国

伊斯兰教在中国传播连续而未中断，经历了传入、流行和中国化三个阶段。

1. 伊斯兰教传入——唐宋

唐高宗永徽二年即 651 年时，大食派使者到长安，是唐与阿拉伯交往的起点。唐玄宗时，杜环在《经行记》中第一次记载伊斯兰教，称"大食法"。"安史之乱"时唐向大食借兵千余人，其中大部分都留在唐朝，成为"唐臣"。这是中国第一批穆斯林教徒，伊斯兰教信徒是通过两条路线进行传播而来的。一是陆上"丝绸之路"，即西北的伊斯兰教的穆斯林；一是沿海的海上"丝绸之路"传过来的穆斯林。8 世纪中叶后，阿拉伯商人集居在长安、洛阳、广州、泉州、杭州、扬州等城市，许多人与中国通婚，其后裔聚居一起，保持宗教信仰，设立清真寺，逐渐成为中国的穆斯林。在中国出现首批清真寺，如广州怀圣寺、泉州清净寺、杭州凤凰寺、扬州仙鹤寺，称为中国沿海四大清真寺。唐都长安也有许多大清真寺，相传化觉寺始建于唐（现存为明代遗存）。从唐到南宋末年，波斯、大食留居中国的人数不断增加，但此时多居于京师和沿海口岸，还未至内地。

2. 伊斯兰教流行——元朝

这是中国伊斯兰的繁荣时期，元时穆斯林属色目人，属统治者，地位仅次于蒙古人。因此，元时穆斯林几乎覆盖全中国，《明史·撒马尔罕传》称"元回回遍天下"，元政府为回民建了更多的清真寺，穆斯林不仅遍布各地，而且还操纵中央和地方权柄，影响举足轻重。首先，新疆原信仰佛教的民族开始改信伊斯兰教，伊斯兰教徒也开始分布在甘肃、河西走廊，后渐渐遍布全国，形成大分散、小聚居的居住特点。同时在元代，也仅仅在元代，中国的伊斯兰教同阿拉伯、中亚的伊斯兰教直接发生关系，连成了一片。

3. 伊斯兰教的中国化——明清

到明朝，伊斯兰教在中国有了固定的称号。明初，朱家王朝对伊斯兰教施加重压，禁止其自相婚配。朱家加强西北边防，禁止中国伊斯兰教同中亚伊斯兰教相联系。内地伊斯兰教遂成为独立发展状态，于是产生保护族类的自觉意识，于是回回民族形成了。除回族外，我国还有东乡、撒拉、保安、维吾尔、哈萨克、乌孜别克、柯尔克孜、塔塔尔、塔吉克 9 个民族信仰伊斯兰教。

第五节　中国基督教文化

一、基督教的产生、派别和基本教义

基督教，是以信仰耶稣基督为核心的各个宗教派别的总称，是世界三大宗教之一。目前，世界大约 150 多个国家和地区，超过 12 亿人信仰基督教。基督教是世界上拥有教徒最多的宗教，对人类的历史文化、社会政治和现实生活等方面有极大的影响。

大约公元 1 世纪，罗马帝国统治着地中海周围的广大地区，横跨欧、亚、非，但其内部蕴藏着尖锐复杂的民族矛盾、阶级矛盾，因而爆发过多次奴隶起义，结果大多失败，很多起义者被钉死在十字架上，起义者在失败后普遍表现出"意志消沉和精神颓废"的现象。他们将现实找不到的东西寄托到冥冥上苍身上，希望能有救世主从天而降，救他们脱离苦海，这便是基督教产生的社会基础。同时，罗马帝国在征服各民族过程中，也消灭了各地宗教，因而建立帝国后，罗马统治者也希望有一种统一的思想和宗教作为其精神统治工具。在此种条件下，基督教便应运而生并很快得以发展。

基督教起源于公元 1 世纪亚洲西部巴基斯坦的犹太人中间，与犹太教有着血缘关系。基督是"基利斯督"的简称，意思是上帝所差遣的救世主，为基督教对耶稣的专称，因而基督教信奉的耶稣基督为"救世主"的意思。据传说耶稣是上帝的独生子，他出生于巴勒斯坦的拿撒勒林，其母是木匠约瑟的未婚妻童贞女玛利亚。30 岁时先后到巴勒斯坦和以色列传教。因其教徒大多为贫民和奴隶，加之对统治者极端仇恨，因而当耶稣和其门徒前往耶路撒冷时，被第十三门徒犹大以 30 元钱所出卖，被罗马驻犹太的总督彼拉多钉死在十字架上。相传他死后第三天复活，并多次向他的诸门徒显灵。复活后的第 40 日，耶稣升天，坐在上帝的右边，声称到世界末日，再从天上降临人间，来审判地上的活人和死人，并建立"千年王国"。基督教起源都是根据《圣经》的记载传世的，其实历史上有无耶稣其人，说法不一，多数学者认为他只是一个传说中的人物。

1. 基督教的教派

罗马帝国的分裂导致基督教东西分裂，因争夺教权，公元1054年基督教最后分裂。以希腊君士坦丁堡为中心的东方的正教，简称东正教，以罗马为中心的西部公教（也称加特力教或基督教），中国译称天主教。16世纪，由于宗教改革，因而从西部教会内部又分裂出一支反罗马教廷的基督教新派（抗罗宗），也称为新教，中国译为耶稣教。新教后又分化为繁多的派系。

2. 基督教的经典和教义

基督教的经典为《圣经》。由《旧约全书》（希伯来文）和《新约全书》（拉丁文）组成。

《旧约全书》原为犹太教经典，基督教从犹太教承受下来。《旧约全书》分为《律法书》、《先知书》和《圣录》三部分。汇集了11世纪末以色列王朝以前的律法，记录了上帝创世神话及历代以色列人的传说、历史。《圣录》是正统的文学作品，包括诗歌、圣咏、格言、智慧文学等。

《新约全书》是圣经的第二部分，包括《福音书》、《使徒行传》、《书言》和《启示录》四部分，共127卷，书中阐述信徒的神学主张和政治态度，记录彼得·保罗的传教活动，记叙有关基督教人物的历史活动等。

基督教的基本教义是：①相信上帝创造并主宰世界。基督教认为上帝全知全能，是有世界以前唯一存在的实体。世界是上帝创造出来的，上帝用了6天时间创造了整个世界。第一天，上帝创造了天地，创造了光，使世界有了白天和黑夜；第二天，上帝创造了空气，称空气为天；第三天，上帝要天下的水汇聚一处，这样产生了陆地和大海；第四天，上帝说天上要有光体，因而创造了太阳、月亮和星星；第五天，上帝造出了大量的水生动物和天上飞的鸟雀，并让它们滋生繁殖；第六天，上帝创造出地上各种牲畜、野兽，又以自己的形象造出了男人和女人，并让人管理世界；第七天，上帝造物工作完毕，赠福给第七天，定为圣日，也叫圣安息日。星期天休息日便来源于此。②信仰耶稣基督是救世主。③信仰三位一体的"圣灵"在世界和人类中使人知罪、悔改和成圣。基督教宣称，上帝只有一个，但包括圣父、圣子和圣灵（圣神）三个位格。三者虽各有特定位分，却完全是有一个本体，同为一个独立的真神，故称三位一体。④相信人乃是上帝"按照自己的形象"所造，由身体和灵魂组成，在万物中居于最高地位，但因其背叛上帝（在伊甸园偷吃了知恶善树上的禁果）而陷入罪恶之中，不能自救，唯有信仰、依靠上帝才能蒙救，获得永生。⑤相信天堂地狱。基督教认为天堂是极乐世界，信仰上帝而灵魂得救，便可升到天堂；不信仰上帝，不知忏悔的人死后，便要下地狱。同时天主教为那些生前犯有未经宽恕的重罪及各种恶习的人设置了炼狱，作为其进入天堂之前净化场所，经过炼净灵魂和罪恶赎完，方可升入天堂。

3. 基督教的圣事或圣礼

圣事或圣礼，其神学意义是借助可见的形式或表象，将不可见的神思赋予领受者。共有七种仪式为圣事：①洗礼，洗礼有重生或洗去原罪，赐予"恩宠"和"印号"，此后有权领受其他圣事的意义，故被视为加入圣教的标志。最初可能是浸水方式，全身或半身浸入水中。现在，施洗前，受洗人须禁食，答应过基督徒生活，受洗人还要尝一点混合的奶与蜜，以象征基督新生婴孩，随后在头上抹油，行按手礼，借以表明领受圣灵之意。②坚振，是受洗后一段时间，再受主教所按手礼即敷油礼，说可使圣灵降灵于其身，以坚定信仰，振奋人心。③告解，是耶稣为赦免教徒所犯的"罪"，使他们重新获得上帝恩宠而设立的。这一圣事是由教徒向神父告明对上帝所犯罪过，并表示忏悔。神父告诉教徒应如何做礼赎，为自己赎罪。④圣体（圣餐），在最后一次晚餐时，耶稣拿起饼和葡萄酒，祝祷后分给门徒说，"这是我的身体和血，是为众生免罪而舍弃和流出来的"，天主教的圣体礼称弥撒；弥撒分为两部分，祈祷和领圣体。第一部分称预祭，包括诵读《圣经》和讲道，第二部分为圣体圣事，包括奉献（即奉献饼和酒）、弥撒正祭和领圣体圣血。⑤终傅（临终法事），在教徒病危时，由神父用经主教祝圣过的橄榄油，敷擦教徒的耳、目、口、鼻和手足，并诵念一段祈祷经文，认为借此帮助授教者忍受痛苦，赦免罪过，安心去见上帝。⑥神品，通过主教祝圣仪式领受神职，也叫受神职礼或派立礼。即按照特定仪式，诵念规定经文，主教把手按于领受者头上，以使之圣化而奉献上帝。⑦婚配，教徒在教堂内，由神父主持，按规定成婚的礼仪。神父询问男女双方是否同意结为夫妻；在双方肯定回答后，主礼人诵念规定的祈祷经文，宣布"天主所配合的人不能分开"，并对结婚双方祝福。

4. 基督教的标志和主要节日

基督教的标志是十字架，耶稣是上帝的独生子，为替世人赎罪而被钉死在十字架上，所以基督教各派都尊十字架为信仰人的标志，以示信仰耶稣的主张和学说。

基督教的主要节日有：①复活节（3月21日至4月25日，春分后的第一次月圆后的第一个星期日），纪念耶稣钉死十字架后第三日"复活"；②圣诞节（12月25日），耶稣诞辰。

二、基督教在中国的传播

基督教在中国有1300多年的历史，自唐以来四次传入中国，三次受挫。只是到了近代，随着封建社会的衰败和解体，以及帝国主义的侵入，才得以渗入城乡各地。

1. 唐代基督教的传入——景教

唐贞观九年即公元635年，基督教的一支，流传于中亚的聂斯脱利派（当时称景教），由叙利亚传教士阿罗本经波斯传入长安。当时，阿罗本被朝廷称为"波斯僧"，受到多位皇帝保护。唐太宗命房玄龄迎阿罗本于西郊，并亲自召见，询问教义。3年后，唐太宗下令在长安市郊义宁坊兴建景教寺，当时教徒有22人。随后经唐高宗时，景教又被恩准在各州建教堂。后经玄宗、肃宗、德宗几代，景教在中国的信徒逐渐增多，当时教会建造"大秦景教流行中国碑"，以资纪念。到唐武宗会昌五年即公元845年，展开大规模"灭佛"运动，景教也受波及，从此在中原绝灭。景教碑也随之被埋地下，直到明朝时出土，现存放于陕西博物馆即西安碑林内。

2. 元朝基督教在中国的传播——也里可温教

唐时，景教虽在内地灭绝，但在我国西部及北部边疆地区仍流传着，公元12世纪，蒙古人崛起，成吉思汗吞并了大漠南北信奉景教的部族，这些部族的一些女子被纳为妃，在她们影响下，王室的侍臣中出现了一批景教徒。这是基督教第二次传入中国，称为也里可温教或十字教。也里可温意为有福缘的人。除了景教在中原的复兴外，更由于蒙古帝国掀起大规模西征，使基督教与景教取得了联系。元朝建立后，忽必烈在接见马可·波罗时，托他致书罗马教皇，请派传教士来华传教。于是西欧传教士来到元大都等地，元设崇福司专管该教事务，并在北京、杭州、西安、甘肃、宁夏、镇江、泉州等地建教堂传教，使该教成为仅次于佛道二教的宗教。教徒多为蒙古族或侨居中国的西亚人。元末，由于中亚战争频繁，中西交通阻断，因而西方无一传教士来华。元朝覆灭后，中国与西方中止联系两个多世纪，也里可温教也就销声匿迹了。

3. 明清之际基督教在中国的传播——天主教

这次基督教在中国的传入与前两次不同。这次是从16世纪开始，西方殖民者开始来到东方，抢占殖民地，也开始了对我国的掠夺和侵略。1533年，葡萄牙殖民者用欺诈手段在我国澳门取得了居住权，随即便在那里立足传教。这次基督教的传入以天主教为主角，成绩最卓著的为意大利耶稣教士利玛窦。他在万历年间两次入朝会见皇帝。此人有才识，会汉语，善交际，热衷中国经史，熟读四书五经，精通中国书法，与人交谈常引经据典，因而深得中国士子刮目相看，从而结交了不少王公巨卿，深得朝野欢心，为传教事业奠定了良好的基础。继利玛窦之后，德国人汤若望曾先后任职明、清两朝；比利时人南怀仁也深得康熙信任。传教士把西方的天文学、兵工学、数学、地理介绍给中国。把中国的经学、音乐和医书向西方社会介绍，成为中西文化交流的先驱。17世纪下半叶，罗马教皇多次颁布"禁约"，禁止中国天主教徒参加任何的祭祖祭孔活动，并派专使来华，要康熙皇帝接受罗马教皇的主张。针对教皇对中国内政的无理干涉，康熙于1721年禁止洋人在中国传教，天主教从此成为非法，转入地下活动。雍正、乾隆、嘉庆仍坚持禁教政策。但在中国人民中间，仍私相传习。所以到鸦片战争前夕，中国有天主教徒30万人左右。

4. 明末清初基督教的传播——东正教

1665年俄国人在雅克萨城建立教堂，这是中国土地上第一次出现东正教堂。1685年，清政府同意在北京建立一座东正教堂，被称为"罗刹庙"，东正教在中国开始传播。1715年，俄国政府委派历史上第一个"北京传教团"进驻罗刹庙，从1715年到1860年，沙俄共派13批传教士前来中国传教。这些传教士主要任务不在传教，而是起着俄国政府在华官方代表的作用。

5. 鸦片战争后，基督教各派在中国的传播

鸦片战争后，特别是《中法黄埔条约》的签订，基督教各派都取得了在华传播的特权，同时，传教士在华的一切活动受到清政府的保护，这样传教士的活动和外国侵略中国联系在一起，激起了中国人民的反抗。加之个别传教士仗势欺人，胡作非为，一部分中国信徒因经济原因或政治目的而入教，因而一时"教案"迭起。从鸦片战争到1900年义和团运动期间发生教案300多起，如"马神甫事件"、"马嘉礼事件"、"火烧望海楼事件"等。当然也有一些传教士同情和支持中国人民的反帝爱国革命斗争。1949年中华人民共和国成立，1951年传教士全部从中国大陆撤出。新中国成立后，中国天主教徒也走上了自治、自传、自养的"三自"爱国道路，开创了"独立自主、自办教会"的新时代。

三、基督教在中西方文化交流中的作用

明清以来，传教士将西方的一些自然科学知识带到中国，同时又将中国的一些医学、经书传播到西方，对西方近代文化产生了很大的影响。近代史上，基督教在中国创办过一些文化教育和慈善事业，如辅仁、燕京、金陵等一些著名高校。与他们办学宗旨相反的是，这些高校培养出了一大批有志于中国人民解放和建设事业的社会革命家和科学家。

四、中国著名的基督教建筑

1. 天主教堂

中国的天主教堂建筑继承欧洲天主教会的传统，注意以造型艺术来表达宗教信仰的意境，且大多为哥特式，主要的天主教堂有以下几处：

上海徐家汇天主教堂：教堂位于上海市徐家汇。该堂于清道光二十七年即 1847年筹建，在 1895~1910 年又建成新堂，堂长 79 米，宽 28 米，钟楼高 60 米，可容纳4000 余人。"文化大革命"期间，上海徐家汇天主教堂遭破坏，1982 年修整，恢复原貌。

佘山圣母教堂：位于上海松江县佘山。初建于 1871 年，1924 年将原教堂拆除重建，1935 年完工，基本上为文艺复兴时期的罗马风格。教堂长 55.81 米，宽 24.68 米，最高处 35 米，可容纳 3000 多人。教堂中间排列左右各 20 根花岗石大柱。教堂内有紫铜圣母像一座，高 4.8 米，重 1200 千克，教堂大殿正祭台系镶金嵌装大理石制成。教堂中有 40 根磨光金山石石柱的接榫斗拱、雕刻天神像和花卉图案等。

北京西什库天主教堂：最早的西什库天主教堂，是 17 世纪末康熙敕建的，位于今北京图书馆的斜对面，1887 年迁到现址，是一座典型的西欧哥特式建筑，是依照巴黎圣母院的式样而设计的，高 31.4 米，顶端高耸挺秀的尖塔，青石墙基，墙身全用城砖砌成。因为西什库教堂采用中国建筑材料，由中国匠人施工建造，所以其木雕、石刻等均有中国气韵。

广州圣心教堂：该堂全部用石块砌成，故又称"石室"，建于 1863 年。该堂东西宽 35 米，南北长 79 米，坐北朝南，由地面到塔总高 58.5 米，此教堂是法国人设计，中国工匠建造的。

2. 新教教堂

新教的神学理论注重内心直接与上帝沟通，而不倚求外在的形象媒介，故不太注重造型工艺。

上海沐恩教堂：位于上海西藏中路，原名慕尔堂，建于 1923 年，现存建筑面积 4000 余平方米，为一座红砖凹凸墙面的哥特式建筑，教堂钟楼上十字架离地面约 50 米，是典型的"社交堂"。该教堂除星期日外，天天敞开大门，供教徒进行各种社会活动。教堂原建筑除圣典大堂为传教的附属设施外，还设有小学、幼儿园、阅览室、女子宿舍、女校、夜校、健身房等，其宗教和社交活动在上海基督教徒中产生了深远影响。

福建莆田大教堂：建于 1915 年，内设 3000 多个座位，是当时亚洲最大的教堂，现为中国最大的教堂。

上海景灵堂：原名景林堂，建于 1923 年，其建筑设施并不出色，但因与宋氏家族有关联而著称。宋耀如曾任该堂牧师，宋氏家族成员都在该堂做礼拜。宋美龄为该堂唱诗班成员，蒋介石与宋美龄结婚后，列入该堂教徒名册中，蒋介石也不时到景灵堂做礼拜。

3. 东正教堂

中国的东正教堂主要在哈尔滨，有近 20 座，如尼古拉大教堂、圣母安息教堂、圣索菲亚大教堂等。圣索菲亚教堂为现存哈尔滨地区最大的东正教堂，始建于 1907 年，为俄罗斯拜占庭式建筑。

【本章小结】

宗教作为复杂的社会现象，它是普遍存在的。无论是哪种宗教的思想观念，都是宣传一种虚幻的世界。在不同历史时期宗教对人们的生活产生不同的影响。这种影响反映到宗教绘画、雕刻、音乐等艺术作品中，随着时代和社会的变迁，有各种不同的意识观念影响着人们去欣赏它，接受它。宗教作为人类的精神活动，本身亦反映了人类追求人格完善与心灵升华的倾向。

第四章　旅游园林文化

【学习目标】

1. 了解中国古典园林的分类及各自的特点

2. 中国古典园林的艺术风格有哪些

3. 北方园林、江南园林和岭南园林各具什么样的特色

【章节导读】

中国古典园林是中国古建筑与园艺工程高度结合的产物，是中国传统居住、休闲、观赏、文学艺术等综合营造的艺术空间环境，是中国优秀传统文化遗产的重要组成部分。在三千余年的发展过程中，形成了世界上独树一帜的园林艺术与文化，其丰富多样的类型，独特鲜明的风格、形象，带给人们极大的美的享受和启迪。因而，在世界园林艺术中素有"世界园林之母"的美称。

本章将重点介绍中国古典园林的起源与历史演变，中国古典园林的艺术特点，使学生了解在几千年的历史长河中，逐渐形成的中国古典园林文化那独特的艺术风格和审美情趣。

第一节　中国古典园林艺术的发展历程

作为珍贵的历史文化遗产，中国古典园林有其世界地位，这是西方学者早已公认的。1954 年在维也纳召开的世界造园联合会会议上，中国古典园林被誉为世界造园史中三大动力之一（其他两大动力为古希腊、西亚），它以其悠久的历史、辉煌灿烂的艺术成就及独树一帜的风格极大地丰富了人类文化的宝库。

中国造园艺术经历了一个漫长的发展过程，其间虽有曲折和起伏，但总的来说是由粗陋发展为精巧，由不成熟而趋向成熟。

一、萌芽期（从周至汉）

此时期主要是皇家苑囿，规模虽大，但基本属于圈地的性质。秦、汉时尽管也出现过人工开池、堆山活动，但造园的主旨、意趣很淡漠。

中国园林的出现，与人类定居生活的出现相同步。定居生活的出现促使人类在采集、狩猎的同时发明了种植、畜养等生活方式，因而也就出现了简单的园囿。据考证，殷商时代的甲骨文中，已经有了园、圃、囿这样一些沿用至今的园林用词，但是当时的涵义与现代有所区别。当时的"园"是指栽培果树的地方；"圃"是指栽培菜蔬的地方；"囿"是指放养和繁殖禽兽的地方。养殖禽兽的目的是专供帝王在这里狩猎游乐，这是一种不以生产为目的的娱乐活动，因此"囿"被认为是中国园林最初出现的形式。

据古籍记载，早在黄帝时代就有了简单的园林。帝尧时设立了"虞人"的官位掌管山河、园囿之事。到了三代，开始形成专供帝王贵族玩乐的园囿，例如，《史记》中记载了商纣王营造放置野兽奇鸟的苑台。西周时期，周文王营建了一个方圆七十里的苑囿，里面有灵台、灵囿、灵沼，饲养了各种珍贵的动物、禽鸟，种植了花果树木，是一个大型的综合性园林。春秋战国时期，各诸侯国纷纷割据争雄，建宫设囿以图游乐享受的风气盛极一时，园林的营造也进入到一个大发展时期。这些苑囿，除利用自然的山林、水池之外，已经开始了人工造山开池的工作。在此基础上，秦汉的造园艺术得以大幅度的提高。由于当时神仙思想弥漫，帝王多求长生不死，所以园林的意境亦以天堂神仙境界为基本格调。例如，秦始皇曾在渭水之南作上林苑，著名的阿房宫就坐落在苑内。汉武帝在秦上林苑的基础上进行了修复和扩建，在城西建章宫，宫北修太液池，池内堆蓬莱、方丈、瀛洲"海上三神山"，开创了"一池三山"的造园手法，成为了后世皇家园林仿效的经典。"上林"二字也经常被用来作为皇家园林的代称。与此同时，贵族、官僚、富豪的私家园林也迅速发展，大都以皇家苑囿为标准，只是规模略小。此时期，传统的以崇丽、宏大为尚的造园艺术开始向精致、小巧转移。

二、形成期（魏、晋、南北朝）

初步确立了再现自然山水的基本原则，逐步取消了狩猎、生产方面的内容，而把园林主要作为观赏艺术来对待。

魏晋南北朝的三百年间，山水林泉成为造园的主题。由于战乱频仍，皇家园林的营造虽未间断，但因走马灯似的改朝换代，其气象已没有汉苑时的恢宏壮丽。在皇家园林日趋凋零的同时，私家园林的发展却进入到了一个前景广阔的新境界。文人士大夫阶层追求精神的解脱，造园的风气也由以往的宫室楼台为主、禽兽充溢囿中的形式，而变为以穿池构山或傍岩依水的自然山水为本色，以返璞归真、山居岩栖为高雅，形成了私家园林淡泊宁静的风格。此外，宗教祭祀园林在此时期开始兴盛。当时许多的佛教寺庙是在住宅园林、宫苑园林的基础上改造的。以清幽的山林气象来烘托宗教的超凡脱俗的理想非常合适。当时南朝寺庙的盛况，可从一首唐诗中窥见一斑："千里莺啼绿映红，水廓山村酒旗风。南朝四百八十寺，多少楼台烟雨中。"

三、成熟期（隋、唐、五代）

园林不仅数量多，规模大，类型多样，而且从造园艺术上也达到了一个新的水平。由于文人直接参与造园活动，从而把造园艺术与诗、画相联系，有助于在园林中创造出诗情画意的意境。

隋唐时期，皇家园林又得以复兴，当时宫室园囿的规模之大，景观之绮丽，可以和汉代媲美。例如，隋炀帝在洛阳营建的西苑，布置以水面为主，周围二百里，苑内为海，海中建蓬莱、方丈、瀛洲三神山。苑内还以东、南、西、北、中方位布置五个湖泊，并用龙鳞渠迂回沟通，网络成一个周流完整的水系。在这个水系里，分布有16座宫院，设四品夫人十六人，各为一院之主，院中遍植花木。西苑分区造景自成宫院的布局，对后世皇家园林产生了影响，直至清代的圆明园最后所形成的格局，仍然与隋炀帝的西苑相似。而此时，私家园林也和皇家苑囿一样兴盛，一般多是以人工穿池堆山来构筑园林。所以，"山池"二字也就成了唐代私家园林的代名词。宗教祭祀园林和公共游豫园林也有很大发展。隋唐时期宗教的兴盛，不下于魏晋南北朝，当时的寺庙道观都附有花木幽深的园林。这在当时的诗文中经常可见，"清晨入古寺，初日照高林。曲径通幽处，禅房花木深"。公共游豫园林则以长安的曲江池最负盛名，虽为皇家苑囿，但具有面向社会开放的公园性质。每当中和（二月初一）、上巳（三月三日）等节令，自帝王将相至商贾庶民，皆云集于此尽情游豫，这就是杜甫所谓"三月三日天气新，长安水边多丽人"。

四、高潮期（宋）

不仅造园活动空前高涨，而且伴随着文学、诗词，特别是绘画艺术的发展，对自然美的认识不断深化，当时出现了许多山水画的理论著作，对造园艺术产生了深刻的影响。

宋朝以崇文抑武为国策，对外虽然屈辱求和，对内则造成了长期安定的政治局面，促使经济的持续增长和文化艺术的高度繁荣。这就为古典艺术的全面兴盛提供了必要的物质文化条件。两宋时期也成了中国造园史上的一个黄金时代。其中，以宋徽宗赵佶历时六年营造的万岁山艮岳的规模为最大，周围虽仅十余里，但气魄十分恢宏，构思非常缜密。它以杭州凤凰山为蓝本，在平地上堆山所造的园，有尽搜"天下之美，古今之胜"的评价。其艺术的手法，由汉唐皇家园林对于宏伟、壮阔、天然之美的单纯模仿，转向对于细腻、幽深、自然之美的高度提炼。从大景区划分来看，有山景区、水景区、林景区、石景区、建筑景区及综合景区，而每一大景区之中又包含不同的小景区。此时期，富有意境追求的景观审美已成为园林艺术的根本目的，而皇家园林从畋猎、游乐向自然、人文艺术创造的转变也于此时最终完成。当时，私家园林的数量也非常多。各园不以筑山取胜，而以水景、花木或建筑见长，所以园林称为"园池"、"园圃"而少称"山池"。与皇家及早期的私家园林明显不同，此时的私家园林不仅仅是对自然之美的追求，而且进一步突出了以园明志的人文气象和精神功能。中国园林的文人化倾向，于此际得以正式完成。嗣后的园林，无论皇家的苑囿还是私家园林，几乎都是遵循了这一理想而进行规划营造的。同时，宋代园林在使用功能上不同于前代的一个重要特点是它虽然为私家所有，但逢年过节，经常向市民开放，具有了现代意义上的"公园"性质。

五、滞缓期（元）

造园活动不多，造园理论和实践均无大的建树。

辽曾在北京建瑶屿行宫，金将其扩建，称为西苑。在北京城内，还有东苑、南苑和北苑，这些都是具有花木池台的游赏之所。在北京城外，还建有多处行宫和苑圃。元朝时，将金代在北京城外的宫苑加以整修，即今天的北海琼华岛。琼华岛被称为万岁山，水面改称为太液池。山池总体，仍体现了秦汉以来仿海上神山的传统，奠定了明清皇家园林的基础。私家园林，则上承两宋，下接明清，拉开了"城市山林"的正式序幕。虽然成规模的数量不多，但质量很高，对明清私家园林有着直接影响。

六、再次高潮期（明、清）

造园活动无论在数量、规模或类型方面都达到了空前的水平，造园艺术、技术日趋完善，文人、画家积极投身于造园活动，与此同时出现了一些专业匠师。此时期不仅人才辈出，而且还出现了一些造园理论的著作。

明代是中国造园史上的另一个黄金时代，太液池被拓展，成为北海、中海、南海三海一贯的水域，在三海沿岸和池中岛上增建殿宇，总称西苑，与紫禁城之间只用一条长街隔开，构成宫苑相连的宏大布局。明代皇家园林的另一个代表要数紫禁城内的御花园，这座花园，适应宫内严整对称的总体规制，栽树、置石都有一定之规。至于私家园林，则于此际趋于集大成，达官、贵族、文人、商贾竞相造园，多分布在北京、南京、苏州及太湖周围的城市。苏州正式成为了江南园林的中心、中国园林的渊薮，例如，现存的拙政园、留园等，都创建于明代中后期。中国古典园林向来有山居草堂式和城市山林式两大类，在元代之前，这两类园林是并存的。然而，进入元代以后，城市山林成了古典园林的唯一类型，而传统的山居草堂，则逐渐被排除出了它的范畴。由于城市人口增长，土地价值提高，私家造园被局限在小规模的空间范围内，因而尽量地利用"曲径通幽"、"移步换景"、"借景"等手法，营造深邃、丰富的意境。与此同时，对于造园中人工的素质也提出了更高的要求，大批专业的造园名家从此陆续涌现，他们中有不少原是文人，兼长绘画，又参与造园的设计和施工，更加使造园艺术染上了浓郁的文人色彩和诗情画意。明末，计成撰写了园林专著《园治》，第一次总结了古代园林艺术的系统理论，论述了造园的理论和手法，几乎涉及园林艺术的各个方面，对建筑装修等都附有图样，这是第一本有关园林艺术的专著。

中国造园艺术的集大成时期，始于明，成于清。因此，论及园林，历来都是将明清相提并论的，两者在艺术风格、造园手法上都有共同的要求，而明代所造的园林也无不经过了清代的重建、扩建或改建，可以说很难分出彼此。在清朝，皇家园林的营造，规模之大、数量之多、建筑之巨是宋以来的任何一个朝代都不能比拟的。除全面接管明代的宫殿苑囿外，从康熙起就在北京西北郊兴建畅春园，在河北承德兴建避暑山庄，到乾隆时，更是达到了造园的高潮，以圆明园、颐和园、避暑山庄规模最大，也最具代表性。例如，颐和园现存古建筑约 6 万平方米，3000 多间房，它打破了清初苑囿内只有佛殿才能用琉璃砖瓦的规定，许多殿堂亭廊也用上了彩色琉璃，显得非常富丽堂皇。当时的帝王，大部分时间都住在苑囿离宫中，只有举行祭祀、重大典礼的一段时间才回到紫禁城来。从康熙到咸丰，除乾隆外，其他几个皇帝都驾崩于苑中，苑囿实际上成了清帝的主要居住场所和宫廷政权的所在地。与此同时，私家园林也如雨后春笋，涌现于全国各地。尤其是康熙、乾隆的多次南巡，江浙一带为迎接圣驾，更掀起了一场空前绝后的造园高潮，形成"两岸花柳全依水，一路楼台直到山"的局面。此时期，苑囿的一个显著特色是出现了集景式园林，即把各地的美景以模仿的手法转移到园林之中。虽然，这种做法一直是古代造园尤其是皇家造园的一个传统，但古代造园所集的多为自然的山水之景，而清代苑囿所集的，则多为现成的名园之景也即人文之景。例如，圆明园中的一百多处景观，大多取自江南，如仿照杭州景色的"断桥残雪、柳浪闻莺"等。另外，还有一个显著特色就是对外来因素的吸收。例如，圆明园中就有很多景观是借鉴了欧洲巴洛克的建筑艺术，大水法的布置更是直接引进了西方的喷水技术。

第二节　中国园林的分类

一、从建筑与自然的关系来划分

大体上可以分为三类：山居草堂、山庄别墅；城市山林；名胜风景区的公共游豫园林。

山居草堂、山庄别墅，大多远离繁华喧嚣的城市，而移建筑于山林之中，以满足园主的隐遁思想。例如，唐代白居易的庐山草堂等，其特点：建筑只是一般的建筑，甚至比一般的建筑还要简陋，但周围大片天然的山水林木，略加人工培养的植物、动物点缀，使建筑融于自然之中。

城市山林最大的特色便是移山林于建筑之中，以满足园主的隐遁思想。山居草堂、山庄别墅的背景是自然，建筑只是点缀，而城市山林的背景是城市，山林只是点缀，自然风光是封闭的。

名胜风景区的公共游豫园林兼具前两类园林的特色，一方面，密集的建筑群被置于开放的自然风光之中；另一方面，山林风景亦被置于若干个别的封闭建筑之中。一方面，建筑群所构成的城市以自然为背景；另一方面，自然亦以城市为背景。它既有山林中的建筑，又有建筑中的山林，建筑与山林，互为背景，互为点缀。

二、从园主的身份来划分

一般可分为私家园林、皇家园林和宗教祭祀园林三类。

私家园林的园主，多为贵族、官僚、文人、商贾等，所造的园林多作为工作之余或退隐之后的恬养之所。园林的规模一般比较小，在造园手法上多注重以对景、借景、隔景、透景等来丰富园林的意境，单体建筑物多侧重于玲珑剔透的小木作工艺，山石池沼大多假手于人工，花木的配置亦以单株欣赏为主。总体的作风，素净而淡雅，历来推为中国古典园林的最高典范，其他各种类型的园林，几乎都是依此为准则来营造的。现存的私家园林，最早可追溯到宋代作品，绝大多数为明清两代作品。分布地区虽然广泛，但仍以江浙一带比较集中，岭南地区也有不少遗构。其中，苏州的沧浪亭、狮子林、拙政园、留园，扬州的个园、何园，无锡的寄畅园和广东顺德的清晖园最为著名。一般认为，苏州和扬州的私家园林，是这一类园林的代表，艺术成就最高，风格也最典型。

皇家园林，又称苑囿，其园主是帝王，规模大多相当巨大，在制作手法上更注重于选址，因地制宜以真山真水作为造园的要素。在建筑物方面，用木比例基本上采用宫殿建筑的官式做法，其装修显得富丽堂皇，特别是房间内部的装潢陈设，更是华丽奢侈。花木的配置，多做群植或成林的布景，形成恢宏的气势。现存的皇家园林，主要是明清两代的遗物，其中，以北京颐和园保存最为完整。其他如始建于辽金时代的北海和清代承德的避暑山庄，都有着相当的规模。最负盛名的"万园之园"圆明园，是清代经营了一百多年的皇家园林，已于 1860 年毁于英法联军之手，只剩下了残基废址。但它在未毁之前的宏伟规模和造园艺术，被记录在大量的文字和绘画之中，至今，人们仍以圆明园作为皇家园林的典范，进行深入的研究。

宗教祭祀园林是宗教寺庙、道观、祠堂等的附属部分。由于宗教一般都是关于人与自然关系的神化解释，所以各种宗教的建筑，不是被建置在名山胜景中，便是移山林的气象于建筑内，因此，宗教祭祀园林，也就成了中国宗教建筑的一个特有景观，同时也是中国古典园林中的一个独特类型。其风格因宗教建筑本身规模的大小而有所不同，或近于皇家园林，或近于私家园林。有代表性的寺庙园林像北京的潭柘寺庙、太原的晋祠、苏州的西园、杭州的灵隐寺、承德的外八庙等。

三、根据园林所处的地理位置来划分

一般分为南方类型、北方类型和岭南类型三大类。

南方类型的园林集中于长江以南的南京、无锡、苏州、上海、杭州等地，江北的扬州也很有名，而尤以苏州的私家园林为典型，大多体制精巧，风格秀丽。

北方类型的园林分布于黄河中、下游的西安、洛阳、开封、济南和华北的北京和承德等地，尤其以北京的皇家园林为极致，大多规模宏大、风格雄壮。

岭南类型的园林集中于珠江流域的潮州、汕头、广州、东莞、顺德、番禺等地，其特点是亚热带的风光特色明显，繁褥富丽为其长。

四、根据规划布局形式来划分

可分为自然式、规整式和混合式三种。

自然式园林，也就是中国传统的古典园林，其特点是"虽由人作，宛自天开"，以深曲静远的手法营造绝俗的意境。如恽南田论画所说："意贵乎远，不静不远也；境贵乎深，不曲不深也，一勺水亦有曲处，一片石亦有深处。绝俗故远，天游故醉。"古人云："咫尺之内，便觉万里为遥。"这一造园手法，曾给予朝鲜、日本等国家的园林艺术以深刻的影响，近代以后，也曾传入欧洲的一些国家。

规整式园林又称几何规则式园林，主要是西方的一种造园手法，所讲求的是人工的规则、整齐、坦荡，以便于世俗公众的休闲游憩。总体的规划布局注重几何形的分割，便于花木的布置、剪裁，刻意追求色彩、形状的几何规则。如果说自然式园林侧重于"奥如"之境，那么，规整式园林便侧重于开放的"旷如"之景，尤以大草坪的布置最能体现这种"旷如"的景观。

混合式园林是自然式和规整式的结合，两者的比例大体相等，主要是近代以后的一种公园形式。

第三节　园林的造园艺术

中国园林的造园艺术，在世界园艺史上独树一帜，有着自己独立发展而成的体系。以城市山林为代表，其创作的准则有"六法"，即立意构思、叠山理水、亭台楼阁、栽花种木、题名点景、诗意，集中反映了古典园林既不同于其他样式的传统建筑，又不同于西方造园艺术的审美特色。

一、立意构思

即对造园的一个总体构图设计，包括选址布局和景观组合。在选址布局方面，一般讲求"相地合宜"和"因地制宜"。造园家大多将园址选在闹中取静、有天然山水的地方，这样就比较容易取得融于自然的效果。在布局上，一般将全园分成若干个景区，每区各有特点，但又互相间隔、贯通，连为整体。在景观组合上，需要调动各种艺术手段，在既定的布局规划中体现各景区相对独立的审美价值。比较常用的手法有抑景、透景、添景、夹景、对景、隔景、框景、漏景、借景等，尤以借景的手法最为重要。

抑景又称藏景，即把园林中的某些景点隐藏起来，不使游人一览无余，然后再通过曲径转弯略展一角，撩人心弦，最后才豁然开朗。它生动地反映了中国传统艺术讲求含蓄、幽邃、深藏不露的审美特色。

透景，即当观景点四周有阻挡其他景区观赏视线的植物或建筑物时，就需要在这些阻挡物中开辟出一条或几条对外的观景视线，使游人在观赏该景点的景物时，透过阻挡物把其他景区的景物一角也收入到视线中来，反映了传统艺术创作中运用距离化、间隔化的条件酝酿空灵淡泊意境的特点。

添景，即当观景点与远方的对景之间为一大片水面或中间没有景物过渡时，为了加强景深的感染力，就需要在观景点至对景之间添加景物，一般以体形高大、花叶美观的乔木为宜。例如，乌桕、柿、枫、香樟、玉兰等。添景与透景的手法相反，但审美的目的则是完全一致的。

夹景，即在游览路线的两边或两岸，用山石、树丛或建筑作密集的配景点缀，使该路线所指向的景区主景，从左右配景的夹道中映入游人的视线，以增添寻幽的兴味。

对景，即互相观赏、互相烘托的构景手法。对景的组合视实际情况而定，有时一个景点只有一处对景，有时则不妨四面对景。由于对景手法的运用，使得每一景区的观赏内容更加丰富多彩。

隔景又称障景，手法有两种：一是将不同的景区分隔开来，强调不同景区各个不同的相对独立性，不受外景的干扰，以便从这一景区到另一景区的过渡，随着游览的脚步依次过渡展开，总给人以好戏还在后头的悬念；二是在处理园景与外景的关系时，也会因为外景平淡无奇，不堪外借，所以用隔景的手法把它从视线中排除出去。隔景的材料，或用建筑物，或用山石，或用树木，或综合利用，但最为经济便利的是用树木。障景的主要目的不在于分割，而在于连接，使园景形成一个完整的序列，将不同的景致和不同使用功能的景区有机地贯穿在游览线上。

框景，即利用画框式的门洞、窗洞、框架或乔木树冠合抱而成的几何形空隙把近处或远处的对景框起来，使真实的风景产生图画一样的效果而更具观赏性。

漏景是由框景进一步发展而来的，即在围墙和穿廊的侧墙上，开辟出不同图案，用以透视墙外的风景。漏窗的图案有几何纹样、动物纹样，尤以植物形状为多，例如，老梅、修竹、石榴等，它们与透视的真实风景相叠合，使人工图画与天然图画合而为一。

借景，一是指借用其他景区的风景入此景区；二是借用园外的风景收入园内，从而突破园子的有限空间，丰富、开拓园林的观赏内容和意境空间。因为任何景区、任何园林的内容和空间都是有限的，而有了借景，园林可以有无穷无尽的形态意趣，这也是园林规划时的关键性环节。

二、叠山理水

中国古典园林无论是早期的以神仙世界为重，还是后期的以山林境界为尚，对山水自然景观的模仿成功与否都是造园成败的关键所在。园林之有山，正如人之有骨骼；园林之有水，正如人之有血脉。因而，山水的叠理在园林诸要素中理所当然地有头等突出的位置。

园林中的山，有真山，有真假相杂山，有假山。假山是最典型、最独特的中国古代园林的造景手法，是对山林环境追求的体现。它的出现，使中国园林从概念到形象都区别于任何外国园林体系。它可分为土山、石山、土石结合山三种基本类型。江南园林中，以石山最为多见。所用石料，主要有山石和湖石两大类。山石是从山中开采的岩石，或尖锐挺拔，或方整圆浑，皆多棱角，有些山石原为水底升高形成的山地中所开采，其石亦有水蚀冲刷之状。较为著名的山石，是产于江南常州、苏州、镇江一带的黄石。湖石是从江湖中捞取的岩石，以太湖出产的最为有名，即通常所称的"太湖石"，极尽"瘦、皱、漏、透"之美。

园林中的水，有湖、池、沼、河、溪、涧、泉、瀑等，一般分为动、静两种形态。例如，河流、溪洞、泉瀑都是动态的水；胡泊、池沼则是静态的水。动静相辅，动而能静，静而能活，体现了平淡、宁静、素朴的文人意趣。最常出现的水景是水池，往往与假山相配合，构成山水园的基本格局。

三、亭台楼阁

一般泛指园林中各种各样的建筑物和构筑物，旨在素淡典雅，讲求与园林整体氛围相协调。在园林艺术中，建筑物是纯粹的人文景观，因此，在造园诸要素中，一般是以山水为主，建筑为宾。园林建筑的种类有厅、堂、楼、阁、亭、台、榭、廊等。厅用于会客宴请，观赏花木或堂会演唱；堂是园主家长的居住处，也用作家庭庆典的场所；楼为两层以上的房屋，多位于厅堂之后，一般用作卧室、书房，或观赏风景的观景点；阁近似于楼而更精巧，多为两层，四面开窗，用以藏书、观景或供奉佛像；亭是憩息观景的场所，同时本身也是富于观赏性的景观对象，在游览路线上，因地随形，大小不一，式样活泼，皆以风姿绰约为宜；台多建于高处，便于游目骋怀，观眺园墙内外、四面八方的风景；榭的突出之点，是建于水边，傍岸临水，跨水部分由石构梁柱支撑，专供点饰水岸和观赏水景之用；廊是园林的脉络，有连接不同景区不同建筑的作用，同时又是划分空间、组合景区的手段，而它本身也成为园中之景。一般建筑物对于景物的观赏，宜于静观而不宜动观，而廊对于景物的观赏则动静咸宜，尤宜动观。

无论哪一种类型的建筑，其形体、大小、比例、位置、疏密、高下，均视功能、构图的需要而随机应变，而造型轻巧淡雅不求瑰伟庄严，装修精致不求富丽，空间开敞通透不求封闭屏障，则是共同的基本要求，即使皇家园林也不例外。否则，便无法与玲珑淡泊的山林境界相和谐。其次，墙垣、道路、舟桥等构筑物也是园林建筑要素中的重要内容。

四、栽花种木

园林中的花木与山水一样，是经过人工加工的自然景观而成为造园艺术中不可缺少的一个要素。一般私家园林的花木，以单株欣赏为主。庭院中多种植饶有姿态或色香俱佳的花木、果树，廊侧或小院中常散置芭蕉、小竹或花台、盆栽，至于老梅宜冬、紫藤迎春、莲荷消暑、丹桂送秋，以配合时令，是园林花木处理的惯用手法。园林的花木栽植，不仅仅是为了构图和绿化的需要，更是营造山林氛围必不可少的素材。例如，山间植大树而虚其根部，则石根显露，有清逸之风；栽以丛竹灌木，攀以藤萝，则有沉郁之感，而凿池养鱼、栽花引蝶、植木来禽、草深鸣虫，作为栽花种木必然的副产品，显然更足以营造园林的自然氛围。

五、题名点景

这是造园诸要素中的最后一笔，虽寥寥数语，却有画龙点睛的作用。题名有针对整个构园的，一般反映园主的心境。例如，苏州拙政园因园主王献臣官场失意，遂取潘岳《闲居赋》"亦拙者之为政"命名。园中又分若干景区，它们的题名，则多针对某一景区的特点而定，起到点景的作用。题景的形式多用匾额、楹联。题名的字体，以篆、隶、行书为主。园林的造景都以清高淡雅为宗旨，而题名点景正是这种书卷气的最高体现，它使得建筑这一实用性很强的艺术形式，具有了足以与诗文、书画相媲美的人文精神。

六、诗情画意

诗、画、园三艺术息息相关的结合，正是中国造园学说的最高成就。中国古代的园林，园主大多为文化修养很高而又对人生持超然、洒脱态度的文人士大夫。他们大多深谙诗文，对于园林的创造，自然要求合于空灵、含蓄、简约、隽永等诗情原则。同时，园主又很多都精于鉴赏绘画。"诗为有声画，画为无声诗"、"诗为无形画，画为有形诗"，园林的创意，既通于诗情，自然也合于画意，它不仅是有形的诗，同时还是立体的画。例如，中国经常为人所讴扬的唐朝王维辋川别业，就是诗人、画家经营的园林，人称王维诗中有画，画中有诗。辋川别业就是诗、画结合的园林，成为唐宋以来被效仿的榜样。在中国文学史和绘画史上，出现了大量的以园林为歌咏、绘画对象的作品，深刻描绘了古典园林的诗情画意。

综括园林六法之间的关系，第一步立意构思，可比作园林的"形体"；第二步叠山理水，可比作园林的"骨骼"、"血脉"；第三步亭台楼阁，可比作园林的"五官眉目"；第四步栽花种木，可比作园林的"服饰"、"毛发"；第五步题名点景，可比作园林的"精灵神采"；第六步诗情画意，可比作园林的"气韵"。

第四节　中西古典园林艺术风格的比较

世界各民族都有自己的造园活动，由于各自文化传统的不同，具有不同的艺术风格。有两种园林的风格最典型，并且也最引人注目。这两种园林的风格是：在西方，以法国和意大利古典主义园林为代表的几何形园林；在东方，以中国古典园林为代表的再现自然山水式园林。

西方的古典园林在 18 世纪英国的自然风致式花园出现之前，讲求整齐一律，均衡对称，具有明确的轴线引导，讲求几何图案的组织，甚至连花草树木都修剪得方方整整。可以说，一切都纳入到严格的几何制约关系中去，表现为一种人工的创造，特别强调人工美。

以意大利的园林为例，15 世纪明花园大多造在山坡上，顺地势修筑几层平台，每层边沿都是雕栏玉砌。主要的别墅建筑物大多在中间偏上的一层平台，或者在顶层。它是对称的，它的轴线就是花园的对称轴线。各层平台里，水池、植坛和树木都成双成对。树木修剪成方块、圆锥或者葫芦形，植坛方方正正，里面矮矮的常青树盘成规规矩矩的图案，用染过色的卵石或者碎砖作底，水池也是简单的几何形，边缘砌着方棱方角的石块。从山坡上奔泻下的流水，也要在石渠里循规蹈矩，沿一级一级的石盘等差地落下，在它们的边缘形成厚薄十分均匀的水帘。道路是笔直的，正交呈直角，上下平台的大台阶，常常装饰着雕像，围着栏杆。园林都造在乡村庄园里，园林的选址特别讲究，"那儿不可没有赏心悦目的景致，鲜花盛开的草地，开阔的田野，浓密的丛林；不可没有澄澈的溪水或者清亮的河……"。因此，在别墅的廊子里和阳台上能越过墙头欣赏到"晴朗的、明媚的天气，森林密布的小山那边美丽的远景和阳光灿烂的平野；倾听喷泉和流过萋萋草地的溪水的低语"。可见，意大利的园林是处在真山真水之间，不需要欣赏花园里的自然，而是从花园欣赏四外广阔的大自然。欧洲园林把花园当作了露天的起居场所，把它当作建筑跟四周充满野趣的大自然之间的过渡环节。作为一个过渡环节，花园就要兼有建筑和自然双方的特点。因而将自然因素建筑化，也就是把山坡、树木、水体等都图案化，服从于对称的几何构图是最好的办法。原材料是自然的，形式处理是建筑的，花园离别墅越近的部分，建筑味就越浓，越远越淡，到接近边缘的地方，就渐渐有一些形态比较自然的树木或树丛，跟外面的林园野景呼应。正像高围墙里模拟自然景色的中国私家园林"咫尺山林"的绝技一样，意大利花园练就了协建筑和自然的本领。所以法国作家司汤达在《罗马漫步》里写道：意大利花园是"建筑之美和树木之美最完美的统一"。

相反，明清以来，中国江南一带的私家园林大多造在拥挤的城市里，围着高高的粉墙。在花团里剪裁提炼，再现典型化了的山水风光。源于自然、高于自然，把人工美和自然美巧妙地结合，从而做到"虽由人作，宛自天开"。

中西方之所以出现两条不同的造园道路，与各自的文化传统密不可分。和其他艺术一样，造园艺术受到美学思想的影响。美学是在一定哲学体系的支配下滋长的。从西方哲学的发展历史来看，它十分强调理性对于实践的认识作用。在这种意识的支配下，自然会把美学建立在"唯理"的基础上，例如，强调整齐一律和平衡对称，推崇圆、正方形等几何图形等。这种美学思想企图用一种程式化和规范化的模式来确立美的标准和尺度，它深深地影响着园林的建造。中国古典园林是滋生在东方文化的肥田沃土之中，深受绘画、诗词和文学等其他艺术的影响。中国古代并没有专门的造园家，许多园林都是在文人和画家的直接参与下经营的，因而中国园林一开始便带有诗情画意般的感情色彩。绘画，尤其是山水画对园林的影响最为直接和深刻，可以说中国园林一直是遵循着绘画的脉络发展的。山水画所遵循的最基本的原则莫过于"外师造化，内发心源"。所谓外师造化就是以自然山水为创造的楷模，内发心源则是指并非刻板地抄袭自然山水，而是要经过艺术家的主观感受以萃取其精华，因而中国古典园林倾心于自然美的追求。

几何式花园也反映了意大利人当时的审美理想。欧洲人自古以来的思维习惯就倾向于穷究事物的内在规律性，喜欢用明确的方式提出问题和解释问题，形成清晰的认识。这种思维习惯表现在审美上，毕达哥拉斯和亚里士多德都认为美是和谐，而和谐就是对称、均衡和秩序。对称、均衡和秩序是可以用简单的数和几何关系来确定的。花园既然按建筑构图规律设计，数和几何关系就控制了它的布局。因而，意大利花园的美在于它所有的要素本身以及它们之间的比例的协调，总构图的明晰和匀称。修剪过的树木，砌筑的水池、台阶、植坛和道路等，它们的形状和大小、位置和相互关系，都推敲得很精细。连道路节点上的喷泉、水池和被它们切断的道路段落的长短宽窄，都讲究良好的比例。因此，要欣赏这种花园的美，必须一览无余地看清它的整体。所以，花园不能很大，也不求曲折。

另外，与思维习惯相适应，欧洲人在自然面前采取的是积极的进取态度，他们不怕改造自然。他们不怕把喷泉、水笛等技术性很强的东西装在花园里，而且着重炫耀它们。格罗莫尔说："人类所创造的东西，如一所花园，一幢房屋，应该适应人的形象、人的尺度、人的创造手段和人的需要。"他把这叫做"人道主义"，因此意大利的花园，表现出对自然的步步逼近。而中国江南的私家园林，则表现出人在自然面前步步退让，多少有一种乐天知命、无所作为的气息，甚至有点儿原始崇拜，仿佛人类的文明越少越好。园林是为了过那种失意之后，"与世无争"的"归田退隐"生活而建造的，免不了有消极的格调，但因此也造成了园林的抒情风格。

【本章小结】

本章主要介绍中国文化的渊源及文化和旅游文化的概念，通过阐述不同时期不同国家对文化的理解，加深同学们对文化的认识。历史文化是旅游文化的基础和灵魂，通过对我国哲学与旅游、宗教与旅游、文学与旅游、艺术与旅游、民族民俗与旅游等的关系介绍，了解我国旅游文化的旅游价值。

第五章　旅游建筑文化

【学习目标】

1. 了解中国古城规划的文化特征

2. 了解传统建筑的结构与外部特征

3. 中国陵寝建筑的历史文化价值

4. 中国传统民居的类型与特点

【章节导读】

具有东方风格的中国古代建筑，以其深厚的文化底蕴构成了我国人文旅游资源的基础。本章从旅游文化学的角度出发，有针对性地选择讨论了古城建筑、宫殿建筑、陵寝建筑、军事建筑、桥梁、民居建筑等具有丰富文化意蕴的古代建筑。特别强调的是：当我们从文化的角度看中国古代建筑时，重点不在于了解建筑本身的形制，而在于从形制的演变发展过程中探索建筑与中国古代文化的关系。

第一节　中国传统建筑的结构与外部特征

中国传统建筑是一个独立的结构系统，有其鲜明的特征。几千年以来，建筑的基本结构及部署的原则，仅有缓和的变迁，直到19世纪末20世纪初，基本没有受到其他建筑的影响，一贯以其独特的木构系统散布在中国各地。

一、以木料为主要构材

在近现代西洋石材建筑文化东渐之前，土木结构及其群体组合，基本上一直是中国建筑文化的主流。世界上其他类型的建筑，大多依靠石料采用垒砌方法来替代原始的木构，仅仅于石头表面浮雕木质材的形状作为装饰，而中国始终保持木材作为主要建筑材料。

早在远古时期，房屋夯土为基，版筑为墙，是土与木的"两重奏"，而约 7000 年前，北方盛行木骨泥舍，南方建造"干阑"木屋，也离不开土木两材。陕西临潼姜寨仰韶遗址、西安半坡遗存、浙江河姆渡的建筑遗构以及河南二里头"夏墟"等，均以土木为材，无一例外。至于后来的中国古建筑，从历史上赫赫有名的秦代阿房宫、汉代未央宫、唐代大明宫、明清的北京紫禁城到名不见经传的寻常百姓的房屋，一律都是土木的"世界"。

对于这种土木传统，梁思成《中国古代建筑史六稿绪论》指出："从中国传统沿用的'土木之功'这一词句作为一切建造工程的概括名称可以看出，土和木是中国建筑自古以来采用的主要材料。这是由于中国文化的发祥地黄河流域，在古代有茂密的森林，有取之不尽的木材，而黄土的本质又适宜于用多种方法（包括经过挖掘的天然土质，晒坯、版筑以及后来烧制的砖、瓦等）建造房屋。这两种材料掺和运用对于中国建筑的材料、技术、形式传统形成有重要影响。"

当然，在中国山区，各种石料曾被广泛运用于建造房屋，如在西南地区的贵州等地，建有很多以石柱、石板为材料构件的居住空间，石料也曾用于陵墓建筑。总的来说，中华建筑文化总的发展态势，是以土木为材，并由此影响到建筑物的结构技术与群体组合。

二、采用构架制的结构原则

中国传统建筑既然以木材为主，因而其结构原则为"梁柱式建筑"的"构架制"。以立柱四根，上施梁枋，成为一"间"。前后横木为枋，左右为梁。梁可以重叠几层，称"梁架"。通常一座建筑物由若干"间"组成。这种构架的特点，在于使建筑物上部的一切荷载均由构架负担，承重的是立柱与梁枋，不借力于高墙厚壁的垒砌。建筑中所有的墙壁，无论它是砖石还是木板，均为"隔断墙"，不负重。因此，门窗的安置不受墙壁的限制，而墙壁设施只是作为划分空间的一种手段。

屋身的构架即柱、枋、梁、斗拱、桁、椽的组合，通常有叠梁式和立贴式两种。叠梁式在台基上立柱，柱上支梁，梁上放短柱，其上再置梁，层叠而上，其间再穿插朽、斗拱、朽等部件而成，这种结构多用于北方。立贴式又称穿斗式，其特点是立柱从上而下直落台基，称为落地柱，柱间不用梁，而用若干穿枋联系，两根落地柱之间的穿枋上另立短柱，与落地柱一起直接承桁，因此一般不用斗拱，这种结构多用于南方。

三、斗拱为结构的关键，并成为度量单位

由于基本上以土木为材，梁柱的承重力是有限的，而中华民族又嗜好屋檐四垂的大屋顶。为了遮阴御寒，屋檐需要有一定的厚度，为保护墙体与台基免遭风雨侵蚀，屋顶必须有一定的出挑度，这就不可避免地使重量与梁柱最大的承重力之间产生了尖锐的矛盾，于是便有了斗拱的发明与运用，以分散梁柱的承重量。

斗拱，是我国古代木结构建筑中联络柱、枋、梁的特有部件，由方形的斗、升和短形的拱、斜出的昂组合而成。在木构架的横梁与立柱间的过渡处，将横材方木相互垒叠，前后伸出做"斗拱"。它在结构上起承重作用，并将屋顶的大面积荷载传递到柱上，因而大建筑物必用到斗拱。同时，斗拱可起到屋顶与屋身立面的过渡装饰作用。此外，作为封建等级礼制的象征和建筑物重要性的衡量尺度，斗拱一般使用在高级的官式建筑中。后来，斗拱日趋标准化，全部建筑物的权衡比例以横拱的材为度量单位，就如同罗马建筑的柱式（Order）以柱径为度量单位一样。斗拱的组织与比例大小，历代都有不同，因而建筑物的年代可以根据其结构演变来鉴定。

斗拱的形式相当丰富多彩，依其所在的部位，分为外檐斗拱、内檐斗拱、柱头斗拱、柱间斗拱、转角斗拱等，成为中国古建筑大木作中最富于艺术性的构架形式，为中华建筑的一大特色而耀目于世界建筑之林。

四、具有明显的外部特征

中国传统建筑的外观，就单体建筑而言，其基本的结构部件不外乎台阶基座、屋身构架、屋顶造型三大部分。中国传统建筑的外观与其他建筑相比，具有自己独特的风格。

1. 屋顶的屋檐为翘起的飞檐形式

古代建筑在外观上变化极为显著的是屋顶，其形式有庑殿、歇山、悬山、硬山、攒尖、盝顶、卷棚等多种形制，其组合有单檐、重檐、丁字脊、十字脊多种方式。重

檐庑殿顶气势最为恢宏，多用于封建礼制中最高级别的建筑物。例如，故宫的太和殿、乾清宫、坤宁宫等。高级的建筑物多用琉璃瓦覆顶，色彩辉煌炫耀。高级屋顶的脊上，还辅以琉璃瓦饰。正脊两端用吞脊兽，保护不同坡面的交接处不向上翘渗雨，并起到装饰美化的作用。

屋檐为翘起的飞檐，从实用的角度，可以加强采光、防止风雨侵袭墙脚柱基；从审美的角度，可以助长建筑物的轩昂气势，如黑格尔论古代建筑时所说的"沉重的物质体量压倒心灵"的窒抑感。翘起的飞檐常排列一队小兽，大小多少由建筑物的等级所决定，最高等级的为 11 个，可助长飞檐的动势。

2. 台基高大

任何建筑物都需要有一个赖以矗立的基础，基础越是深广，建筑物也就可以越是高大，这是古今中外概莫能外的。但是，由于中国古代建筑，尤其是官式的宫殿建筑，几乎全部是木结构建筑，由于木料有长度、粗细及承重力等局限性，一般来说，建筑的空间体量不可能很大，因而古代的建筑匠师在营造宫室之时，常利用巨大的台基或高大的地形、地势作为烘托，以造成崇高的体量。同时，又借助于建筑群体的有机组合，重重铺陈，以造成伟大的体量，从而成功地克服了木结构建筑难以达到崇高、雄伟的缺陷，而表现出"雄壮"的审美特色。

台阶基座，最早时为夯土台，以高度的不同来区分坐落于其上的建筑物的等级。后来，随着建筑技术的发达，宫殿建筑的基座改为砖石雕砌，分为表面平直的普通基座、带石栏杆的较高级基座、须弥座式带石栏杆的高级基座和三层须弥座式带石栏杆的最高级基座四个等级。根据礼制的规定，后两种只有殿式建筑才能使用，前两种王公、士民可以来用。例如，故宫太和殿的基座便为三层须弥座式带石栏杆的最高等级，高达 8 米以上，从而进一步烘托了大殿的雄伟与至高无上。

3. 正面玲珑的屋身与院落组织

屋顶与台基间是屋身正面的中间部分，无论中国建筑物外观多么魁伟，这一部分却是木质楹柱与玲珑窗户相间而成，很少用墙壁，其属性偏于小巧而少雄浑之气，因而作为弥补，便有群体组合的出现。群体组合，主要表现为平面上间与间的连续组合为主，以向高空发展的间与间上下叠置为辅。主要殿堂及其附属的建筑物，如配厢、廊庑、周屋、山门、前殿、围墙、角楼等一起成为庭院的组织后，才算完成了中国建筑物的全貌。除佛塔以外，单座的建筑物是很少显露其四周全部轮廓而使人远远地就能看到其形状的，不同于欧洲建筑所给予人的独立于空旷之中的印象。中国建筑物的完整印象，必须与其院落联系在一起。国画中的宫殿院落大都是登高俯视鸟瞰图，其缘故就在此。

这种组合方式，在实用意义上扩大了建筑使用空间，并且无疑极大地加强了整个建筑群的稳固程度，在审美上，创造了独具民族特色的建筑群体形象美。

4. 彩绘的运用

在建筑物的内外构材上施用彩绘，这是中国建筑传统的手法。早在春秋战国时期，彩绘就已经很发达。唐宋时期规定了彩绘的式样等级，而明清时期的装饰原则更加严格，以冷色青绿与纯丹做反衬在斗拱横额及柱头部分进行彩绘，不能滥用色彩，而在其他主要墙壁及柱身上保留素面。屋顶的琉璃瓦，也要保留素面的原则。因此，中国建筑物虽名为多色，但实际上是重在有节制的点缀。根据礼教的等级制度，最高级的建筑物用和玺彩画，如故宫的太和、中和、保和三殿和乾清、坤宁二宫，其特点是以两个横向的 W 括线分割画面，绘以龙凤图案，大面积地堆金沥粉，产生金碧辉煌的效果，渲染出皇家的气派。次高级的建筑物用旋子彩画，如故宫的南薰殿、长春宫等，其特点是横向的 V 括线分割画面，也有画龙凤图案的，但比较单调。全以旋式组成，贴金仅用于主要部位，也有一点不贴金的。第三种苏式彩画，品级更低，但布局灵活，绘画的取材有一定的选择自由，如人物故事、山水花鸟，不限于宫殿，也可用于王公的府邸。至于品级更低的建筑物，一般不允许施用彩绘装饰。

5. 绝对对称与绝对自由的两种平面布局

多座建筑组合而成的宫殿、官署、庙宇乃至于住宅，通常均取左右均衡的绝对整齐对称的布局。庭院的四周，被建筑物围绕。一切组织均根据中线发展，布置秩序为左右分立。另一种优游闲处的庭园建筑，则不求对称，而有着自由随意的变化。建筑的部署力求高低曲折，接近自然。

第二节　中国传统建筑的文化理念

一、尚大观

在文化观念上，古人造房建屋重在象征自然宇宙。汉朝学者高诱说："宇，屋檐也；宙，栋梁也。"所谓"宇"，指的是中国传统建筑的大屋顶；所谓"宙"，是撑持大屋顶的栋梁。中国古代著名文字学家、东汉许慎《说文解字》也写得明白："宇，屋边也。"这"屋边"，也就是屋宇的意思。古人所体会、所认同的天地宇宙奇大无比。所以，只要经济条件、建筑材料、技术水平与建筑环境等条件允许，人们总是愿意将建筑物建造得尽可能地博大，以象征天地宇宙之大。这种尚大之风尤其明显地表现在宫殿与都城建筑中，如秦代的阿房宫东西五百步、南北五十丈，殿上可坐万人。

二、尚中观

中国古代建筑无论个体或群体，往往具有明显的中轴线平面布局。宫城各建筑物的布局安排、空间的组织转换等，一般都是按照中轴线做左右对称、层层进深的布局，如北京明清故宫，它的主体部分不仅采取严格对称的方法来排列建筑，而且中轴线贯穿于紫禁城内，并一直延伸到城市的南北两端，总长约为 7.8 公里，气势之宏伟古今罕见。一般的寺庙建筑、陵墓建筑出于功能特点，为求庄严、肃穆，也多以轴线对称的形式来组织建筑群。即使是住宅建筑，虽然和人的生活最为接近，但出于封建宗法观念的考虑，也多以轴线对称和一正两厢的形式而形成方方正正的四合院。即使是单一的"室"，其建筑平面也呈中轴线特征。在中国建筑史上，平面为圆形或其他形状的"室"十分少见，一般以平面矩形（或正方形）为建筑单间的双面常式。在这种建筑文化形态中，虽然门户常辟于"室"的东南一隅，但此"室"内部空间秩序的划分，仍体现了以左右对称的中轴线的空间意识。

三、天人合一

中国将大自然与自己的关系，看作是父子般亲和的关系，没有奴役自然的文化态度，正如马克思认为的那样，中华民族似乎总是难以割断人与自然这"共同体的脐带"。因此，天人合一，即人与自然的亲密无间，是中华建筑的基本文化理念。

在东方的建筑文化观念中，人们将人为的建筑看作是自然、宇宙的有机部分，将自然、宇宙看作一所"大房子"，自然宇宙与建筑宇宙在文化观念上是合一的。门户、楼阁、亭榭之美，既是人工之美，也是"天然"之美。建筑美的源泉在自然之中。这正如明代造园大家计无否（计成）在《园治》中所言，"轩楹高爽，窗户邻虚，纳千顷之汪洋，收四时之烂漫"、"虽由人作，宛自天开"。

中国建筑适应、顺从自然，还表现在对房屋基地的选择和方位决定的高度重视。在古代，很早就出现了一种专门的有关学科，即堪舆风水说，它从一定意义上反映了古代中国人对建筑与自然协调和谐的执著追求。风水主要指建筑周围的风向、水流等环境条件。在营建房屋或陵墓时考虑这些自然因素，可见人与自然关系的密切。

四、以人为本

中国建筑一直以"人"的观念为中心。在《美的历程》一书中曾对此做过深刻论述："中国主要是宫殿建筑，即供世上活着的君主们所居住的场所，大概从新石器时代的所谓'大房子'开始，中国的祭拜神灵即与现实生活紧密相连，从未脱离世俗生活。在儒家替代宗教之后，在观念、情感和仪式中，更进一步发展贯彻了这种神人同在的倾向。于是，不是孤立的、摆脱世俗生活、象征超越人间的出世的宗教建筑，而是入世的、与世间生活环境连在一起的宫殿宗庙建筑成了中国建筑的代表。因此，不是高耸入云、指向神秘的上苍观念，而是平面铺开、引向现实的人间联想；不是可以使人产生某种恐惧感的异常空旷的内部空间，而是平易的、非常接近日常生活的内部空间组合；不是阴冷的石头，而是暖和的木质……不是去获得某种神秘的灵感、悔悟或激情，而是提供某种明确、实用的观念情调，它不重在强烈的刺激或认识，而重在生活情调的感染熏陶，不是像哥特式教堂那样，人们突然被扔进一个巨人幽闭的空间中感到渺小恐惧而祈求上帝的保护。相反，中国建筑的平面纵深空间使人慢慢游历在一个复杂多样的楼台亭阁的不断进程中，感受到生活的安适和对环境的主宰，实用的、入世的、理智的、历史的因素在这里占着明显的优势。"

第三节　中国传统建筑的主要类型

中国古代建筑类型很多，主要的有宫殿、坛庙、陵墓、园林、府邸、民居、寺观、垮、城墙、桥梁、堤坝、楼阁等，都有很高的建筑成就和明显的特点。限于篇幅，本文主要介绍两种类别，即官居建筑（宫殿、寺观、陵墓等）与民居建筑。

一、宫殿

宫殿是传统建筑中的佼佼者。它们是历代奴隶主和封建帝王凭借权利将大量的财富、最好的材料、最优秀的匠师、最精湛的技艺集中起来建造的，因此代表了中国古建筑技术与艺术的最高水平。

据历史记载，最早的宫殿建筑遗址，是河南偃师二里头的商代王宫。在河南安阳小屯殷墟发现的宫殿遗址，前朝后寝，左祖右社，已形成了一定的制度。西周早期的宫殿，据岐山遗址为对称布局，由两进院落组成，中轴线上依次为彩壁、大门、前堂、后室，前堂与后室之间用廊连接，平面呈"工"字形，门、堂、室的两侧为通长的厢房，将庭院围成封闭空间，是迄今所知最早的四合院实例。

秦统一六国以后，以咸阳为中心大修宫殿，又驱使刑徒 70 万人建造阿房宫。数十年间，秦于关中建宫室 300 处，关外 400 余处，仅咸阳周边二百里范围内即有宫殿 270 所。后来项羽攻入咸阳，付之一炬，火烧三月而不灭，可见其规模的宏大。后来，历代帝王为了其奢华的生活和树立皇权威严的需要，无不将宫殿建筑得富丽堂皇。例如，西汉时期，长乐宫建成后，汉高祖就感叹道："吾乃今日方知为皇帝之贵也。"其臣子萧何也说："天子以四海为家，非令壮丽亡以重威。"可见，宫殿对于统治者权威的特殊烘托作用，是其他建筑无法取代的。至于隋朝的仁寿宫、唐代的大明宫、北宋的东京大内、辽金元的燕都宫殿等也都极负盛名。但这些帝王宫殿都已毁于历史上改朝换代的战火。现在比较完整地保存下来的只有两处，即北京的明、清故宫与沈阳的清故宫。其中，北京故宫集中体现了我国宫殿建筑的成就与特点，也是世界上最大的古代宫殿。

二、陵墓

所谓"陵墓"，是指古代帝王的墓葬建筑。远古时代的殡葬颇为简易，当时对于生死一体化的厚葬观念，主要在于殉葬品的多寡而不在建筑物的设置。至战国时期，虽有建筑形态的帝王陵墓出现，但仍粗略简陋。开古代陵寝建筑之先例的是秦始皇，共发刑徒 72 万人与咸阳宫殿同步营造，历时 37 年，在规制和布局方面，极为宏大和严密。陵墓建在骊山脚下，仿咸阳都城分内外两城，外城周长 6 公里余，内城周长 2.5 公里，城内建陵冢、寝殿、便殿。陵冢坐西面东，平面方形，边长 350 米，高 120 米（现高 76 米）。封土下的地宫是咸阳皇城的缩写，并有天地山川日月星辰之象。今天，虽地面建筑无存，地宫也未发掘，但从已发掘的几个兵马俑坑来看，其非凡的气势，具有震撼的威力，显示出古代陵寝建筑所特有的审美风格，被公认为世界文明史上的奇迹之一。

汉承秦制，陵寝的建筑格局一如秦陵。地宫上以封土堆作为陵冢，形如方锥而截去上部，称为方上。汉陵废弃了从前的杀殉制度，实行帝后合葬和功臣勋戚陪葬制，对帝陵起到拱卫作用，并扩大了陵区的范围。另一有特色的创意是陵园外设宗庙，在陵园附近建陵邑，以加强中央集权对于分封诸国宗姓的联系与控制。唐朝时，物质、精神财富高度繁荣，其陵寝建筑也掀起了高潮。其建制一般采用两种形式：一种继承秦汉封土为陵的办法，例如，高祖的献陵、德宗的崇陵等；另一种则发展了魏晋、南朝因山为陵的办法，在天然山峰的中部开凿墓室。例如，太宗的昭陵等。从封土为陵到因山为陵，是古代陵寝制度的一个重大转折，成为后世陵寝制度的典范。

明清陵寝，则汇集了古代陵寝制度的大成而形成陵寝史上的终结性格局，成为足以与秦汉、唐宋相轩轾的又一高峰。它对秦汉、唐宋殡葬制度有所改革，具体反映在三个方面：陵冢由方形改为圆形；取消供灵魂起居的下宫建筑，扩展了供谒拜祭奠的上宫建筑；陵园整体布局由方形改为长方形，由南向北，分为三个院落，即碑亭、神厨和神库，祭殿和配殿，宝城和明楼，从而使建筑的规制更加井然。

三、宗教祭祀建筑

在佛教传入中国之前，我国并无严格意义上的宗教形式。直到佛教在中国得到了广泛的发展，真正意义上的宗教建筑才正式出现，并带动了其他各种民俗祭祀建筑的宗教化。

魏晋南北朝的佛教建筑，在西北方是以石窟寺为中心，在南方是以木构寺院为中心，在中原则石窟寺和木构寺院并行。魏晋北朝的石窟寺，主要沿袭印度阿旃陀石窟的形制，以有中心塔柱的支提窟为主要形式。现存遗迹有山西的大同石窟、太原的天龙山石窟、甘肃的敦煌石窟、炳灵寺石窟、麦积山石窟及河南洛阳的龙门石窟等。这些石窟的基本形制虽然是西域的，但在洞塑的关键部位仿造传统的木构建筑刻出斗拱、屋顶等形象，反映了外来佛教建筑风格的民族化趋向。有的石窟寺在窟前搭建宫殿式木构建筑，更属于外来形式与民族形式的结合。

元明清的宗教建筑，以藏传佛教与伊斯兰教建筑为主。藏传佛教建筑与传统的佛教建筑不同，具有浓郁的民族风格和密宗色彩，它在藏式建筑造型、技巧及工艺的基础上，吸收、糅合了汉式宫殿和印度寺庙的表现手法，形成独特的个性特征。在基本形制上，藏传佛教建筑吸取了平顶密集碉式结构的特点，在格局上，形式自由灵活，不强调轴线对称。同时，它还汇集了大量汉式和印度的建筑精华，例如歇山顶、斗拱、琉璃砖瓦、彩绘等手段。从整体上看，寺庙的规模宏大，装饰华丽。与总体建构的崇高相对应，构造和细部装饰又追求一种灿烂的效果，而从另一方面展示了佛教密宗世界的神圣性。除表现威严、灿烂之外，还以浓重的笔墨渲染神秘的氛围。

伊斯兰教清真寺建筑结构多为砖砌，装潢使用各种大理石、宝石、碧玉、玛瑙、珍贵金属以及珐琅镶嵌工艺等，但色调偏冷，以白色、蓝色和绿色为基调，图案纹样则以植物为主，不用动物、人物和神像，这是伊斯兰教建筑所独有的风格。内地的清真寺建筑，糅入了较多的汉式作风，外观多为木结构宫殿做法，琉璃屋顶，雕梁画栋，有辉煌灿烂之感，但内部空间依然还是清凉静寂的。

在佛教建筑的带动下，一些传统民俗信仰的祭祀建筑也获得空前的发展机遇。其中最重要的当推对孔子儒学、道教信仰的民俗祭祀建筑。例如，各种孔庙、文庙，至今保存最完整的孔庙在孔子故宅所在的山东曲阜，其建制完全仿效皇家大内的宫殿形式，体现了万世师表的神圣地位。

君权神授，是历代封建帝王不遗余力地加以渲染的一种礼教思想，因此在建筑史上留下了大量带有祭祀性质的宫殿建筑，尤以祭天的天坛、祭祖的太庙和祭地的社稷坛最为常见。

四、民居

民居住宅是历史上最早出现的建筑类型，也是建筑史上最基本最大量的类型，其他各种类型的建筑样式，几乎都可以说是在民居住宅的基础上发展起来的。从广义上说，宫殿、府邸、苑囿、园林、寺庙等建筑，也都含有住宅的功能；但从狭义上说，一般是指中下层普通士庶生活起居的建筑物，所以又称为民居。

中国幅员辽阔，民族众多，由于各地区、各民族所面临和掌握的物质条件、人文历史、信仰习俗的不同，造成了民居住宅的多样性，相对于有固定"法式"、"则例"为程式化依据的其他官式建筑类型，它显得更富于变化，更加生动活泼，而自然质朴、"以蔽风雨"则是各地、各民族民居建筑的共通特性。它们大多利用当地出产的材料，用最经济的手法，结合气候、地形、环境等自然条件，使实用与审美融为一体，达到与自然和谐的审美境界。所以，民居住宅建筑，尤其是乡村山野的民居住宅建筑，一般以淳朴自然的风貌为主体风格。

从大体上分析，属于木结构体系的汉族民居，一般都以一正两厢的四合院或三合院为基本原则，坐北朝南，背山面水。在结构上，北方墙厚，以蔽风寒，院落宽敞，以争取日照；南方墙薄，屋檐深挑，天井狭小，室内空间高敞，以利通风祛湿阻挡日光的强烈照射。闽、粤、滇、桂诸省，往往强调风向而不强调日照，所以一般不采用正南朝向。黄河流域的中原地带，广泛采用窑洞住房。云南、贵州的少数民族多采用干阑式住房。内蒙古、新疆等地区多采用帐幕式住房，属于特殊的民族民居形式。

第四节　建筑的艺术特征——兼及中西传统建筑艺术的比较

一、雕塑美与结构美

雕塑美与结构美是建筑美的两大类别。欧洲的古建筑，表现的是雕塑的美，中国古建筑表现的是结构的美。在欧洲，"建筑物基本上被当作雕塑品，雕塑品主要用来装饰建筑物，欧洲两千年的建筑艺术史，同两千年的雕塑艺术史几乎是完全一致的。雕塑品融合在建筑物里，或者建筑物分泌出雕塑品，它们的构图和风格和谐无间，而且平行发展。它们互相补充，互相烘托，统一在一个完整的艺术构思里"（陈志华《北窗集》）。因此，两千多年来许多欧洲的建筑师就是雕塑家。中国古代木构建筑的美，却是属于另一种结构美。虽然，中国古代木构建筑也有雕塑的造型。但是，木构建筑物的外形完全是结构体系的真实表现。除了门、窗、隔断之类的装修构件之外，柱、梁、枋、檩、椽等都是实实在在的结构构件。它们按照结构所需要的实际大小、形状和间距组合在一起。建筑的艺术加工都依托于整个结构体系。为了强调建筑的结构美，中国木构建筑的色彩都经过精心的处理。木构架色彩浓重，同灰色或白色的墙垣对比很强烈。因此，框架结构很完整地表现出来。

把中国古代的建筑书，例如，宋代的《营造法式》和清代的《工部工程做法则例》同欧洲的几部古代建筑书、文艺复兴时代阿尔伯蒂的《建筑十书》作一番比较，中国的主要讲结构，基本不讲游离于结构之外的造型，把建筑的形式美融合在结构之中；欧洲的则用大量的篇幅来讲建筑形象的塑造问题，而并不细讲结构。因此，从中也可以看出中国古代木构建筑同欧洲石构的柱式建筑在审美观念上的差异。

二、内院式空间美与室内空间美

中国古建筑的内院式空间美，同欧洲完全的室内建筑空间美的差别，是中国建筑同欧洲建筑的基本差别之一。

中国古代木框架建筑，因为结构技术水平比较低，内部空间很不发达，所以，一般要利用内院作为各项活动的补充场所，这就形成了四合院的形制。一个四合院是一个统一的建筑空间，它的院落，半开半闭，同四周建筑物的长宽高低有和谐的比例关系，有着空间的美。

在欧洲，从罗马时代起，就能建造复杂的券拱结构体系，所以能够在一幢建筑物里面组合许多室内空间。到 17 世纪，室内空间组合已达到了很高的艺术水平。在这个组合里，一连串的空间的形状、大小、纵横、明暗等不断地变化着。它们既是对比的，又是连续的；既是预料得到的，又是有点意外的。在现代建筑诞生之前，在欧洲建筑里，空间的序列由一个个相当封闭的空间组成，建筑师引导人们依次从一个空间到另一个空间。

中国古代建筑的结构特征没有能力把一系列空间覆盖在一幢建筑物里，因此，中国古建筑的序列，是一连串的院落，沿纵深方向排列，沿着人们的活动过程，在中轴线上形成了室内外的交替，景色的变化非常强烈。而且，每一进院落的正面是一幢建筑物，它们向院落展示出自己完整的形象。例如，故宫，从大清门、天安门、端门、午门、太和门到太和殿，序列十分壮观。

三、建筑是凝固的音乐

有人把建筑空间序列跟同样在时间中进行的交响乐比较，从门殿到大殿，艺术处理就像音乐的序曲、扩展、渐强、高潮、渐弱、休止。例如，河北蓟县辽代的独乐寺观乐阁，里面供着 16 米高的十一面观音像，是现存中国古代最大的塑像之一。礼拜的人一进阁门，只见到它的脚趾，盘旋上到第二层，见到它的腰身，直到上到第三层，才见到法相庄严。建筑的尺度反衬着观音像的巨大体积，建筑的竖向空间序列把礼佛的人的宗教情绪引到最虔诚的高潮。在露天，16 米高的佛像并不算最大，但建筑的外壳把它变成了在时间中逐步铺陈展现的艺术，也就是建筑把音乐的一种特性传递给了雕塑，因而使它格外有感染力。

一个建筑群，一个广场或者一条街道，经过精心设计的，也同样像一首交响乐。例如，雅典卫城，这个建筑群是根据祭祀雅典娜的大典构思的。在献祭队伍环绕卫城以及穿越卫城的行进过程中，雕塑与建筑物轮流成为景色的构图中心，成为画面的主体。每一幅画面都同队伍的行进和转折息息相关，当队伍到达终点时，建筑的高潮也同时呈现，就像一支大型的交响乐队。

四、建筑是石头的史书

雨果在《巴黎圣母院》里写道，"一座大教堂，好像一座大山，是在几个世纪的长时间里形成的……这是人民的储存；这是世纪的积累；这是人类社会不断蒸发而剩下的沉淀；总之，这是一种体系。每一个时间的波浪都潜加它的沙层。每一代人都堆积些沉淀在这个建筑物上……""真的，这座建筑物上一层层艺术的积累，可以作为好些厚厚的书本的材料，这都是一些人类的通史"。因此，巴黎圣母院"这个可敬的建筑物的每一个面，每一块石头，都不仅是我们国家历史的一页，而且也是科学史和艺术史的一页"。

建筑物常被用来纪念大的历史事件。例如，雅典卫城就是雅典人为纪念打败波斯人的侵略而建造的。建筑物的造型、艺术风格也鲜明地反映着时代的社会经济、政治特点。当西罗马帝国灭亡后，柱式建筑就停止了发展。中世纪创造了哥特式建筑，它是在教会的精神专制下形成的。当文艺复兴的人文主义者起来同教会的精神专制作斗争的时候，他们用作为古典文化象征的柱式建筑打倒了哥特式建筑。随后，在欧洲的一些比较落后的国家里，天主教的反改革运动得势，于是，非理性的巴洛克式建筑跟宗教裁判所一起占领了统治地位等等。中国的建筑也同样写下了一部史书。唐代的建筑豪壮而奔放；宋代城市经济比较发达，建筑就趋向纤秀华美；封建晚期的清代，建筑风格圆熟典丽。由于中国封建专制制度在两千年的长时期里发展极其缓慢，所以中国建筑的风格也就经两千年而大体不变，叫做"恪遵祖制，不敢逾越"，因此造成了千年一律的传统。西克曼和索伯尔合著的《中国的艺术和建筑》里，一开头就说："中国生活方式的一贯的主要特点就是传统主义和反对改革，他们的建筑史最生动地证明了这一点。"

【本章小结】

　　在人文旅游资源的构成中，建筑是极其重要的一类。我国古建筑以其宏伟的规模、惊人的数量、绚丽多彩的风姿、独特的民族风格，屹立于世界建筑艺术之林。本章重点介绍了我国的古城建筑、宫殿建筑、陵寝建筑、民居建筑、军事和桥梁建筑，这些古建筑是中华民族历史文化极其珍贵的遗产，其浓厚的文化艺术具有鲜明的人文主义特征，是中国传统伦理观、审美观、价值观和自然观的深刻体现。

第六章　中国民俗文化

【学习目标】

1. 理解民俗的概念

2. 了解民俗的基本特征

3. 熟悉主要民俗形成的原因

4. 服饰民俗受到哪些因素的制约

【章节导读】

民俗文化是社会的广角镜，以鲜明的地域特征而成为最有特色的旅游资源，有着极为广泛的审美内容。本章主要从旅游文化的角度出发，介绍中国民俗概况及民俗文化的旅游审美。需要注意的是：在掌握民俗文化的特点及形成原因的基础上，应从文化的角度去欣赏各类民俗文化。在学习过程中，要注意体会并逐步掌握关于民俗的理论知识，在理解分析问题时加以运用，特别是将这些知识应用到民俗与旅游的结合上，以领会民俗文化旅游审美的深刻意义。

第一节　民俗文化概述

一、民俗的概念

"民俗"，顾名思义，是民间风俗的简称。"民俗"作为一种道德教化范畴的概念，在我国早已使用。孔子谈到礼乐时曾说过："移风易俗，莫善于乐；安上治民，莫善于礼。"魏晋时期阮籍在《乐论》中也说道："造始之教谓之风，习而行为谓之俗。"直接用了"风俗"二字。这里的"风"是指由上而下的教化，是一种推广的力量；"俗"，一是下民之自我教化，二是为众人所传习。已基本概括出"民（风）俗"的含义。

"民俗"一词作为学术专用名称，最早由西方学者汤姆斯于 1846 年提出，其原意为"在普通人们中流传的传统信仰、传说及风俗以及如古时期的举止、仪式、迷信、民曲、谚语等"。在欧洲不同的国家赋予"民俗"以不同的意义。1927 年我国广州中山大学办了名为《民俗》的刊物，从此"民俗"一词在我国得以广泛推广使用，成为一个固定的科学概念。

"民俗"的重要性质就可以概括为一是民间的习俗，而不是贵族的习俗；二是"人相习、代相传"的传承习惯。因此，"民俗"是指由广大中下层劳动人民所创造和传承的民间社会生活文化，是普遍存在于社会生活中的一种悠久的历史文化传承事项。它以有规律性的活动来约束人们的行为和意识。

二、民俗文化的主要特征

正如我国古人所说的"百里不同风，千里不同俗"一样，民俗文化根植于社会文化的土壤之中。不同的国家，不同的民族，不同的区域都有着自己独特的风俗习惯。中国民俗是中国几千年历史文化的伴随物，受中国国体、国民性、伦理思想、意识形态和历史独特发展等因素影响，因此中国民俗文化大致具有以下特点：

1. 社会性

任何一种民俗文化事象都不是个人的行为，而是为社会所普遍传承的集体风尚和喜好，是人们在共同的生活中形成和约定的社会行为模式，并靠集体流传下来。因此，民俗文化的社会性实际上是指它的集体性。集体的创造和响应，是推动民俗文化发展、演变的主要动力。同时，民俗文化还是一定社会文明的反映。中华民族有五千年文明历史，民族之间相互融合、交流和影响，不同历史时期、不同民族，形成各异的带有浓郁社会气息的民俗风情。比如，中国饮食习俗上汉族有"北人食面，南人食米"的说法，又因地区不同呈现出"西南喜辣、西北爱酸、华北喜咸、东南沿海喜甜"的习惯。这些都是因为民俗文化所根植的生活土壤、地理条件、历史文化、民族气质等社会因素不同的缘故。

2. 传承性

传承性是民俗文化在时间上和空间上得以延续的重要手段，起着承上启下的作用。

一定领域的民族的民俗文化传承，总是受着各种因素的支配，传承者的独特心理决定了人们对祖先遗留下来的东西不会轻易放弃。同时，民俗文化还具有空间上流传的横向的传播特点，其结果可以形成一定的民俗文化圈，即相同或相似习俗，在某一地区范围内传承。历史上自然灾害、战乱、民族压迫、同化政策、和番、和亲等政治原因，以及民间婚姻往来、商贾流动、艺人闯荡等经济文化交流原因，共同构成民俗传承的渠道。例如，我国春节传统的除夕守岁、吃饺子、喜庆拜年等民俗活动，各地虽有所不同，但一直传承了几千年，对继承和发扬民族文化具有积极作用。

3. 相对稳定性

民俗文化一旦形成，社会每个成员都必须共同遵守，并成为约束行为的标准，形成一定模式。之后，就按这一模式代代相传，即"今俗袭古、古俗沿今"。这种模式的稳定性和约定俗成，使它具有强制性质或约束力量，起到对民众的行为、语言和心理的制约性作用。它一方面反映着对历史上某种经济基础的依存性；另一方面又反映出它的延续性，即使经济基础变了，一些习俗事象也依旧延续着。其主流部分，则形成同种类型的民俗文化。例如西北"花儿"习俗，经过历朝历代，成为回族、汉族、东乡族、撒拉族、土族、裕固族等共同的"花儿"，形成了西北地区的"花儿"文化圈。

4. 变异性

民俗是一种社会现象，同其他社会现象一样，随着时代的变迁，人们认识水平的提高，政治、经济、文化状况的不同而发生内容和形式上的变化。一个民族总是以本民族民俗文化为基础，并不断吸收其他民族民俗文化中的优秀部分，将其融化到本民族民俗文化事项中来，从而达到影响和教育群众，增强本民族自豪感和自信心的目的。如我国唐代丝绸之路的开创，不仅使民俗得到交流和传播，而且也使中国的民俗增添了许多外来的因素，在种植、食品、绘画、音乐舞蹈等诸方面都在外来文化影响中有某些改变。

5. 丰富性

从社会风情的类型就可以了解到，民俗文化包含了人生礼仪、饮食起居、服饰冠履、岁时节令、民间工艺、婚丧节庆、文学艺术、游艺竞技以及生产民俗、商贸民俗、信仰民俗文化等，习俗之多，内容之广，可谓包罗万象。就中国民间工艺品来说，原料丰富、工艺精湛、种类齐全，有染织、刺绣、陶瓷、雕塑、金属、漆器、珍珠宝石、编织品、文化用品和其他工艺品十余类。其生产、交换、使用上又有不同的风俗习惯，其造型、技艺和丰富的历史文化内涵对各国旅游者产生了极强的吸引力。

总之，中国民俗文化的特点，反映着我国民俗走过的漫长道路及其发展变化，是我们了解中国民族绚丽多彩的社会风情的重要方面。

三、民俗文化的分类

民俗文化学研究的对象是社会民俗文化现象，范围十分广泛。外延几乎包括了人类生活的各个领域，内容也还在不断变化或扩大。因此，对民俗种类的划分，中外学者都各抒己见，但无论是纵收还是横取，都难以做到详备。中国民俗文化大体上有两种分类。

第一种分类范围几乎包括了人类生活的各个领域的民俗内容，按表现形式分为三类：①心理民俗以信仰为核心，包括各种禁忌在内反映在心理上的习俗。②行为民俗是心理民俗的反映，但它更多的还是表现在仪式、节日、游艺等活动上。它是通过各种特有的有形活动表现各种无形心理的民俗活动。③语言民俗主要是以语言为手段，以艺术为形式，表现人们的理想、愿望与要求，包括神话、传说故事、诗歌及说唱、戏剧等。

第二种分类是按照内容分类，可分为四类：①物质民俗文化也称经济民俗文化，它包括生产民俗文化（采集、狩猎、畜牧、农业和手工业民俗文化等）；消费民俗文化（服饰、饮食和居住民俗文化等）；流通民俗文化（市商、交通运输和通讯民俗文化等）。②社会民俗文化包括家族、亲族民俗文化，村落、民间社会经济政治组织民俗文化，个人人生仪礼习俗文化（诞生礼、成年礼、婚礼和葬礼等），岁时节日民俗文化等。③语言民俗文化以口承语言为手段的民间神话、民间传说、民间故事、民间歌谣、民族史诗、民间叙事诗、谚语、谜语等。④精神民俗文化包括民间信仰民俗文化（含宗教信仰、巫术迷信、礼俗禁忌等），民间艺术民俗文化（含民间音乐、美术、舞蹈等），民间娱乐民俗文化（含民间游戏、娱乐小戏、杂艺和体育竞技等）。

四、民俗文化与旅游产业

人人都有猎奇心理，人人都想从旅游中获得新奇特异的体验和感受。作为具有异地他乡情调的民俗文化，正好满足了中外广大旅游者猎奇的心理需要。据最近中国旅游业一次抽样调查表明，来华美国游客中主要目标是欣赏名胜古迹的占 26%，而对中国人的生活方式、风土人情最感兴趣的却达 56.7%。中国的北方人对江南水乡、闽广风情恋恋不舍，南方人对北国冰雪、人文情调大加赞赏。因此，对中国民俗文化的旅游开发进行研究已成为当今一个十分重要的课题。

1. 民俗是活跃的旅游资源

我国有 56 个民族，以历史悠久、文化积淀深厚、风俗独特著称于世。如今，民俗风情与山水、文物古迹共同成为中国重要的旅游产品，像住北京四合院、逛上海城隍庙、游江南园林、品西湖龙井、尝四川小吃、看绍兴社戏、放潍坊风筝、逛晋商大院等既是当地旅游资源的杰出代表，又是民族历史文化和风俗的集中表现，是中华民族文化宝库中的重要组成部分，闪耀着灿烂光彩。

2. 民俗能使旅游景点更具有地方性

集于一地的居民群体，在长期生产与生活中，与一定地域内的地形地貌（山地、丘陵、高原、平原）、水体（江、河、湖、海）、气候变化、花草树木、鸟兽鱼虫打交道，从而形成与地理环境和景观相一致的习俗，从习俗中可以反映出环境特征。因此，民俗文化能更完整、更集中地反映旅游目的地的地理环境，使之具有鲜明的地方性。如汉族发源于黄河流域，是个农业民族，因而汉族的春节、元宵节、清明节、端午节、中元节、中秋节、重阳节、腊八节等，反映出旅游目的地一年的农时劳动变化和社会风情。

3. 民俗文化更易于吸引旅游者

各民族各地区别具风格的民间传统活动，尤其是一些重大节日，几乎是民间经济活动、宗教信仰、文化娱乐、社会交往和民族心理等多方面的民俗事象的集中反映，是综合性的文化现象。民俗活动与生活贴近，容易引发旅游者产生新奇感和认同感，更便于他们参与，亲身体验另一种地域文化特征。旅游者可以通过参与方式了解各地区独特的风俗习惯，以开阔视野，丰富知识，又可以得到新鲜有趣的生活感受。通过入乡随俗，为其所动，极易产生满足感和愉悦感。

4. 民俗文化可以增强民族自豪感和自信心

社会风情旅游资源的主要吸引力来自于旅游者所属民族和地域的文化的差异性。这种差异是一个民族一个地区有别于其他民族和地区的主要文化内容，构成了社会风情旅游资源的主要部分。了解民众生活、深入民风，可以使旅游者通晓各民族、各地区的历史、现状和风俗习惯，由此激励大家的乐趣，珍视民族文化传统，增强民族自豪感和自信心，弘扬民族文化艺术特点和民族性格，提高民族自强意识。

5.民俗文化有利于增进民族团结和加强民族交流

处于不同文化背景中的两个民族，对于异族文化和人民都有强烈的认识和了解的欲望。旅游者在旅游过程中会明白，民族之间需要理解和宽容，民族的相互了解、文化的交融，在旅游活动中也得到升华，促进了民族间的理解和交流。

第二节　人生礼俗

中国古称"礼仪之邦"，数千年前就已经形成了一套系统的人生礼仪。人生礼仪民俗，是指人的一生从诞生到死亡各个阶段的礼节和仪式，包括生礼风俗、婚礼风俗、寿礼风俗和丧礼风俗等，反映出我国民间生活中最具有规律的民俗事象。

一、生礼风俗

在养育阶段，包括孕育、分娩、三朝、满月、百日、周岁、成人等仪式。其中，满月、百日、成人较为隆重。

生育一直在中国传统观念中占有重要地位，保护产妇和幼婴各地均有传统经验和习俗惯例，如供产妇以红糖、鸡蛋、酒酿、小米粥、姜茶、鲫鱼汤、白煮蹄膀等。既利于产妇补养，又利于乳汁调剂。南方许多地方在妇女怀孕七八个月间，由娘家赠饺饵百枚、红糖十斤，为催生礼。孩子生下，给邻居送红蛋表示吉祥。诞生标志各地亦不同。位于黄土高原的晋西北地区，生男孩在门外贴一对红色纸剪的葫芦，生女孩贴一对梅花剪纸。而在东北满族人家，生男孩在门口悬挂小弓和箭，生女孩则挂红布条。

满月，要为孩子做满月酒，接纳亲友祝贺。一般，亲友要送"弄璋之喜"或"弄瓦之喜"的幛、条诸物。外婆家要给做新衣、新帽、新鞋，有的要做被褥，四角缝上长命线。婴儿出生100天为"百日"，本身意蕴祝愿孩子健康长寿。所送礼品中最有特色的是百家衣和百家（长命）锁等护身符。旧时，山东聊城地区的"百家锁"讲究较严格，必须有"长、命、富、贵"（或其谐音）参加，以取吉利。另外，山西、陕西一带这天讲究蒸制"套劲馍"，以祈求婴儿吉祥长命。

到婴儿一周岁时，家人要进行"试儿"、"抓周"仪式。指在小儿周岁生日这天，摆放各种象征物品，随其抓取，试其志向。届时亲朋都要带着贺礼前来观看、祝福，主人家设宴招待。这种仪俗在史书、传记及小说、戏文中均有描述，随着孩子渐渐长大，在北方许多地方流传着 12 岁开锁仪俗。开锁，就是在孩子进入成年时把他过满月或百日时戴的银锁、铜锁摘去。山西晋南一带农村的开锁，是把 12 岁孩子小时候的脐带扔到野外的树上，挂在高处，意味着孩子将来前程远大。这一民俗本身是对人生阶段性发展的纪念，但如今一些地方铺张浪费大操大办已使"开锁"民俗走向异化。

二、婚礼风俗

"男大当婚，女大当嫁。"婚姻是人生礼仪中的又一大礼，历来为中国人所重视。早在两千年前，制礼作乐的先贤圣哲们就指出："婚礼者，将合二姓之好，上以事宗庙，下以继后世。故君子重之。"（《礼记·昏义》）由此，古人创设了一整套繁冗复杂的婚姻礼仪，并在封建社会演进过程中具有相当的稳定性。经过近、现代的洗礼，传统婚姻礼仪渐趋简化，代之以符合现代生活的或与国际接轨的婚姻形式。

中国传统婚俗在婚礼前有"三书六礼"之说。"三书"是指定亲之书，又称聘书，指男女双方正式缔结婚约；过礼之书，又称礼书，即礼物清单；迎娶新娘之书，又称迎亲书，结婚当日接新娘过门时用。"六礼"即纳彩（今称"提亲"）、问名（今称"合八字"）、纳吉（今称"过文定"）、纳征（今称"过大礼"）、请期（又称"乞日"，今称"择日"）、迎亲（今称"迎亲"）。

从议婚至完婚过程一般经过三个阶段，即议婚阶段，又称"议亲"；订婚阶段，即"许亲"；成婚阶段，进行成婚仪式。

汉族民间结婚的日子多选择在秋冬季节。结婚前一天，女家派人前往男家送嫁妆。结婚这天，男女两家张灯结彩，宴请宾客，新郎去女家迎娶新娘，新娘将发式梳成成年妇人型，戴上红色"盖头"，哭别娘家。上下轿时，要撒谷豆、铺红毡、跨马鞍、不能足踏红尘等，以求避邪免灾、日子过得"安安稳稳"。

进门之后，举行拜堂仪式，牵"同心结"进入洞房。新婚夫妇进入洞房前，将枣、栗子、花生等撒向寝帐，吟唱"撒帐歌"，枣子、栗子、花生取其谐音，有早得贵子、儿女双全之意。撒帐之后，新人进入洞房，行合卺礼。卺就是瓢，新婚夫妇各执一瓢共同饮酒，象征夫妻合二为一，并蕴含让新婚夫妇同甘共苦之意。到宋代以后，以喝交杯酒代替。

新婚之夜，各地还有闹房和听房习俗。结婚第二天，新娘拜见本家长辈。第三天，新郎与新娘同去女家，谓之"回门"。日落之前或小住几日，二人一起返回夫家。

综观传统婚姻礼仪，十分繁琐，某些礼节还带有封建和迷信色彩。但它有两个明显特色，一是讲究红火热闹；二是祈求吉祥如意。随着时代的变迁，大多数的年轻人已不再采用传统的婚姻礼仪形式，代之以家庭婚礼、集体婚礼、舞会婚礼、旅行结婚等多种形式，追求纯情、浪漫、时尚。传统婚姻礼仪成了以民情风俗见长的旅游景区着力开发的旅游参与互动项目，热闹有趣的传统结婚程序，吸引着海内外度蜜月的旅游青年，来亲身体验"洞房花烛"的美好感觉。现已开发出的与恋爱婚姻有关的旅游景点有："爱情之都"杭州、大理泸沽湖"走婚"、"童话世界"九寨沟、"爱情故宫"君山、黄山天都峰同心锁、三亚鹿回头、永济普救寺、临汾姑射仙洞"华夏第一洞房"等。

三、寿礼风俗

中国古代有"五福"之说，指五种人生理想，即福、禄、寿、喜、财。寿为其中之一，因此祝寿过生日，也是中国民俗中一项礼俗。贺生日，一般在40岁以上，各地风俗不同，没有统一的年龄。古语云"人逢七十古来稀"，因此，这个年龄以后的寿礼较为隆重，旧时"八十大寿"往往是寿礼之极。现代社会，长寿老人很多，也有过"九十寿"、"百岁寿"的。

寿诞之礼有一套仪规。隆重的寿诞，要设寿堂，中堂悬挂大"寿"字，摆红色寿烛，张灯结彩。寿翁接受亲友、晚辈祝贺、叩拜，共食寿宴，其中"长寿面"必不可少。

贺寿的来客都要携带寿礼，诸如寿幛、寿烛、寿桃、寿面、寿屏、寿画、寿彩等。一般都要加上一些象征长寿的图案，如松鹤延年、富贵白头、四世同堂、福寿双全等。寿桃被视为仙桃，八百年结果一次，面条取其绵长，寿幛、寿联都用以书写祝贺语、吉庆话等。浙江海宁给老人做寿，要送绸衣、绸裤、绸面鞋子，用抽不尽的蚕丝祝福老人长寿绵绵。

现在我们国家开设的敬老院、老人医院、疗养院、老干部活动中心及设立管理老干部的各级管理机构都是尊老、敬老、爱老的体现。寓意健康长寿的旅游景点主要有：

海南南山、东海，重庆长寿湖，秦皇岛长寿山，湖北钟祥长寿镇，四川省眉山市彭祖山风景区等。树立尊敬长者，孝敬老人的良好风尚，必将有利于我们国家的精神文明建设。

四、丧礼风俗

我国古代早有"生有所养、老有所葬"的道德观念，办后事被看做重大的礼仪。新中国成立之后提倡移风易俗，办丧葬逐渐简化，火葬的方式逐渐被人们所认可，但是在我国农村的一些边远地区，人们还是相信所谓"入土为安"的"古训"，因此传统的丧葬形式仍旧比较流行。

1. 传统丧葬礼俗的主要形式

在传统的丧礼中，从初终到出殡、葬后约有 40 余项。这里，仅撷取几项作一简单介绍。

送终：当老人生命垂危之时，老人的子女等直系亲属守护在其身边，准备听取遗言，直到老人去世。在老人临危之时，家人要将其从卧房移到正庭。在许多地方人死之后，家人都会烧纸钱，谓之"烧倒头纸"。此外还要鸣放鞭炮，一是表示送死者归西，二是向邻居报丧。报丧时到了别人家不能进门，当有人来迎接时，无论长幼都要叩首。

入殓：死者在入棺前要为之整容，然后用白绸或纸钱掩体。洗浴后人们要向死者口中放入某种金银或玉物，称为"饭含"。入棺时，死者一般头朝里脚朝外。死者家人要昼夜轮流守护在死者铺旁以示服孝，称为"守灵"。

吊唁：吊唁是丧葬礼俗中比较重要的内容，吊唁的方式因各地风俗不同而有区别。吊唁时，其礼数、方式依死者关系而决定。亲友前往吊唁时，一般都要携带礼品或礼金。礼金用黄色、蓝色签封好，礼品有匾额、挽联、挽棒、香烛、纸钱等。

出殡：即"出山"，之前要选择"吉日吉时"，出殡之前，先要辞灵。把棺材头抬起，由后辈放些铜钱在棺下，用新笤帚、簸箕扫棺盖上的浮土，倒在炕席底下，取"捎财起棺"的意思。旧时出殡仪式非常热闹，队伍有的绵延几里。民间还有请来戏班大唱三天者。陈设酒席动辄达数十桌之多，一场丧事，往往使许多人家破产。

2. 丧葬形式

我国幅员辽阔，不同民族由于社会形态、文化状况、生产力发展水平和地理环境等因素的综合作用，形成了千奇百怪的丧葬习俗。

"入土为安"的土葬：汉族多用这种葬制，在传承过程中，又呈现多种民俗形态。如蒙古族土葬不建坟丘，维吾尔族祖先葬后墓坑不封土。古代墓葬中，死者地位越高，经济条件越好，棺木和墓室越是考究。虽然在入葬的仪式、葬具、葬式上各有特点，但其基本观念却是一个，即希望死者"入土为安"。1999 年在山西太原发掘出隋代负责外事的官员虞弘的墓葬，这座砖砌单室墓中，用的是极少见的汉白玉石椁，四周雕刻着内容丰富的浮雕图案，图中人物、服饰、器皿及花鸟等，带有强烈的中华民族文化色彩，成为迄今为止中原地区发现的唯一经过科学发掘，又有准确时间的反映中华文化的考古资料，被评为当年全国十大考古新发现之一。

"登遐升天"的火葬：这一习俗可以追溯到原始社会时期，先流行于少数民族。20 世纪 40 年代，人们在甘肃临洮的史前遗址，曾发掘了一个盛有人类骨灰的灰色大陶罐，成为我国目前已知的最早的火葬实例。但明清以来，只有瑶、彝族等一些少数民族地区仍实行火葬，其他民族都改为土葬了。这一习俗在人口众多、耕地有限的中国，越来越显示其优越性，因此被日益广泛采用。

独特而罕见的天葬：主要流行于部分藏族地区。方法是人死后停尸数日，然后送到天葬坊，由天葬师肢解尸体后，让鹫鹰吞食，以示灵魂升天，并以食净为吉祥。

奇特的悬棺葬：是把棺悬于峭壁上或岩壁洞穴内的一种葬俗。崖洞或为天然的，或为人工所凿。悬棺葬一般在水边山崖上，有让灵魂随水逝去之意。这种葬法，广泛流行于我国古代的南方地区及北方的陕西等省区。福建武夷山是悬棺葬的发源地。山西宁武芦芽山也发现有悬棺葬。

古朴而原始的树葬：也称风葬、空葬，即将尸体入棺或用树皮包裹后置于树上，是一种很古老的葬俗类型。其葬法是将死者置于深山或野外，在树枝上架以横木，把死者置于其上任其风化。这种葬法主要流行于我国北方的一些少数民族中，其中尤以鄂温克族和鄂伦春族最为盛行。

其他葬法还有以下几种：

水葬：是古时沿海地区常用葬制。一般在此之前先用白布包裹尸体，然后投入江海中。有的利用涨潮落潮时将尸体冲入大海。旧时藏族、傣族等也有此习俗。

塔葬：是佛门为高僧施行的葬礼，又称"灵塔葬"，是藏族最高贵的只有像达赖和班禅这样为数极少的大活佛死后才能实行的葬礼。

野葬：又名荒葬，曾流行于我国西部牧区，其做法是：人死后将其尸体放在木轮车或牛马车上，疾驰荒野，不择路，直至尸体掉下来为止。尸体颠落的地方，便是死者安身之所。

总之，人生礼仪，在中国人心目中是重要的，影响也是深远的。随着时代发展，虽然一些封建的繁文缛节已被摒弃，传承下来的也显示出其合理性，成为中华民族传统文化的重要组成部分。我国各地的民俗博物馆，如北京、天津、苏州、南京、上海、敦煌、洛阳以及山西的乔家大院、丁村等民俗博物馆，利用当地颇具特色的民居，以实物、图片、风情表演等手法，尽可能地展示当地的市井生话、民情风俗，以丰厚的民俗文化带给游客许许多多的感慨和回味，成为分享民俗历史文化的大餐。

第三节 衣食住行

在人类社会中，物质生产和生活是人们赖以生存的最重要的条件。有形的服饰、饮食、居住、交通等文化传承，都属于物质民俗。无论社会如何发展，民俗文化事项如何变迁，有关衣、食、住、行的传统，总是以相对稳定的形式一代一代传承下来。

一、服饰民俗

服饰民俗是指人们有关穿戴衣服鞋帽、佩戴装饰等风俗习惯。一部人类服饰史，从某种意义上说，也是一部感性化的文化发展史。

服饰产生和服饰民俗的形成与人类居住的环境、生产、生活方式及文化传统关系密切。时尚、上层人士的喜爱以及都市文化的浸染，都直接影响到服饰的变迁，不同季节、不同年龄、不同性别在服饰上也都有不同的需求和表现。社会关系不同、阶级地位不同，也使服饰呈现出不同的民俗特色。服饰的质料、形制、款式、色彩无不体现出穿着者本人和周围人们的审美情趣、习惯、追求和理想，体现出一定程度的社会文化心理结构，甚至体现出一定的礼乐制度。因此，观服可以知俗。如村民、道士、僧侣、巫师、匠人、官吏、商人、书儒等均有不同之式样和色彩规范。在头饰、衣饰和鞋饰上也证明服饰主人的身份，显示出制作者的勤劳与智慧。

服饰民俗与人生仪礼密切相关，婚、冠、寿、丧期等除本身礼仪外，大多在服饰上有所表现。除此之外，服饰还是工艺品、艺术品。它既具有一定独立性，又必须与具体的人体结合而充分展示其艺术性，因此它既供穿戴者欣赏，又供旁观者欣赏。

总之，服饰民俗首先是一种直观的物质文化，却又包含着极其广阔、深刻的精神和制度文化的内容，因而有其无比丰富的社会内涵和文化内容。

服饰民俗的内容复杂，从原始社会的树叶、兽皮到现代服装，有其悠远的历史。汉族服饰的起源可以追溯到远古时期。根据考古发掘，在距今五六千年前的原始社会，出土了纺轮、骨针及纺织物残片等实物。我国甘肃出土的彩陶上的彩绘，已将上衣下裳相连形制生动地描绘了出来。

殷商时期，从甲骨文中可见的象形文字就有桑、茧、帛等字样。出土的商代武器铜器上存有绢痕和丝织物残片等。随着生产力发展和社会分工，衣冠服饰也有尊卑贵贱之分，开始打上了时代烙印。周代是中国冠服制度逐渐完善的时期，有关服饰的文字在青铜器铭文中记载较多。随着等级制的产生，上下尊卑的区分，各种礼仪也应运而生。反映在服饰上，有祭礼服、朝会服、从戎服、婚礼服、吊丧服等。这些服饰甚至被沿用于商周以来的两千年封建社会之中。

春秋战国时期，七国崛起、百家争鸣，在服饰上也各显风采。春申君的三千食客中的上客均着珠履；卫王宫的卫士穿黑色绒衣；儒者的缙服为长裙褒袖、方履等。西汉以四季节气作为服色识别，如春青、夏赤、秋黄、冬皂。到了魏晋南北朝，北方各族入主中原，汉民族服饰文化与北方民族服饰相互融合。太原出土的北齐娄睿墓壁画、徐显秀墓壁画的人物衣饰，正是民俗文化融合的写照。隋代统一全国后重新厘定汉族服饰制度，但也难以摆脱北方民族服饰的影响。

到唐代，服饰制度承上启下，呈现出繁荣景象。唐人与西北各民族交往频繁，妇女的日常服饰名目繁多，饰物也丰富多彩。如袄、衫、袍、腰巾、抹胸、裙、裤、膝裤、袜、鞋靴等，裙子以红色最流行。现存的敦煌石窟中保存着许多隋、唐、五代时期的珍贵服饰图像、文字资料，是那个时代经济、政治、文化发展缩影，真实展现了当时的物质文明和精神文明发展水平。

宋代服饰文化发生变化。宋代妇女的日常服饰中裙子颇具风格，质地多见罗纱，以石榴花的红色最注目。褶裥裙也是当时裙子中有特点的一种，有六幅、八幅、十二幅不等，贵族妇女的裙褶裥更多。太原晋祠圣母殿宋代侍女像和大间华严寺大殿的辽代侍女塑像，就是这一时期服饰风格的生动再现。元代是蒙古族统治中原的时代，其服饰既袭汉制，又推行其本族制度。山西繁峙岩上寺金代壁画、洪洞广胜寺水神庙元代壁画中的百姓衣饰都生动地描绘了当时的生活场景。元末，因贵族人家以高丽人的装束为美，又流行起衣服、靴、帽仿高丽式样。朱元璋推翻元朝，建立大明帝国后，衣冠悉如唐代形制，穿着礼仪十分繁缛。规定民间妇女只能用紫色，不能用金绣，袍衫只能用紫绿、桃红及浅淡色，不能用大红、鸦青、黄色，带子只能用蓝绢布，衣衫已出现用纽扣的样式。

清初衣袍式样有几大特点：无领、箭袖（又称马蹄袖）、左衽、四开衩、束腰。多是蓝、灰、青色，女子的旗袍装多为白色。满族人主中原后，受汉族"大领大袖"服饰的影响，其箭袖变成了喇叭袖，四开衩演变为左右开衩。男子在长袍的外边套一件马褂，以御风寒。1840年后西洋文化浸透进中国本土文化，风行于20世纪20年代的旗袍，便是由汉族妇女在穿着中吸收西洋服装样式不断改进而来的，让女性体态与曲线美充分显示出来。后来这一源于满族的传统服装渐渐成为中华民族文化宝库中的一朵奇葩，受到国内外妇女的青睐和赞赏。

而今山西祁县民俗博物馆"服饰"展室中，陈列着清末民初晋中一带民间四季服饰，这些袍、袄、衫、裤的特点都是宽松舒适、美观大方，反映了这一地区服饰审美情趣的变化与革新。

综观几千年的历史，汉族的服饰，在式样上主要有上衣下裳和衣裳相连两种基本形式，大襟右衽是其服装始终保留的鲜明特点。上海歌舞团排演的大型服饰舞蹈《金舞银饰》。集音乐舞蹈、服饰展示、戏剧元素、民俗风情于一体，展示了中国历代各民族的服饰文化，可令观众大饱眼福。

二、饮食民俗

"民以食为天。"饮食民俗是民俗文化的组成部分，也是旅游地重要的旅游资源。饮食民俗旅游的吸引功能主要体现在：一是领略奇风异俗；二是满足口腹之欲；三是增加民族民俗知识。

中国素有"美食王国"的称誉，各民族饮食习俗的特点与分布受到地理环境和人文环境等因素的综合影响，有着浓郁的民族特色和地方气息，饮食文化呈现着复杂的地域差异。

我国饮食文化的历史起步较早，发展很快。早在十万年前，我们的祖先已懂得烤吃食物。陶器陶罐等较为先进的储器或饮器问世后，人们能较为方便地煮、调拌和收藏食物，饮食习惯便进入了烹调阶段。夏商时代已经有王者"十二鼎食"之说。汉代时已充分掌握了炖、炒、煎、煮、酱、腌、炙等烹调方法，并传到中亚、西亚和东南亚，封建时期各朝代的宫廷御膳，都代表了当时饮食的最高水平。

我国部分地区自然条件优越，尤其是东部广大平原地区适宜种植小麦、水稻等农作物，因此劳动人民在长期生产和生活中逐渐形成了"一日三餐"的饮食习惯，吃面食或米者为最多，并配以各种汤、粥作饮料。有些地区有饭前喝酒、饭后品茶的习俗，逐渐发展成酒文化、茶文化，因此旅游城市多有茶馆、酒馆和大量的饭馆。现今又有早茶和夜宵等，属于节日仪礼上的，视家庭殷实程度，多以丰肴佳馔为风。席面有多种讲究，四凉、四热、四冷荤，八碟八碗、小八件、大八件，有八八席、六六席、参席、翅席、燕窝席、满汉全席等。西方饮食文化的传入，又有各国各式的西式餐饮，不胜枚举。

我国东部平原地区，大致以秦岭—淮河为界分为南北方。南方多水田，以种植水稻为主，北方多旱田，适宜种植冬小麦或春小麦，因此南方人以大米为主食，而北方人则以小麦面粉为主食。北方冬季十分寒冷，饮食中对含脂肪、蛋白质等食物要求高。牧民的饮食则以奶制品、肉类等为主。在高寒的青藏高原上，青稞是藏民主要种植的作物，因酥油和青稞酒具有增热活血功效，而成为藏族人民生活中不可缺少的主要食用油和饮料。

我国地域辽阔，饮食调制习俗、风味也千差万别，最能反映这一特点的是我国的菜系。我国有四大菜系、八大菜系或十大菜系之分。川菜以"辣"著称，调味多样，取材广泛，麻辣、三椒、怪味、荑香等自成体系。"江西不怕辣、湖南辣不怕、四川怕不辣"集中反映了四川菜系辣的特点。粤菜烩古今中外烹饪技术于一炉，以海味为主，兼取猪、羊、鸡、蛇、猫等，使粤菜以杂奇著称，菜味讲究鲜、嫩、爽、滑。丰盛实惠、擅长调制禽畜、工于火候的鲁菜，因黄河、黄海为它提供了丰富的原料，使它成为北方菜系的代表，以爆炒、烧炸、酱扒等技艺见长，并保留了山东人爱吃大葱的特点。此外，淮扬菜、北京菜、湘菜等各居一方，各具特色，充分显示了我国饮食体系因各地特产、气候、风土人情不同而形成的复杂性和地域性。

由于各地的风俗不同，影响着人们的节庆饮食习惯。比如春节，南方渔产丰富，除夕晚餐少不了鱼，含"年年有余"之意。华北地区除夕晚上吃饺子，含"交子"（新年伊始）之意，且有"初一饺子初二面"的习俗。诸如此类的节日供品、食俗等活动，又为我国饮食文化增添了新的内容。

城市风味饮食是饮食地域化的一个体现。北京、天津、上海、南京、重庆、广州等城市都是荟萃全国名吃及当地特色食品的聚集区，有着众多饮食方面的能工巧匠和全国知名餐馆、点心店和食品店，饮食习俗也成为城市旅游业不可多得的资源。像北京仿膳宫廷菜、涮羊肉、烤鸭、谭家菜，天津包子、十八街麻花，南京板鸭、盐水鸭，秦淮"八绝"，上海南翔小笼馒头、五芳斋点心，苏州春卷、酱鸡、松鼠鳜鱼，杭州西湖醋鱼、东坡肉，绍兴梅菜肉、扣鸡，桂林南乳地羊（狗肉）、鸳鸯马蹄，西安羊肉泡馍，山东煎饼，宁波汤圆，山西刀削面，兰州拉面，云南过桥米线等都是各地非常有名的佳肴。中国最著名的餐馆有北京的全聚德烤鸭店、东来顺涮羊肉，上海的新雅粤菜馆、老正兴菜馆，苏州的松鹤楼，杭州的楼外楼等。著名点心店有天津狗不理包子铺、扬州富春茶社、杭州奎元馆、成都龙抄手等。著名食品店有北京六必居酱园，苏州稻香村、陆稿荐，杭州采芝斋，太原双合成等。这些城市风味饮食与人文建筑、城市风情以及城市工艺品都构成一个城市旅游资源的人文特色。许多游客，特别是外国游客来到中国的每一个旅游城市或旅游景点，都要找一找当地的风味小吃一饱口福。

三、居住民俗

中国各地的居住建筑，又称民居，有着悠久的发展历史。先秦（公元前221年）时代，"帝居"或"民舍"都称为"宫室"；从秦汉开始，"宫室"才专指帝王居所，而"宅第"专指贵族住宅。汉代规定列侯公卿食禄万户以上、门当大道的住宅称"第"，食禄不满万户、出入里门的称"舍"。近代则将宫殿、官署以外的居住建筑统称为民居。

1. 民居类型

我国木构架体系的房屋在新石器时代就已经萌芽，距今五千年的浙江省余姚县河姆渡文化遗址反映出当时的木构技术水平。距今六千多年的陕西省西安半坡遗址和临潼姜寨仰韶文化遗址显示了当时村落布局，依南北轴线、用房屋围成院落的中国建筑布局方式已经萌芽。由于中国各地区的自然环境和人文情况不同，民间住宅类型也显现出多样化风貌，基本可归纳为以下几类：

四合院式住宅：中国汉族地区传统民居主要是规整式住宅，采取中轴对称方式布局的北京四合院为典型代表。北京四合院大多分前后两进院，或单进院或多进院，居中的正房体制最为尊崇，是举行家庭礼仪、接见尊贵宾客的地方，各幢房屋朝向院内，以游廊相连接。北京四合院虽是中国封建社会宗法观念和家庭制度在居住建筑上的具体表现，但庭院方阔，尺度合宜，宁静亲切，花木井然，是十分理想的室外生活空间。华北、东北地区的民居大多是这种宽敞的庭院。

堂屋式住宅：中国南方的住宅较紧凑，多楼房，其典型的住宅是以小面积长方形天井为中心的堂屋。这种住宅第一进院正房常为大厅，院子略开阔，厅多敞口，与天井内外连通。后面几进院的房子多为横房，天井更深、更小些。屋顶铺小青瓦，室内多以石板铺地，以适合江南温湿的气候。江南水乡住宅往往临水而建，前门通巷，后门临水，每家自有码头，供洗涤、汲水和上下船之用。

一颗印式住宅：也称为"印子房"。这类住宅布局与"四合院"大致相同，只是房屋转角处互相连接，组成一顺印章状住宅建筑，木构架，土坯墙，多绘有彩画。这种住宅外观方正如印，且朴素简洁，在湖广、云南地区分布很广。

土楼式住宅：在闽南、粤北和桂北的客家人常居住的大型集团性住宅。其平面有圆有方，由中心部位的单层建筑厅堂和周围的四五层楼房组成，这种建筑的防御性很强，以福建永定县客家土楼为代表。有方形、圆形、八角形和椭圆形等形状的土楼共8000余座，规模大，造型美，既科学实用，又有特色，构成了一个奇妙的民居世界。

窑洞式住宅：中国北方黄河中上游地区窑洞式住宅较多，在陕西、甘肃、河南、山西等黄土高原地区，当地居民在天然土壁内开洞，并常将数洞相连，在洞内加砌砖石，建造窑洞。窑洞防火，防噪声，冬暖夏凉，节省土地，经济省工，窑洞可分为靠山窑和平地窑。用料有砖砌窑、石砌窑或土坯窑三种。这种住宅将自然图景和生活图景有机结合，是因地制宜的完美建筑形式，渗透着人们对黄土地的热爱和眷恋。

少数民族居住建筑：中国少数民族地区的居住建筑有很多种，如西北部新疆维吾尔族住宅多为平顶，土墙，一至三层，外面围有院落。藏族典型民居"碉房"则用石块砌筑外墙，内部为木结构平顶。蒙古族通常居住于可移动的蒙古包内。西南各少数民族常依山面水建造木结构干栏式楼房，楼下空敞，楼上住人，云南傣族的竹楼为典型建筑。西南地区民居以苗族、土家族的吊脚楼最具特色，通常建造在斜坡上，没有地草，以柱子支撑建筑，楼分两层或三层，最上层很矮，只放粮食不住人，楼下堆放杂物或圈养牲畜。此外，中国还存在不少比较特殊的住宅形式，如水上居民的"舟居"等等。

到了近现代，由于经济的发展、人口的增多和现代化程度的提高，城市居民多居住在楼房里，楼层也有不断增高的趋势，旅游居住的旅馆、宾馆遍布各地，星级宾馆日新月异，与农舍民房、窑洞旅馆等传统的居住建筑相得益彰，颇得游人青睐。

2. 民俗表现

这些住宅的建筑结构、造型与装饰、房间的分配等与各地区、各民族的居住习俗有着密切关系。

建筑房屋，多是因地制宜，就地取材，产竹的用竹，产木的用木，产石的用石。平原地区，多以土坯或砖为材料，注重实用，布局安排各有习惯方式。北方汉族室内以锅灶、火炕为主体，朝向一般主房坐北朝南。南方水乡，房基多立于水中，墙下可通船，运送粮、柴、垃圾等极为方便。

房屋墙面装饰，北方以砖纹为美，南方多涂沫灰泥。北方有的地区崇尚黑墙，涂黑灰，显得庄严肃穆，浙江、广东等地尚白墙，上顶黑瓦，显得洁净大方。山西晋中一带的后院为正房，多为砖拱窑，窑洞之上又建风水楼或影壁，更是独具一格。晋东南一带的乡绅人家住房讲究几合几串，院子以四合楼院为主，房屋多达两串三串院子。楼房多数软装、露明柱、施明暗八仙、猫头滴水、屋顶半圆通瓦，五脊六兽，院内设亭、台、楼、阁。"功名"人家，更是富丽堂皇，竖旗杆、挂匾额、装建门面。匾额多数为功名、节、拳、贺、寿之类。

一般住房多为坐北朝南，主要考虑采风和采光的需要。室内四方都要建房，称"宅俱全"。一座完整的四合院布局体现出礼制观念。长辈住上房，晚辈住厢房，妇女住内院，来客和男仆住外院。东北地区的满族，屋中有南、北、西三铺炕：西炕为贵，供奉祖宗牌位；南炕为大，由家中长辈住；北炕为小，由小字辈住。体现着家庭成员之间的尊卑、长幼、内外的关系。

3. 中国古民居旅游点

中国古民居，是时下旅游观光中一道独特的风景。中国还有保存较完好的古城，这些古城内均有大量的古代民居。其中，平遥古城是现存最为完整的明清古县城，是中国汉民族中原地区古县城的典型代表；始建于南宋的丽江古城未受中原城市建筑礼制的影响，城中道路网不规则，没有森严的城墙，是融合纳西民族传统建筑及外来建筑特色的唯一城镇。山西平遥古城和云南丽江古城均在 1998 年被列入《世界遗产名录》。此外，还有被日本建筑专家赞誉为"东方人类古代传统居住村寨活化石"的陕西韩城党家村，"九曲黄河第一镇"之称的碛口占镇，江南有周庄、乌镇、西塘、同里、南浔等古镇，黄山脚下徽派建筑的代表有歙县的棠樾村和斗山街、黟县的西递村和宏村、绩溪的棋盘村和坑口村等，举不胜举。

仅明清时期晋商发源地山西晋中，就有平遥古城、祁县古城、太谷古城及王家、常家、乔家、曹家、架家等众多民居大院。彩绘门楼，雕砖刻木一栋栋蕴藏着深厚的文化艺术内涵，成为游客们观览晋商文化的首选之地。

四、交通民俗

交通分陆路交通和水路交通，陆路交通包括骑用牲畜和以车代步。交通的最初发展，与驭养动物关系密切，特别是牛、马、骆驼等大牲畜，可供人骑用，成了真正的交通工具。东北地区的赫哲、鄂伦春、鄂温克等民族至今仍用狗或鹿拉爬犁（雪橇），可能就是陆路交通民俗中最古老的"遗留"了。

车在古代是生产、生活、交通、运输及战争中的重要工具。据传说，黄帝是车的发明者，故名轩辕氏。商周时期，车的制作已相当进步。车为木制，整个车体分车身和车轮两部分：车身由轼、舆、辕、衡构成；车轮有轴、毂、辐、牙等。1988 年，在山西太原发掘的一座春秋大墓里发现有大型车马坑，有车 15 辆、马 44 匹，呈双列排列，当年即被列入国家十大考古发现之一。2002 年，在河南新郑的郑韩故城遗址出土了春秋时期 22 辆马车和数十具马骨的车马坑。这些车马坑的出土，说明在春秋战国时期造车技术的精良，加上马拉车作为动力，大大提高了陆上交通的效率。

在古代，车是等级身份的象征。西周前后，我国的乘舆制度规定"玉、金、革、象、木"五种不同装饰物的车子，分别供天子、同姓诸侯、异姓诸侯、边地诸侯、藩国诸侯等不同身份的人使用。这些装饰物主要设在衡、辕、轴、扶手末端等显眼的地方。秦始皇时期建立了卤簿制度，规定皇帝出行时乘坐"金根车"（以黄金为饰的车辆），车马仪仗排列有序，少则近百辆，人员上千，这就是古戏中提到的"鸾驾"。此后，规模日益扩大，动用人员甚至数千。南朝宋以后，盛起舆架，不乘马车，改坐人拉或肩扛的辇。宋时的大辇由 64 人主抬（拉）。隋唐时，方辇、小辇、凤辇、芳亭辇、逍遥辇、平头辇、七宝辇等华车层出不穷，抬（拉）者最少 20 人，多至 200 人，有时全家人都坐在辇上出游。唐开宝三年，以帝辇为中心的车队一次用人达"步骑一万九千一百九十人"。

"肩舆"，是轿子的旧称，也是我国古代陆上传统的代步工具。封建社会对自备或使用轿子有严格规定，其中主要有官轿、客轿、医轿和婚丧轿等数种。到上海开埠初期，中外客商多用轿子代步，后随着商业繁荣，轿子成为短途道路的客运工具。到 19 世纪 70 年代后，马车、人力车相继兴起，轿子仅限于民间婚丧用轿了。"黄包车"的车身涂抹的都是黄色桐油或黄漆，故名。它由日本传入我国，又称东洋车或人力车。1908 年开始，上海有了第一条有轨电车，之后，轿车、公交车也渐渐发展起来。现存于上海城市历史发展陈列馆的"百子大礼轿"，是当时社会婚轿杰作。现在许多民俗旅游景区还备有各式轿子，供游人乘坐、拍照留念。

水路交通设施是桥与船，过河架桥，涉水用船。桥有独木桥、木拱桥和石拱桥，还有溜索桥、藤索桥、铁索桥等。河北赵县的赵州桥、苏州宝带桥、北京卢沟桥、颐和园玉带桥等都是我国拱桥的代表。太原晋祠的鱼沼飞梁、绍兴的八字桥、周庄的双桥均因结构奇特、建造精巧、布局合理而独放异彩。江南多桥，清光绪年绍兴有桥 229 座，苏州现存 160 座。"小桥、流水、人家"，江南众多的桥，更传承着一种文化和精神，透着一股灵气，江南因之而显得多姿多彩。

船在交通中占有重要地位。远古时代，各个民族的祖先就懂得"剖木为舟"做成木排、独木舟，用竹子做竹排，还有用葫芦、革囊等在水中行驶。最晚到殷商，木板船已经成熟。秦汉时，开始用"舵"来操纵方向。1976 年，广州发现了一处规模巨大的秦汉造船工场，可以制造载重五六十吨的大船。公元 604 年，隋炀帝下令开凿了全长 1764 千米的京杭大运河，成为南粮北运的大动脉，为漕运传统提供了核心保障。唐宋时，与海外交住日益频繁，刺激了造船业的发展。泉州开元寺内陈列的宋代古船，提供了当时造船技术水平的方法。明初郑和下西洋所乘用的船，在船型设计、船坞设备等技术，都有相当高的水平。到如今，船只还是海洋、河流运输、游览不可缺少的工具。三亚、青岛、大连等海滨城市都有海轮观光的旅游项目，大明湖、西湖等著名湖泊开辟出画舫、龙舟、手划船等供游人乘坐，江南古镇则利用特有的乌篷船，开发出一叶叶扁舟，让游客在碧波荡漾、景色秀丽的湖水上，尽享人文与自然的和谐魅力。

第四节　节日娱乐

　　节日是按照历法时序排列而形成的周期性的、约定俗成的社会民俗文化活动日。节日民俗是岁时民俗的一种独特的表现形式，带有强烈的人文因素和浓厚的文化色彩。

　　中国节日数量之多，在世界上首屈一指。根据有关资料统计，中国古今节日约有1700多个，其中少数民族民间节日就有1200多个。除了传统的岁时节日外，还产生了许多适应现代生活需要，或是在某种历史背景下形成的一些纪念日或社会公共活动日。这些节日娱乐民俗具有时间性、地域性、民族性和形式多样性的特点，在旅游活动中形成一道亮丽的风景线。它在继承、宣扬民族文化，满足群众物质与精神需要，增强民族自信心和凝聚力，进行民族文化教育，繁荣民族地区经济等方面发挥着积极作用。

一、传统岁时节日

　　我们传统岁时节日风俗的起源、发展、演变过程，是一种潜移默化的过程，并渗入到人们生活方式的细枝末节，表现了一定时代人们的心理特征、审美情趣和价值观念。它们历史悠久、流传面广，具有普及性、群众性甚至全民性特点，其中影响较大的至今仍广泛流传的主要节日，按先后时序分别是：

1. 春节

　　春节俗称"年节"，是中华民族最隆重的传统佳节。从腊月二十三小年起就开始打扫房屋，置办年货，添新衣、贴春联等"辞旧迎新"的活动。春节是合家团圆的日子，在外漂流的游子，每逢春节都会不远千里赶回家吃团圆饭。多数地方有除夕夜（年三十）守岁的习俗，预兆来年精力充沛。春节的庆祝活动丰富多彩：拜年、燃爆竹、耍狮子、舞龙灯、扭秧歌、踩高跷、跑旱船等，为新春佳节增添了浓郁的喜庆气氛。

　　从东汉开始，我国流行在大年贴年画，形成了三大木刻年画产地，即天津杨柳青、苏州桃花坞和山东潍坊杨家埠。对联始于五代十国时期，一直流传至今。

　　吃年夜饭的习俗体现了中华民族有着悠久而灿烂的饮食文明风尚，北方人包饺子颇有讲究，比如除夕子时食用，取"更岁交子"的意思。饺子讲究皮薄馅足，不准捏破或煮烂。为讨吉利，有的饺子中放些糖，意味来年生活甜美；有的放长生果（花生），意味健康长寿；有的放硬币，意寓财运亨通。饺子做法也有地区差别，如北京人包饺子讲求实惠，饺子馅肉多菜少，一口一个"肉丸儿"；天津人喜欢拌水馅，香油、蛋液、酱油等齐全，爱吃个美味水灵劲；东北人独出心裁，将肉剁碎之后，用好汤浸泡，待肉末吸足汤汁后再包，别有风味。南方人吃年糕，也花样纷呈。江南一带喜欢做水磨年糕（年粑粑），西南少数民族爱吃糯粑粑，台湾同胞则吃红鱼糕……更有趣的是，各地年夜饭的菜肴随不同风俗而各异，但都少不了有一条"整鱼"，且这条"鱼"不能动筷子，因为"鱼"和"余"同音，余下它来，象征一年从年头到年尾天天吉庆有余。

拜年是人们相互走访祝贺春节，表示辞旧迎新的一种形式。拜年次序是：首拜天地神祇，次拜祖先真影，再拜高堂尊长，最后全家按次序互拜。拜亲朋的次序是：初一拜本家，初二、初三拜母舅、姑丈、岳父等，直至初五（破五）。各地次序上有所不同，有时一直延续至正月十六。

2. 元宵节

正月十五元宵节是中国传统节日中的大节，这一节日的主要节俗活动是吃元宵、燃放花炮烟火、张灯、赏灯，故又称"灯节"。同时，许多地方还举行玩龙灯、舞狮子、猜灯谜以及举行大型灯会等群众性娱乐活动。在东北还举行冰灯观摩欣赏，尤以哈尔滨兆麟公园的冰灯雕塑艺术最为著名。有趣的是，各地还有一些吃元宵的地方食俗。云南一些地方喜欢吃豆面团，河南一些地方则讲究吃枣糕，陕西人这天爱吃"元宵茶"，是在面汤里加入各种蔬菜和水果，很有风味。

3. 清明节

清明是中国历法中的二十四节气之一，标志着春耕时节的到来，节期在公历每年4月5日左右。有禁火寒食、祭扫坟墓、踏青郊游、荡秋千、插柳、放风筝、踏青等一系列风俗活动。其中扫墓秦以前已有，唐代成为定俗，宋代得到沿袭，一直延续至今。踏青又叫春游，古时叫探春，起源于唐代。荡秋千习俗盛行于唐代。清明节前两天为寒食节，是为纪念春秋时代晋国介子推的品德而设立的节日。相传晋文公重耳流亡之时，介子推曾"割股奉君"。重耳当政后，介子推不贪图升官发财而隐居于山西绵山，最后被烧死在山中。此后，每逢这天，大家禁火、吃寒食，以纪念介子推。这种风俗以山西最盛。山西绵山现已开辟成风景名胜区，山西介休市也由此得名。

4. 端午节

端午节节期在农历五月初五，是中国民间夏季重要的传统节日。大部分地区认为端午节源于纪念爱国诗人屈原。相传屈原于农历五月初五投汨罗江而死，至今端午节最主要的节俗活动是吃粽子、赛龙舟、挂香袋、饮雄黄酒、插菖蒲、采药等。包粽子这一习俗盛行全国，粽子的种类繁多，其中苏州、广东、北京、嘉兴、宁波的粽子及台河的八宝粽子被视为我国的名粽子。龙舟竞渡主要流行于我国南方地区。从 1991 年起，在湖南岳阳市举办的一年一度的国际龙舟竞赛，已闻名遐迩。

5. 中秋节

在中国人心目中，中秋是一个象征团圆的传统佳节，历来有"花好月圆人团聚"之谓。中秋的传统习俗是祭月、赏月、吃月饼、吃团圆饭及舞龙灯等活动，向远方的亲人送去缕缕相思与祝福。每逢中秋，一轮圆月东升时，人们便在庭院、楼台，摆出月饼、柚子、石榴、芋头、核桃、花生、西瓜等果品，边赏月，边畅谈，直到皓月当空，再分食供月果品，其乐融融。各地习俗不同，月饼也各具风味，按产地分有名的月饼有京式、苏式、滇式、广式、宁式月饼及福建的"五红"月饼等，南京人中秋爱吃月饼外，必吃金陵名菜桂花鸭。四川人过中秋除了吃月饼外，还要打杷、杀鸭子、吃麻饼、蜜饼等，在福建浦城，女子过中秋要穿行南浦桥，以求长寿。祭月赏月活动始于周代，北宋始定为中秋节，南宋成为普遍的活动，明清以来盛行不衰。上杭县人过中秋，儿女多在拜月时请"月姑"。广东潮汕各地有中秋拜月的习俗，主要是妇女和小孩，有"男不圆月，女不祭灶"的俗谚。中秋夜烧塔在一些地方也很盛行，也有儿童在柚子上插满香，沿街舞动，叫做"舞流星香球"。嘉定县中秋节还祭土地神，称为"看会"。

明初南京有望月楼、玩月桥，供人赏月。近年来，南京夫子庙已重新修葺，恢复明清年间的一些亭阁，疏浚河道。此外，我们现在观赏中秋月夜的旅游佳地还有：江西庐山月照松林、广西桂林象山夜月、青岛崂山太清水月、惠山二泉映月、苏州石湖串月、黄山邀月、大理访月、绍兴桨声灯影水乡月、苏州市网狮园的"月到风来亭"、杭州平湖秋月、三潭印月、三亚天涯明月、峨眉山月半抱秋等。

6. 重阳节

重阳节是每年的农历九月初九，为两个最大的阳数相重，故称重阳节，也叫重九节。重阳节的活动，主要有出游登高、赏菊、插茱萸、放风筝、饮菊花酒、吃重阳糕等活动来驱邪避灾，祈望健康长寿为目的。我国政府于 1988 年正式规定九月初九为敬老节，因此重阳节已由驱邪避灾变成了一个尊老、敬老、爱老的节日。

二、少数民族节日

中国少数民族丰富多彩的民族节日，是吸引游客观赏和参与的一项大有潜力的旅游资源，具有浓郁的民族风情特色。

1. 火把节

中国云南、四川两省彝、白、佤、布朗、拉祜、纳西、阿昌等民族，都有欢度火把节的传统。一般是在农历六月二十四前后举行。节日期间，村寨和田野的火把彻夜不熄，在节日高潮的夜晚，人们举着火把又唱又跳，闪动的火把不时组成各种绚丽多彩的图案，煞是壮观。

2. 泼水节

泼水节是傣族人民一个古老的传统节日。泼水节也就是傣历新年，同汉族春节一样，是辞旧迎新的日子。一般在农历清明前后 10 天左右举行。节日活动有集会游行、赛龙舟、放高升、敲象脚鼓、丢包等，但更重要的还是人们相互间追逐洒水，被人泼的水越多，说明受到的祝福也越多。

3. 那达慕大会

那达慕大会是蒙古族一年一度的传统盛会和节日，每年七八月举行。"那达慕"的内容包括传统射箭、赛马和摔跤比赛，还有拔河、歌舞表演及物资交流等传统项目。人们尽可领略草原风光和民俗风情。

4. 三月街

云南大理白族自治州的白族"三月街"（又称"观音节"），是远近闻名的物资交流大会。农历每年 3 月 15 日至 21 日在大理城北举行。节日期间，大理白族和附近各族人民云集于此，交流和选购各种商品。近年来，国内外客商也纷纷前往，形成了一个庞大的旅游节日。

5. "花儿"会

"花儿"亦称"少年"，是青海、甘肃、宁夏等省（区）民间的一种歌曲。曲调优美，时而豪放时而婉转。每年春播之后、秋收之前，都要举行大大小小的"花儿会"。

"花儿会"分为"整花"和"散花"。"整花"形式较固定，大都叙事抒情，"散花"则较为活泼，多为触景生情，即兴创作。人们用这种形式表达对理想的追求和对幸福生活的热爱。

三、现代节日

现代节日是指近现代才产生的节日。随着中华人民共和国的建立以及国内外文化交流的日益加强，一些外国区域性的或是全球性的节日也传入中国。由于它们是以年为周期，循环往复，且有各自特定的活动内容，因而具有了"节日"的形态。其中有代表性的是：公历 1 月 1 日"元旦"、3 月 8 日"国际妇女节"、5 月 1 日"国际劳动节"、6 月 1 日"国际儿童节"、7 月 1 日中国共产党诞生纪念日、8 月 1 日"建军节"、10 月 1 日"国庆节"等。另外，还有 2 月 14 日"情人节"、3 月 12 日"植树节"、4 月 1 日"愚人节"、9 月 10 日"教师节"、12 月 25 日"圣诞节"等。

随着中国现代旅游业的发展，旅游节事活动也伴随着一般性节日娱乐从无到有地成长起来，在这些旅游景点中，从观赏性表演到最后以游客参与为主的"大家乐"活动，几乎成为必不可少的一种旅游吸引因素，而宣传和推出各具特色的旅游节事更成为 20 世纪 90 年代以来中国招徕国际旅游者、开发传统民俗文化资源的重要内容。

近年来，旅游节事在中国的发展已为人注目，不少地区甚至已经建立起标志性的旅游节事，它们已成为反映旅游地形象的指代物。如山东潍坊国际风筝节、大连国际服装节、青岛啤酒节、广州春节花会、南京国际梅花节、苏州国际丝绸节、哈尔滨冰雪节、太原面食节等。这些现代旅游节事的开展，不仅能大大增强旅游吸引力，营造与平常迥异而浓厚的旅游氛围，而且能促进旅游经济各要素之间的组织、协作和发展，提升旅游目的地的知名度和美誉度，带动当地国民经济的迅速增长。

第五节　崇拜禁忌

一、原始崇拜

远古时期，先民世代繁衍生息于崇山峻岭里、碧海烟波旁，起伏的山峦、高耸的雪峰、茂密的森林、无边的平原，给了他们无穷的想象。一切解释不了的现象都被罩上神秘的阴影，于是人们开始崇拜主宰自己的神灵。

1. 图腾崇拜

先民们在靠采集野生植物和猎取动物求生存时，动植物成了人类生存必不可少的条件，原始氏族把有关动物尊奉为图腾来崇拜，如熊、狼、鹿、鹰等。在我国最典型、最普遍的图腾崇拜是对"龙"的崇拜。"龙"是我国古代人幻想出的一种动物，它既是祥瑞动物，又是掌管雨水的神灵，对于原始的农耕国度，其神奇作用太大了，而且古人认为"龙"与天帝有密切联系，因此古代帝王又自称"真龙天子"，是人与龙交合的产物。龙图腾崇拜对中华民族影响极为深远，在商周青铜器上就有大量龙的图案，故中华民族自称为"龙的传人"。正因如此，江浙一带的古越民族每年端午有祭祀龙图腾的"龙舟竞渡"活动，闻一多先生也认为这种龙图腾崇拜是端午风俗形成的渊源。民俗中二月二"龙抬头"也与龙在"春分而登天"的观念有直接关系。

2. 日月星辰崇拜

1960 年在山东黄县出土了四件陶尊，其中有两件陶尊上分别刻着描绘太阳、云气和山冈的图案。这些陶尊距今已有 4500 多年历史，是先民们用来祭祀日月、祈保丰收的祭器。我国古代原始的祭月拜月正是中秋节赏月风俗的源头。对星辰的崇拜也正是七夕拜星、乞巧风俗的渊源之一。

3. 天地崇拜

我国以农立国，人们赖以维持生命的是土地，没有土地，谷类便没有依托，所以劳动人民与土地分不开，更重视土地神崇拜与祭祀。土地崇拜早在夏商时期已存在，在甲骨文中就有大量祭祀"亳土"的卜辞。商代以后出现拟人化的土地神，西周以后，人们把土地称为社神或社主，把祭土地神的地方也称为社，"社稷"中的"社"指的就是"土神"，"稷"是"谷神"。祭祀土地神是在春、秋二季，称为"春社"和"秋社"。祭毕，祭品供众人分享，晚间，要搭台唱戏，称为"社戏"。后来，这一民俗活动变为"庙会"，成为农户和手工业者交换商品的盛大集会。神庙所在地，通常还要举行迎神赛会，绵延数里乃至十数里。鲁迅笔下将绍兴"社戏"和迎神会描绘得淋漓尽致，令人们难以忘却。

庙会发展到后来也逐渐与祭祀土地神的活动相分离，形成四种类型的庙会。陕西法门寺庙会、湖南南岳庙会、武汉归元寺庙会、拉萨罗布林卡庙会等均属于传统宗教型；夫子庙会（祭孔子）、药王庙会（祭孙思邈）、二王庙会（祭李冰父子）等属纪念祭祀型；北京地坛庙会、上海城隍庙会等属文化经贸型；还有一种为封建迷信型。庙会的文物保存价值与旅游观光价值均很高，常以经济、旅游、文化活动为内容，主办单位一般都能收到良好的社会效益与经济效益。

二、祖先崇拜

我国传统文化的基本特征和核心精神是重伦理，上古时代已开先河，到商周其风日盛。崇拜对象是氏族之祖、民族之祖、宗族之祖等，到春秋时代演变出儒家的孝道，提倡"视死如生"，祭祀则既复杂又繁琐。

汉民族祭祀的对象多为民族的始祖，如黄帝和孔子。相传，轩辕黄帝为中华民族的始祖，农历二月初二是他的生日，因此就有了"二月二，龙抬头"的传说。旧时，各朝国君常率百官大臣大祭黄陵。而今，也要举行盛大的祭典。如 2005 年祭祀主题为"龙腾中华，盛世祭祖"，旨在凝聚天下龙的传人，弘扬中华龙的精神。孔子是中华民族的文化祖先，是"至圣先师"，他的思想及学说对后世产生了极其深远的影响。在古代，因孔子学说与封建统治思想相吻合，将他推崇为"圣人"，各地多建有"文庙"，以方便祭祀。现在，每年 9 月 28 日的孔子诞辰日，在曲阜要举行大型的祭孔活动，将纪念先哲、交流文化、旅游观光、学术研讨、科技经贸融于一体，已发展成为丰富多彩、情趣盎然的大型综合性国际旅游节庆活动。

山西洪洞大槐树是闻名海内外的明代移民遗址，也是数以亿计的古槐移民后裔寻根祭祖的圣地。每年的清明前后，来自北京、河北、河南、山东、陕西等地的移民后裔，来自港、澳、台的同胞及海外游子，数万人聚集在古大槐树的石碑前，举行寻根祭祖仪式。人们站在祖先故土上，追忆祖先离乡之苦，创业艰难之历程，纷纷验证脚趾，共话桑梓情深……

三、人神崇拜

生前有功于人，死后为神，这是中国造神的准则。在人神信仰中，关羽为佼佼者，山西解州是关公故里，有全国最大的关帝庙，其信仰祭祀的规格，达到了顶点。又如姜太公、妈祖等，都是中国普遍崇拜的人神，在民间神龛里，魏征、唐僧、孙悟空、薛仁贵、樊梨花、赵匡胤、杨宗保、穆桂英、包拯、济公等，也都是座上神灵，充分表现着中国造神的随意性。社会上百工技艺都有自己的祖师爷，叫行业神。行行有神，既有一行多神，也有多行一神，如匠神鲁班、酒神杜康、茶圣陆羽和梨园行祖师爷唐明皇等。行业神是社会分工在神祀上的反映。所供神灵，大部分是历史人物或传说中人物。如福建、台湾等地区的"妈祖圣诞日"活动，几乎成为当地最隆重的旅游节事活动。

民间还有一系列俗神为人们所信仰，如福禄寿三星、喜神、财神、门神、送子娘娘神、谷神等。灶君俗称灶王爷，在民间是最深入人心的神，它是掌管饮食、司职命运、监察善恶之神。将它虔诚地供在灶头，腊月二十三晚上，以香火糖饴为之送行，大年初一在鞭炮声中再把它请回来。

四、鬼妖崇拜

中国自古流传，认为阴间是鬼的居所，并构筑了一套相当完整的管理机构——地藏、城隍、阎王、判官、牛头、马面、无常、小鬼、孟婆等，实际是人间政权机构的模仿。民间常用阎王、地狱来教育人，劝人为善，宣扬善有善报，恶有恶报。四川丰都称为"鬼城"，有阴司街，十八层地狱、阴曹地府等景点展示民间的"鬼"民俗文化。山西蒲县的东岳庙窑洞内组成"十八层地狱"，内塑五岳大帝，十殿阎君和六曹判官等，分塑有各种鬼吏和刀山、油锅、碾磨、锯解等共计120余具与人等高的塑像，是我国现存稀有的一组明代泥塑佳作。

妖仙是指一些禽兽草木之类的东西化成的仙家。在中国古代人眼里它们是亦仙亦妖的灵异。专门害人被视为妖，与人无涉或能福佑于人者则为仙。中国民俗中妖仙崇拜的对象主要是那些形状奇异的古树和带神秘色彩的动物，主要有狐（狐仙）、蛇（长仙)、黄鼠狼（黄仙）、兔（兔仙）、蛙（蛙神）等。这些崇拜现象在落后的山区和边远山区还有轨迹存在。

五、民俗禁忌

禁忌是人类普遍具有的文化现象。"禁"是禁止，即不允许，"忌"是一种因害怕或憎恶而力求避开的心理状态。因此，"禁忌"代表了一种约定俗成的禁约力量，是人们为了避免某种超自然力量带来的灾祸而自我约束、自我限制、自我规避的方法。

1. 禁忌的由来

关于禁忌的由来，主要有四种说法，即灵力说、欲望说、仪式说和教训说。灵力说是从人类信仰发展史方面阐述对禁忌的认识，认为禁忌起源于对灵力的崇拜；欲望说从心理学上对禁忌的来源进行追溯，认为禁忌起源于对欲望的克制和限定；仪式说从社会学角度对禁忌来源做了说明，认为禁忌起源于对仪式的恪守和服从；教训说则认为禁忌起源于对教训的总结和记取。

2. 禁忌的体系

禁忌的体系由预知系统、禁忌系统和禳解系统三部分组成。

预知系统是判定和预知吉凶。在中国，有许多预知信仰，大体可分为"兆"和"占"两类。兆，是兆示现象，认为是上天或者鬼神的告示。占，就是占验，是判定兆示是吉是凶的过程。认为通过兆示和占验，可以预知胜负、生死、得失、晴雨……占验的结果，则产生各种禁忌。

禁忌系统的任务是在吉凶的征兆尚未形成或到来之前，通过禁止或避开某些行为的方式达到"逢凶化吉"、"避难呈祥"的目的。禁忌系统是一种以没有行为表现的意识民俗形态，是巫术的一种。它笃信"心诚则灵"、"精诚所至，金石为开"的心灵感应。

禳解系统一般是发生了忌讳的事情或违反了禁忌的规则之后而进行的活动，是禁忌重要和必要的补充手段。禳解也是一种巫术，它通过拔禊、符、咒、压胜等手段达到禳解的目的。民间还流行着破财、叫鬼、请神、驱鬼等消灾解厄的办法。这些方法是"用更强硬的灵力"去对付带来灾祸的灵力。反之则用祈祷仪式，即通过乞求的手段，向鬼神献媚、许愿、乞求，即民间的烧香、祈祷、求神、上供等，使鬼神怜悯而不再降祸于人。在戏曲、书籍以及我们日常生活中看到的既禳解又祈祷，叫先硬后软，或者反之叫先软后硬，二者并用在民间即祈禳。

3. 禁忌举例

寒食节的由来，除与介子推有关外，另一种说法是渊源于古代禁火俗。因为林木干燥一冬后，到开春易失火而提倡禁火冷食。后来被统治阶级纳入礼仪中，从寒食到清明，又形成礼俗固定下来，直到现今。

每年春季，正是瘟病与流行感冒易发时节，因此古代人要在这个时候举行"修禊"活动，即洗澡、打扫、防疫，是古人消除不祥之祭。这就是三月初三的上巳节。在古代尽管对流行病缺乏必要的认识，但在发病季节提倡讲究卫生也是值得称道的。每年五月正是流行病、瘟瘴疫情多发之际，五月端午一系列风俗，尤其是清扫除毒习俗的形成，都起到祈禳的功效——逢凶化吉。

古代对单月单日，如正月初一（春节），三月三日（上巳节）、五月五日（端午节）、七月七日（七夕节）、九月九日（重阳节）等，认为都是极不吉利的日子，非"凶"即"恶"。如"年"本是凶兽，人们用敲锣放炮、挂门神、跳傩舞等仪式祛邪驱鬼；五月初五是恶月恶日，瘟疫横行，人们用清扫、祭祈的祈禳活动避灾除恶；九月九日佩茱萸登高，饮菊花酒以消灾免祸。正是针对这些恶月恶日而祛凶化吉，便形成了今日的节日。

民俗文化无处不在，无所不包，涵盖着人们生活的方方面面，它像空气一样伴随着人们的人生。关键是如何对待这些民俗事象呢？我们知道，从古流传至今的中国民俗文化，总的来说是中华民族一份珍贵的精神文化遗产。但由于时代的局限性，必然存在一些封建和迷信的东西，这就需要我们进行批判的继承。一方面利用民俗文化所包含着的中华民族文化精华进行爱国主义教育；另一方面也应批判封建糟粕，提倡移风易俗，以促进现代文明的建设。当前，摆在我们面前的一项重要任务，就是要通过科学的调查分析，探寻民俗改革的途径，以发扬良俗、改革陋俗，使之适应于新形势、新生活的需要，也是民俗旅游的生命线。

【本章小结】

民俗是一种历史文化，是人类社会时代创造、传承并享用的风尚、习惯。节庆、服饰、建筑等民俗都有自己丰富的历史内涵和文化底蕴，并且具有极强的观赏性和参与性，它们以自己独特的美构成了旅游文化中的一个精品。民俗文化旅游是异地跨文化旅游欣赏活动，是双向的审美活动，因此更利于异域环境下的跨文化交流。

第七章　旅游艺术文化

【学习目标】

1. 懂得如何欣赏中国画

2. 了解中国丝织与刺绣的种类

3. 了解中国地方戏曲和歌舞的代表作

【章节导读】

旅游既是一次艺术欣赏活动，也是一个充满艺术性和审美乐趣的过程。艺术是人类创造的宝贵的精神财富，它能够陶冶人们的情操，净化人的心灵，鼓舞人的精神。旅游资源中包含着大量的艺术产品。这些艺术产品包括绘画、书法、雕塑等，甚至还有古乐、曲艺等动态的演出。这些都是中国传统文化的宝贵遗产。本章通过对艺术文化的介绍，可以让读者获取一定的知识信息，丰富其知识水平及阅历，更主要的是能培养和提升读者的旅游审美意识，并使旅游者将智力的丰富、体魄的锻炼、品性的完善积极地结合起来。

第一节　艺术鉴赏概述

艺术是对音乐、美术、戏剧、舞蹈、影视以及曲艺、杂技等的总称。根据结构不同，艺术可分为时间艺术、空间艺术和时空艺术。

时间艺术首推音乐，主要是在一定的时间段过程中延续地展开。像乐曲演奏，它们为听众提供的艺术形式都是在一定时间里具有节奏性、程序性的展开。一般都是经过起始到终结，在这段时间过程中召唤欣赏者的审美欲望与审美感受。

空间艺术首推绘画和雕塑艺术，也包括建筑艺术。空间艺术的表现形式，主要是在一定的空间并列式地展开。对绘画而言，一般是二维的平面化空间，而雕塑则一般占有三维空间。绘画、雕塑的艺术内涵、情感表达，都是在一个特定空间，而且是静态性地实现，由于这种特性，使绘画、雕塑这类艺术和空间结缘，才能充分显示它的生命力和魅力。

时空艺术首推舞蹈，还包括其他一些表演形式，是人类最早的艺术活动之一。在原始时期，人类就创造了难度较大而又很美的舞蹈艺术。音乐也只有伴随这种舞蹈才动听。舞蹈是人用自己的身体按照一定节奏进行的连续性的运动，既是时间的艺术，又是空间的艺术。

根据形象符号体系的不同，艺术形态可分为造型艺术、非造型艺术、造型与非造型的综合艺术。

造型艺术是诉诸视觉感官的艺术，符号体系是静态的，是可视的，可以触摸的实体存在。绘画、雕塑就属于造型艺术，建筑、摄影、工艺美术、民间美术也可划归于造型艺术。

非造型艺术是诉诸听觉感官的艺术，符号体系是动态性的，带有超越物像原型、自由变化的物质，给人以听触觉感，仿佛是转瞬即逝、扑朔迷离、虚幻性的精神存在，音乐是具有代表性的非造型艺术。

造型与非造型综合艺术首推戏剧表演艺术，最基本的情感符号是动作。戏剧动作是经过组织的连续性造型系列，它能展开一个完整的戏剧情境，还能预示着未来的发展。道白是戏剧动作的一部分，是人类生活高度凝聚化、特殊化的戏剧性情感符号。

在旅游活动中，涉及大量的艺术形式。对旅游主体——旅游者来讲，艺术鉴赏能力强，审美水平就高，旅游质量也会提高。同时，艺术本身又是重要的旅游客体，即旅游资源，是人文旅游资源的重要组成部分。对于旅游媒体即旅游企业而言，艺术更加重要，旅游资源的评估、开发、宣传离不开艺术，游客的组织、导游的素质都与艺术有关。因此，旅游从业人员很有必要学习艺术知识，以增加我们的专业积淀。

第二节　书法与绘画

一、书法艺术鉴赏

书法是中国的传统艺术之一。书法是以毛笔书写汉字的方法，来表达作者精神美的艺术。它的基本要求有：一是使用柔软的毛笔，是指毛笔字书写的法则，主要包括执笔、运笔、点划、结构、分布等方法；二是书写形象丰富的汉字，是指以书写汉字来表达作者的性格、趣味、学养、气质等精神因素，侧重于"心画"。二者相融合，便构成了中国的书法艺术，从书法构成的要素来说，包括了三个方面：一是笔法，要求熟练地执使毛笔，掌握正确的指法、腕法、身法、用笔法、用墨法等技巧；二是笔势，要求妥当地组织好点画与点画之间、字与字之间、行与行之间的承接呼应关系；三是笔意，要求在书写过程中表现出书者的气质、情趣、学识和人品。我国的书法艺术有3000 多年的历史，之所以成为一门艺术，主要取决于中国人善于把实用的东西升为美的艺术，同时与中国独特的文字和毛笔关系密切有关。

1. 书法艺术及其审美特征

书法是以书写汉字为基础，通过布局、结构、用笔、用墨及点画运动来表达意蕴的艺术。

中国书法之所以能够成为一门艺术，最基本的原因在于汉字和毛笔的特性，因而能写出粗细、刚柔、顿挫、干湿、浓淡等种种不同形态和意趣的结构和点画，并由此产生丰富的笔法体系，变化无穷，正是这个特殊的工具使中国人的书法有可能成为一门世界独特的艺术。汉字是方块字，中国最早的文字中大部分是象形字，是用简练、概括的线条描摹对象形状的造字法，和使用线条画画很相似，所以中国素有"书画同源"之说，这就形成了汉字"以形示意"的特点，对中国书法成为一门艺术影响很大。

中国书法是中华民族审美经验的集中表现，中国的书法不仅本身有悠久的历史，形成各种书法流派和许多独具风格的书法家，而且在书法的发展中吸收了姊妹艺术（如绘画、音乐、舞蹈、建筑等）的经验，丰富了自身的表现力。因此，中国的书法具有重要的审美价值。我国现代书法家沈尹默曾说：世人公认中国书法是最高艺术，就是因为它能显出惊人奇迹，无色而具有图画之灿烂，无声而有音乐之和谐，引人欣赏，心旷神怡。特别是书法与文学的结合更加深了书法的精神内涵，使书法成为一种表达高深意境和情操的民族艺术。

人们通过书法去表现自己的生命情思，又从书法线条中看到自我、看到自己的审美趣味和审美追求。例如，借"行云流水"的舒缓流畅的节奏表现人的愉快，借苍松盘根错节、扭曲延伸的节奏表现人的坚忍不拔。所以在中国书法里把人的情感、自然的节奏、点面的形式熔为一炉，三者之中关键在情。自然节奏，点画运动都是为了表现情感意蕴。

2. 书法的整体要求

一幅完整的书法作品在笔法、墨法、结体、款识、章法等方面都有严格的规范。

笔法，即写字作画用笔的方法，中国书画主要都以线条表现，所用工具大多是尖锋毛笔，要使书画的线条点画富有变化，必先讲究执笔，在运笔时掌握轻重、快慢、偏正、曲直等方法，称为"笔法"。

墨法，亦称"血法"。一曰：用墨之法。前人谓水墨者，字之血也。墨过淡则伤神采，太浓则滞笔锋。用墨作风，一方面往往因时因人而异。如北宋浓墨实用，南宋浓墨活用；刘墉喜用浓墨，梦楼专尚淡墨。另一方面，又常因书体风格、纸张性能的不同而有所区别。二曰：磨墨之法。研墨要凉，凉则生光。墨不宜热，热则生沫。盖忌其研急而墨热。

结体，亦称"结字""间架""结构"，指的是每个字点画间的安排与形势的布置。汉字尚形，书法又是"形学"，故结体尤显重要。汉字各种字体，皆由点画联结，搭配而成；笔画的长、短、粗、细、俯、仰、缩、伸，偏旁的宽、窄、高、低、欹、正，构成了每个字的不同形态，要使字的笔画搭配适宜、得体、匀美，研究其结体必不可少。

款识，古代钟鼎彝器七铸刻的文字叫款识。有三种说法：①款是阴文凹入者，识是阳文凸出者；②款在外，识在内；③花纹为款，篆刻为识。后世在书、画上标题姓名，也称"款识"、"题款"或"款题"。画上款识唐人只小字藏树根石罅，书不工者多落纸背。至宋代，始记年月，也仅细楷，书不两行。唯苏轼有大行楷，或跋语三五行。元人从款识姓名年月发展到诗文题跋，有百余字者。至明清题跋之风大盛，至今不衰。

章法，指安排布置整幅作品中，字与字、行与行之间呼应、照顾等关系的方法，亦即整幅作品的"布白"，亦称"大章法"。习惯上又称一字之中的点画布置和一字与数字之间布置的关系为"小章法"。章法在一件书法作品中的作用十分重要，书写时必须处理好字中之布白、逐字之布白、行间之布白，使点画与点画之间顾盼呼应，字与字之间随势而安，行与行之间递相映带，如是自能神完气畅，精妙和谐。产生"字里金生，行间玉润"的效果，布白的形式大体有三：一是纵有行横有列；二是纵有行横无列（或横有行纵无列）；三是纵无行横无列。它们或有"镂金错彩"的人工美，或具"芙蓉出水"的自然美。

3. 书法的造型

中国文字的起源年代尚无确切考证，据古籍中有关"伏羲画卦"、"仓颉造字"等可推知大约是原始公社即氏族社会时代。同时可知中国文字形成的基础是"依类象形""同物构思"，实际上就是一种原始的画，这就使得中国文字的书写一开始就具有某种造型因素，在接近于现实事物的多样的笔画和形体结构中已含有形式美的一些基本要素。随着中国文字的书写所包含的美的因素越来越为人们所认识和重视，并被人们自觉地加以强调和讲求，中国文字的书写就逐步成为一种艺术。具体说来，书法区别于汉字是春秋时期，至于书法艺术真正臻于自觉和成熟，是汉魏、晋时代，其显著标志是书法的不断更新，就大的类别来说有篆书、真书、隶书、行书、草书 5 种。

篆书是 5 种字体中出现最早的一种，它通常包括甲骨文、金文、大篆和小篆。甲骨文虽然主要是用于占卜等实用目的，但已具备了书法艺术的一些最基本要素，行款错落、大小变化、疏密有致、笔画方折，挺劲、粗细也常有变化，并已出现雄浑、秀丽、朴拙、工整等不同风格，可以说甲骨文是中国书法艺术的起点。金文在甲骨文基础上更趋规范化，字体方正齐整。笔画分布均匀对称，用笔技巧也更丰富多样，章法上比甲骨文更加严谨、端庄，体势恢宏，风格或厚重，或俊秀，或庄严，或苍茫，多姿多彩。籀文后称大篆，体势方整，流畅宏伟，用笔遒劲圆活，结构严谨，风格古朴，被誉为"千古篆法之祖"。小篆字体较大篆简化，字形统一笔画粗细匀称，不露锋芒，线条圆润、美观。总体来说，篆书还留有古代象形文字痕迹。

隶书是篆书简化演变而成的一种字体，为了便于书写，隶书把篆书简化演变为方折，在结构上改象形为笔画化，更加强调平衡对称，整齐一致。笔画讲求波磔，横画具有燕尾的形状，左右舒展，给人以飞越的感觉。

在由篆至隶的演变中，由于毛笔快写和笔法发展，草书也开始孕育。最初的草书结构简约，上下字独立而不连写，保留有隶书笔法形迹。到汉末草书逐渐脱去隶书中波磔笔画，使上下字笔势牵连引带，连绵不断，线条流畅婉转而富有韵律感。唐代更有狂草出现，用笔更加放纵。笔势连绵环绕，字形变化多端，笔走龙蛇，气脉相通，使书法艺术的表现力大大提高。

真书即楷书，是隶书的变体，始于汉末，盛行于魏晋南北朝，在唐代达到顶峰。楷书形体方正，笔画平整，省了隶书的波磔，用点画、钩戈、撇捺构成了长短正斜，俯仰照应的整体，比篆、隶更加多姿多变，比草书规范易懂。楷书在发展过程中，书家辈出，风格多样，著名的有欧体、颜体、柳体、赵体等，各具神韵。

行书"非真非草"，既不像草书那么放纵难辨，也不像楷书那样严整端正，行书用笔流杨，离方遁圆，笔锋轻转而重按，如行云流水，生动活泼，给人一种轻松自如的美的感受。

书法也是一种抽象的造型艺术。一般的造型艺术如绘画、雕塑等以模拟或表现现实形象而被称作形象艺术，而书法是不能被称作形象艺术的，因为它不模拟现实形象和它们的形体的动态，其点画、造型都不是也无须反映客观现实形象。

字是由各种走向的线条组成的，书法的造型美，也是靠线条来形成艺术感染力的。美的线条有如下特点：

圆，即具立体形象。形象是多种多样的，细嫩的线条使人感到清新的美，粗壮的线条让人赞叹雄强的美。书法的线，至细至粗，都要保持圆的立体的形象，令人确实感到"粗不为重，细不为轻"。要使线条圆，可中锋用笔，使笔尖沿着点画的中线运行。黄庭坚的行书凝重、遒劲，朴素的狂草飘逸不群，都是中锋用笔的结果，那健美的形象不能不使我们赞叹不已。

劲健，即具活力。美的线条具生命力。体操运动员动作刚中带柔，柔中有刚，劲健的美，就会产生强烈的艺术感染力。但劲健不等于强硬，机器人很有力量，但动作显示不出弹性，劲健的美，书法的线具备了这种美，即富有变化。书法的线条美离不开轻、沉、疾、徐、抑、扬、顿、挫，也就是说不能平拖涂抹，否则过于单调。

自然，即具天趣。圆、劲健、丰富都离不开自然。自然的美、天真的美都给人一种纯真、向上的感染。瀑布的壮观、清泉的明澈都是美的，他们都有共性的自然之美，儿童大字，有一种自然的稚气，这种天真的稚气往往也是美的。所以，书法的风貌不能刻意做作，只能水到渠成，得其所归。

4.书法艺术的欣赏

书法艺术之所以能够引起人们的美感，并不仅仅由于它的某些自然属性，也不是凭借传统形成的抽象观念，而是由于人们在与其接触中看到了自己的本质力量，发现了与自己创造性的生活相联系的东西。因此，对书法艺术的欣赏，也是对自我的审视与对照。

一是正确的审美观念。首先，欣赏主要是通过可供欣赏的对象来感受、体味、领悟，从中获得愉悦，接受美的教育；其次，书法欣赏还要有主动的情感体验，既有对书法作品的情感体验，形成新的意象和意境，从而达到情感愉悦和升华，同时欣赏者还不断对自身的情感进行体验，甚至调整、净化，以实现最终欣赏目的，就是说欣赏是一种主动求取，而不是被动接受；最后，书法欣赏还具有差异性，既然欣赏是一种情感体验，那么就会受到每一个欣赏者的审美的能力、审美趣味、爱好、立场、观点、艺术修养、心理素质等影响而产生不同感受。当然，不是说欣赏没有客观的审美标准，只是说这种欣赏带有强烈的主观色彩。它不要求一定要与客观的审美标准相一致，也不要求人与人的欣赏都达到一个程度：如钟繇的字有人说如"云鹄游天，群鸿戏海"，又有人说他如"踏死蛤蟆"。王羲之的字有人说他"体势雄逸"如"龙跳天门，虎卧凤阙"，也有人说"有女郎才而无丈夫气"。

二是富于成效的欣赏方法。首先是整体感受。一点一画组织起来成为一个字就是一个整体，一幅书法作品也是一个整体。欣赏它，首先须有全局观念，也就是要从整体出发，感受其整体的形式美，注意笔与笔之间意思相互呼应，顾到整体，讲点画，又讲"分布"，既要看实的地方，又要看虚的地方；既要看密的地方，又要看疏的地方。其次是综合体验，主要是感受一幅书法作品中书家的综合素养。古人讲"书如其人"，人的因素在感受书法作品时是不能不考虑的。一幅书法作品都是特定时间地点特定时代的产物，其有意无意熔铸在作品中的情感及审美取向，也必然受到这方面的影响。因此，就作品本身谈感受是不够的，还要把作品的诞生环境考虑进去。

三是博观比较。欣赏作品需要博观。书法呈现多样化的美，不同书体、风格、流派都有不同美的表现。只有对它们进行广泛的观照，才能获得艺术享受。同时，在博观的同时，也是比较的过程，包括不同书体、风格、流派的比较，也包括同一书体、风格、流派的比较，甚至同一书家的不同作品，同一作品的不同结构、笔画等，都有博观比较的问题。

二、书法艺术的欣赏范畴

欣赏者从书法形体、线条的变化看见书写者内在的思想感情，这是基于对艺术的认识，而认识的基础是实践。关于书法的"书"字，在古代只是指写字，但人们书写时加入了思想感情，通过形式和内容的结合渗情入法，法融于情，书法的作品又超出了汉字本身功能。在用笔上，书法上的"雄强"、"沉着"、"入木三分"、"力透纸背"等都是讲力。力从何表现？从用笔表现，笔本身没有力，所以表现力是通过人的心。通过人的手，心信任手，手信任笔，笔信任纸。古人说："价笔力者多骨，不擅笔力者多肉。"

书法欣赏中也讲笔的气韵，即生气、气势、韵致等。其本质上是一种节奏、韵律，书法家通过自己的领悟与技巧把自然中的节奏、韵律，融入到作品中，使书法的笔画，一字一行，以及整幅作品都给人一种音乐般的节奏感、韵律感。

三、绘画艺术鉴赏

绘画艺术是造型艺术中最主要的一种艺术形式，是依赖视觉为媒介的"视像艺术"，它运用形、光、色，以点、线、面等造型手段，在二度空间中塑造具体的个性化的视觉形象来反映生活，表达创作者的审美感知和审美理想。绘画门类非常广，主要包括国画、油画、水彩画、版画、壁画、漫画、连环画、素描、日本画等。

1. 国画

中国画简称"国画"，是我国传统造型艺术之一，中国画的历史最早可追溯到原始社会新石器时代的彩陶纹饰和岩画，原始绘画技巧虽幼稚，但已掌握了初步的造型能力，对动物、植物等动静形态亦能抓住主要特征，用以表达先民的信仰、愿望以及对于生活的美化装饰。

先秦绘画已在一些古籍中有了记载，如明堂、庙祠中的历史人物，战国漆器、青铜器纹饰，楚国出土帛画等，都已达到较高的水平。

秦汉绘画艺术空前发展与繁荣尤其是汉代盛行厚葬之风，其墓室壁画及画像砖画像石以及随葬帛画，生动塑造了现实、历史、神话人物形象，具有动态性、情节性，在反映现实生活方面取得了重大成就。其画风往往气魄宏大，笔势流动，既有粗犷豪放，又有细密瑰丽，内容丰富博杂，形式多姿多彩。

魏晋南北朝时期绘画取得了较大的发展，佛教美术勃然兴起，如新疆克孜尔石窟、甘肃麦积山石窟、敦煌莫高窟都保存了大量的该时期壁画，艺术造诣极高。由于上层社会对绘画的爱好和参与，还涌现出一批有文化教养的上流社会知名画家，如顾恺之等。这一时期画史画论等著作开始出现，山水画、花鸟画开始萌芽，这个时期的绘画注重精神状态的刻画及气质的表现，以文学为题材的绘画日趋流行。

隋唐时国家统一，社会相对稳定，经济比较繁荣，对外交流活跃，给绘画艺术注入了新的活力，在人物画方面虽然佛教壁画中西域画风仍在流行，但吴道子、周昉等人具有鲜明中原画风的作品占了绝对优势，民族风格日益成熟，展子虔、李思训、王维、张璪等人的山水画、花鸟画以工整富丽，取得了较高的成就。

五代两宋之后，中国绘画艺术进入了鼎盛时期，宫廷绘画盛极一时，文人学士亦把绘画视作雅事，并提出了鲜明的审美标准，故画家辈出，佳作纷呈，而且，在理论上和创作上亦形成了一套独有的体系，其内容、形式、技法都出现了丰富精彩、多头发展的繁荣局面。

绘画发展至元、明、清，文人画获得了突出的发展。在题材上，山水画、花鸟画占据了绝对的地位。文人画强调抒发主观情绪，"不求形似"、"无求于世"，不趋附大众审美要求，借绘画以示高雅，表现闲情逸趣，倡导"师造化"、"法心源"，强调人品画品的统一，并且注重将笔墨情趣与诗、书、印有机融为一体，形成了独特的绘画样式，涌现了众多的杰出画家、画派，以及难以数计的优秀作品。

中国绘画是中国文化的重要组成部分，根植于民族文化土壤之中。它不单纯拘泥于外表形似，更强调神似。它以毛笔、水墨、宣纸为特殊材料，建构了独特的透视理论，大胆而自由地打破时空限制，具有高度的概括力与想象力，这种出色的技巧与手段，不仅使中国传统绘画独具艺术魅力，而且日益为世界现代艺术所借鉴吸收。它在世界美术领域中自成体系，大致可分为人物、山水、界画、花卉、瓜果、翎毛、走兽、虫鱼等画科；有工笔、写意、勾勒、设色、水墨等技法形式。设色又可分为金碧、大小、青绿、没骨、泼彩、淡彩、浅降等几种，主要运用线条和墨色的变化，以钩、皴、点、染，浓、淡、干、湿、阴、阳、向、背、虚、实、疏、密和留白等表现手法，来描绘物象与位置；取材布局，视野宽广，不拘泥于焦点透视，有壁山、屏障、卷轴、册页、扇面等画幅形式，辅以传统的装裱工艺。

中国画常用的几种技法是工笔、勾勒、皴法、写意等。

所谓"工笔",亦称"细笔",与"写意"对称,中国画技法名。属于工整细致一类密体的画法。如宋代的院体画、明代仇英的人物画、清代沈铨的花鸟走兽画等。

"勾勒"主要指用笔方面的技法:用笔顺势称"钩",逆势称"勒";也有以单笔为"钩",复笔为"勒"(使用于山水画中为"复");以及称左为"钩",右为"勒"。通常指用线条勾描物象轮廓,不分顺、逆、单、复,称为"双钩"。勾勒后大都填着彩色,在技法上与"没骨""点簇"相对,一般使用于精密工细的花鸟画。

皴法是用来表现山石和树皮的纹理。山石的皴法主要有披麻皴(亦称"麻皮皴",董源、巨然用之,有长短之分)、直接皴(关仝、李成用之)、用点皴(亦称"芝麻皴",形大的称"豆瓣皴",范宽用之)、卷云皴(李成、郭熙用之)、解索皴(有直解索、横解索,诸家用之者多,王蒙一变为细长飘曲之状,称"游丝袅空法")等,上述皴法,乃历代画家根据山石的地质结构的外形,树木的表皮状态,而创造的表现形式,后入列为程式。随着自然界的变迁改造和绘画技法的演进,各种皴法将不断发展。

写意,俗语"粗笔",与"工笔"对称,中国画技法名,属于简略一类的画法。要求通过简练概括的笔墨,着重描绘物象的意态神韵,故名。如南宋梁楷、法常,明代陈淳、徐渭,清初朱耷等,均擅长此法。

中国画的分类即分科,我们在日常生活中也接触到一些耳熟能详的国画名称,如文人画、宗教画、院体画、民间画、动物画、浅绛山水画等。

文人画,亦称"士夫画",是中国画的一种。泛指中国封建社会中文人、士大夫所作之画,以别于民间画工和宫廷画院职业画家的绘画。

历代文人画对中国画的美学思想以及对水墨、写意画等技法的发展,都有相当大的影响。

宗教画,取材于宗教之教义、故事和传说且服务于宗教宣传的绘画。如道教中表现神仙的画像,佛教中表现佛本生故事的绘画。

院体画,五代时的西蜀、南唐设置画院,宋代设翰林图画院,选优秀画家,为皇室宫廷服务。历代画院里所画的山水、花鸟、人物等,大都是要求用笔设色工整细致、富丽堂皇、构图严谨、色彩灿烂,有的有较强的装饰性,称之为院体画。

民间画,专以绘画为生存手段而迎合一般市井习俗而从事绘画的街头艺人所作的种种画称作民间画。民间画又称匠人画,比起院体画缺乏严格的技巧训练,比起文人画,缺乏文学和理论修养。但是,它又趋于朴实、热烈,某些优点也是文人画与院体画所不及的，也有时为文人画和院体画所吸收。

动物画，在中国画中以动物形象作为艺术语言，以表达人的希望、幻想和各种感情的一种绘画，描绘的题材很广泛，凡动物均可入画，但主要对象为人们常见的家禽、家畜和动物园中的各种动物。动物画不要求惟妙惟肖，允许夸张与变形，但要有个性，要能引起观众的共鸣和生活美的联想。

扇面画，在中国画门类中，历代书画家都喜欢在扇面上绘画或抒情达意，或为他人收藏或赠友人以诗留念。存字和画的扇子，保持原样的叫成扇，为便于收藏而装裱成册页的习称扇面。从形状上分，又有圆形的团扇和折叠式的折扇两种。

水墨画，指纯用水墨所作之画。始于唐代，成于五代，盛于宋元，明清及近代续有发展。以笔法为主导，充分发挥墨法的功能。"墨即是色"，指的是墨的浓淡变化就是色的层次变化。"墨分五彩"，指色彩缤纷可以用多层次的水墨色度代替。

2. 油画

油画是西洋绘画中的一个主要的画种，是用快干油质调和颜料，绘制在经过处理的画布、板、厚纸或墙面上的绘画艺术。20世纪初我国研习油画者渐多，其中李叔同（1880~1952年）最早研习油画并把这种技法介绍到中国来。

点和线是油画的重要表现手法。一切笔法均出发于点，点画法是一种表现层次的重要技法。线是指用笔勾画的线条，东西方绘画开始时都是用线造型的，东方绘画的用线也影响了很多西方现代大师的风格，如马蒂斯、凡·高、毕加索、米罗和克利等都是用线的高手。

3. 水彩画

水彩画是以水调和颜料所作之画。颜料系用胶水调制，可溶于水，利用颜料的这一特性，水的渗溶效果及纸的底色，易产生透明感及轻快、湿润的艺术效果。有干、湿、粗笔、细笔等不同画法。始于15世纪欧洲，18世纪在英国有很大发展，19世纪初，英国成立水彩画家协会，出现专门的水彩画展。近代，我国留学海外习画者将其带回国内。由于我国有悠久的水墨画传统，与水彩画相似，故较易为中国画家所接受，并将中国画用笔的特点和意境的处理融会贯通，使之具有中国民族风格。

4. 版画

各种不同材料的版面上通过手工制版印刷而成的一种绘画。可有限制地复印出多份不影响其艺术价值的原作。中外最早的版画的形式是木刻复制版画，如我国唐代咸通九年（868 年）刻制的《金刚经》扉页画，《说法图》等，系由技工根据画家画稿刻印的版画。18 世纪起才开始有画家自己绘稿、自己制版、自己印刷的创作版画。作为造型艺术的版画，是指创作版画。由于版材受墨部位、版材性质与制版印刷方法等的不同，可分为不同的品种。

5. 壁画

壁画是指绘制在土砖木石等各种质料壁面上的图画。按其所绘场所，可分为殿堂、墓室、寺观、石窟等壁画。中国壁画起源很早，新发现的有秦咸阳宫殿建筑遗址出土的壁画残片，西汉卜千秋墓及洛阳王城公园墓，则为完整的墓室壁画。现存遗迹分布地域广泛，数量可观，时间上延绵两千余年。其题材内容十分丰富，殿堂和墓室壁画多描绘历史人物及故事、神话传说和贵族官吏富豪的奢华生活，并有生产、战争、社会习俗等场面，间有神灵异兽、山川花木、日月星云等图像，寺观、石窟壁画以释道神仙和宗教故事为主体，穿插生产、世俗生活场面。

6. 素描

素描是绘画的一种表现形式，也是一个独立的画种。它以单种颜色作为表现形体、表现空间的手段。通过对素描造型不断深入的探讨，加强对形体、结构、空间内在因素等诸多方面的认识，加强对造型手段、方法的研究，从而初步掌握造型艺术的基本规律，确立一整套正规、严密、科学的思维方式。

第三节　雕塑与篆刻

用雕、琢、刻、顿等手段制作出具有实在体积的各种艺术形象，总称为雕塑。雕塑与建筑、绘画、工艺美术等并称为造型艺术。它是在三度空间的立体形式中再现生活，用物质性的实物形式来塑造形象的一种艺术形式。

篆刻是书法（主要是篆书）和镌刻（包括凿、铸）结合来制作印章的艺术。从明清流派篆刻算起已有近 500 年的历史，而明清流派篆刻是由古代印章发展而来的，古代印章以独特的风貌和高度的艺术性，为篆刻艺术奠定了优良的基础。所以，篆刻艺术史可以上溯到 2000 多年前的春秋战国时代。

一、雕塑的分类

雕塑是雕、刻、塑三种制作方法的总称。使用各种可塑的材料，如黏土、油泥等制作的手法叫塑造，以种种可雕可刻的硬质材料，如石头、木头等制作的手法叫雕刻。雕刻硬质材料用的是削减法，单造软性材料主要是用堆加法。人们有时把泥塑和石膏像叫作雕塑，而把木雕、石雕等称作雕刻，就是从二者制作过程中所使用的这两种不同技法出发的。通常以铜或其他金属铸造或焊接而成的作品也属于雕塑。

1）雕塑就其形象的展示方式来看一般可以分为圆雕和浮雕两大类。圆雕是占有实在空间的三维实体，可以从各个方面观赏。圆雕一般不带背景，它主要是通过自身实在的体积和与之相协调的环境构成统一的艺术效果，一般认为圆雕最能表现出雕塑艺术的特点。浮雕是指在一块底板上由雕塑手法制成的，占有一定空间的，被压缩的实体所构成的雕塑形式。压缩的只是被表现形体的厚度，按压缩的程度（凸出主体与底板的不同距离），浮雕可分为高浮雕、低浮雕和薄浮雕三种。浮雕只有一个观赏面，其底板可以表现一定的环境、背景，加上作品的空间深度。浮雕一般用来作为建筑装饰，在表现大的场面上比圆雕自由。如北京天安门广场人民英雄纪念碑浮雕。

2）按照材质分类，雕塑可分为泥塑、木雕、石雕、铜雕等。在雕塑上施以粉彩叫彩雕或彩塑。按照作品题材内容的性质和用途来划分，雕塑可以分为纪念性雕塑、装饰性雕塑等。按照放置位置和环境划分，雕塑可分为城市雕塑、园林雕塑、室内雕塑、室外雕塑、架上雕塑、案头雕塑等。人像雕塑按部位划分有头像、胸像、半身像、全身像之分。彩塑是我国雕塑艺术中的一种重要样式。因雕塑的材料能长期保存，并能起到装饰和美化建筑、器皿等作用，故常带有永久性和纪念性。我国在新石器时代，就并存着写实与装饰风格的雕塑，至今犹大量存在。商周时出现恬静、稚拙与写实俏色的玉雕和严峻而神秘的青铜器浮雕，构成以几何纹样为主的装饰风格。春秋、战国的雕塑风格多样，统一在强烈动感和装饰变形之中。秦代雕塑以静中有动、威仪凛凛的写实风格，代替战乱年代装饰风格。汉代雕塑以深刻的内容和鲜明的动感，表现出社会现实的深度。到南北朝，石窟和寺庙的雕塑，风格和类别趋于繁多。唐代雕塑，造型丰满优美，气势恢宏，流传久远。宋代雕塑精于表现现实生活，雕塑技法创新。清代雕塑则浮丽而繁琐。雕塑艺术多半通俗易懂，能突破语言文字、国家及民族的限制，形象地记录科学、文化、经济、政治、军事、风俗等社会生活，具有相当大的艺术价值和历史价值，是研究人类历史的珍贵资料。随着科学技术的发展和审美观念的变化，现代艺术中出现了反传统的四维、五维雕塑，声光艺术，动态雕塑以及软雕塑等，它们突破了传统雕塑的三维静态形式，向多维的时空空间方面探索，表现手段日趋多样化。现代艺术家正在更高的层次上认识和表现世界，为塑造时代精神生活进行着大胆的尝试。

二、我国的雕塑艺术形式

我国的雕塑艺术主要有石雕、木雕、骨雕等几种形式。

石雕，亦称"石刻"，雕刻艺术之一，为我国五大雕塑传统（陶、木、石、铜、泥）的组成部分，是按材料分类的雕塑品种。古代大型石窟、摩崖、陵墓雕刻与建筑雕刻，绝大多数用石雕成，现仍保存大量的石窟。秦代的石鲸鱼是巨大的石质雕刻，玉石雕刻则多为小型，其中用料为大理石（汉白玉是其中之一）、青石、花岗石、砂石等。由于石的原材料得诸自然，且能长期保存，故石雕成为大型纪念性与装饰性雕刻的主要艺术品种。传统石雕，是以斧、锤、凿等作为工具，近代采用甘油、火药及简单机械替代的。因石雕品种繁多，色泽纹理绚丽多彩，与天空地貌融为一体，材料质感和景物协调一致，如乐山大佛等，给人以崇高和美的享受。

木雕，雕刻艺术之一，为我国五大雕塑传统（陶、木、石、铜、泥）的组成部分，是按材料分类的雕塑品种。常用的有楠木、樟木、柏木、黄杨、龙眼木、红木、梨木、杨木、桑树根及其他果木。一般构图都以圆木周边宽度为限，以雕刻人物、山水、花卉、翎毛、楼台亭阁、动物水禽等室内小型题材作品为主，讲究刀法和风格，以及利用木料本身自然的特点去寻找材料内在的表现力，在表面的色泽、纹理、结构等微妙的变化中相形度势，因材施艺、量形取材，加以斧凿，在艺术上有独特的趣味。我国有长期的木雕传统，如楚墓木雕及鲁班做木雕的传说等，而木构古建筑的各部位装饰，大量使用木雕配合，则是建筑的主要组成部分。室内的木雕也有大型的，主要用作宗教的偶像，雍和宫的巨形独木大佛及承德的粘拼木块制成的巨型观音像都是木雕名作。

骨雕，亦称"骨刻"，雕刻艺术，按材料分类的雕刻品种之一。指在动物骨头或骨制品上雕刻的花纹或物像。因为骨质细密坚实，适于精雕细琢那些较为精美的形象。人类祖先用粗犷的骨雕制品开创了中国的雕塑艺术。距今约 10000 年前旧石器时代晚期的周口店山顶洞遗址出土的骨针，是我国最古老的雕刻品之一。骨雕始于原始社会，是介于绘画与雕刻之间的一种艺术形式。到了新石器时代形式多样的小型雕刻品，其骨雕有了长足的发展，有阴纹线刻、薄浮雕纹、圆雕等多种形式的装饰物品。

雕塑的技巧很多，常用的两种方法是：默塑和速塑。

默塑，雕塑术语，雕塑习作的一种。一般指在对人（或物）做雕塑写生的基本练习结束后（或练习中），进行只凭记忆、不看对象的塑造，是基本训练的课程之一。它能巩固形象记忆，加强对人物自然规律的理解。

速塑，雕塑术语，雕塑习作的一种。一般指在短时间内、用简要的方法、将塑泥或可塑性材料塑造出对象动作形象和神韵的小品雕塑，是一门独立的课程，也是收集立体形象素材的快速方法，可以培养敏锐的观察力、形象的记忆力及迅速描绘对象的能力。

我们常见的雕塑艺术品形式有：骨雕筒、贝雕、砖雕、泥塑、彩陶设计等。

骨雕筒，新石器时代骨雕工艺品，1959 年山东泰安大汶口出土。这些骨雕器皿利用动物肢骨空腔，就材成形，或圆形或三角形，高 6~8 厘米。器壁有多种形式的装饰加工，或刮磨或雕刻（如剔地凸起的弦带纹、阴刻沟条等），有的穿孔镶嵌绿松石。

贝雕，用有色贝壳镌刻或镶嵌成的工艺品。早在宋元前后，我国民间就流行有螺钿镶嵌和贝帖等工艺等。品种有：各种人物、动物、花卉、挂屏等陈设品，各种文具、烟具、台灯等生活用品，色彩炫丽，形状奇异，自然美观。贝雕主要产区有辽宁大连、山东青岛、广西北海、广东陆丰等地。

砖雕，一种民间雕刻工艺品，指用凿和木槌在砖上钻打出各种人物、花卉等简单图像，作为建筑上某一部位的装饰品。种类有浮雕、多层雕、堆砖等。砖雕以北京、安徽、浙江、山西、江苏等地所产较出名，风格上南方较纤细，北方较浑厚。

泥塑，亦称"彩塑"，一种传统雕塑工艺品。是在黏土里掺入少许棉花纤维，捣匀后，捏制成各种人物的泥坯，经阴干，先上粉底，再施彩绘。最著名的彩塑如敦煌莫高窟的菩萨和太原晋祠的宫女，无锡的"惠山泥人"及天津的"泥人张"，各具风格。

彩陶设计，我国原始社会新石器时代的彩陶工艺第一次揭示了工艺美术创作设计理念。其主要内容是：彩陶设计与社会生产和社会生活的不可分割性，彩陶设计的适应性与审美性的辩证统一，彩陶装饰的从属性和相对独立性等。

三、篆刻艺术的发展

先秦及秦、汉的玺印，是古代人们在交往时，作为权力和凭证的信物，反映了古代的社会生活习俗和人们的思想意识。古代印章中最早的是古玺。古玺大多是属于战国时期，其中也有春秋时期的遗物。古玺分官、私两类，当时不分尊卑都称为玺。玺文分朱文（文字凸起，亦称阳文）和白文（文字凹入，亦称阴文）两种。古玺的形状、大小不一，有长方形、方形、圆形和其他异形。内容有官职、姓名、吉语和肖形图案等。古玺制作精良，或凿或铸，玺文精细，章法生动。朱文玺有的边栏宽阔，白文玺多有界格，还有一种朱白文相间的古玺也很别致，可见当时玺的制作已趋成熟。在河南安阳殷墟曾发现过 3 枚类似古玺的实物，有人据此推断古玺的起源当在商代，但尚需进一步探讨。到了秦代，皇帝的印称玺一般人的则称印。秦印文字是秦书八体之一的摹印篆，与秦代使用的小篆相近。秦印印文庄重秀丽，在方形的官印上加"口"字格和"田"字格，在长方形印上（又称半通印）加"日"字格，这是秦印显著的特点。秦印除官印、私印之外，还有以成语入印的，已开后世闲文印的先河。

汉代是玺印发展空前灿烂辉煌的时期。汉代除帝王印仍称玺外，其余都称印。在官印中有的称章或印章，私印中有的称信印或印信。现在通常使用的"印章"一词，即来源于此。汉印无论从内容到形式比以前都更为丰富，尤以私印的种类最为繁多。汉印以缪篆体入印。这种字体与汉代隶书的兴起有关系，结体简化，笔画平核方直。汉印中还有以鸟虫书入印的，装饰性很强，是古代的一种美术字体。汉印分铸、凿两种。西汉的印章多为铸造，其中以西汉末年新莽时期的印章制作最为精美。东汉的印章以凿印最有特色，因为东汉末期社会动荡，战乱不已，官员将领经常调动或阵亡，造成封拜频繁，往往印章来不及铸造，就在预先准备好的印坯上临时急就刻凿而成，印文多不加修饰。汉代铸印庄重雄浑，凿印健拔奇肆，这两种截然不同的风格，都给后世的篆刻以很大的影响和启发。

古代使用玺印时还出现一种封泥，又名泥封。封泥初发现时，曾被误认为印范，其实是玺印使用时留下的印蜕。在纸张未发明以前古人多在简牍上记写公文、账目、书信等内容，在简牍的递寄往来过程中，为了严守机密和防伪，故在简牍的绳结处加上软泥，然后盖玺印，这就是所谓缄。古时一些物品的封缄也是使用这种方法。由于玺印在泥上的挤压，封泥形成了宽边和套边，白文玺印在泥上盖后还会出现翻"白"

成"朱"的特殊效果和古拙厚重的艺术特色。

三国两晋南北朝时期的印章，基本上是沿袭汉印的形制。南北朝时期，纸张已普遍应用，因此新的钤印方法也随之产生，封泥之法开始废止，而是使朱砂调制成的印泥来钤盖印章，这就是所谓的濡朱之制。隋、唐、五代直至宋、元的官印，印面增大，竞尚朱文。印文屈曲回绕，借以填补印面的空间。到了宋代发展成为九叠篆，失去了传统篆书的优美法度。

隋唐宋元时代，书法绘画都有了长足的进展，一些人出于鉴藏书画的目的和书画家在作品上钤盖印章渐成风气，从而收藏印、斋馆印和闲文印盛行，这是实用的玺印向篆刻艺术发展的重要因素。在书法和绘画作品上加盖鲜红夺目的印章，使书画作品能收烘托之妙，印章与书画有机地融为一体，印章成为人们同时欣赏的对象，称金石书画，宋元时代印章逐渐为人们所重视，出现了以此为能事的文人和书画家。此外，如宋徽宗赵佶撰的《宣和印史》、杨克一的《集古印格》和王俅的《啸堂集古录》对古代玺印都有辑录，元代吾丘衍写成中国最早印学理论著作《学古篇》。书画家赵孟頫以擅长刻圆朱文而著称。宋、元的很多私印，也很有艺术性，有的是出自文人之手。宋代朱记印和元代花押印，也富有特色，已用隶书、楷书入印，是后世篆刻家重视的印章资料和取法的范体。

古代玺印的材料质地，多为金属和玉石等。这些印材虽有耗损极慢和垂诸久远的优点，但是由于硬度高，坚涩难刻，古代玺印制作须出自专门的工匠之手。据传元末画家王冕最早采用花乳石来刻印。早在古代的玺印中，曾发现有石质印章，在唐、宋私印中也有石刻的印章。花乳石易于镌刻，自王冕采用之后，就为文人和艺术家用刀刻印开辟了新的天地。明代文献也有用灯光石（冻石）刻印的记载，石质印材的广泛使用，为篆刻艺术的发展提供了极好的物质条件。

四、篆刻流派的形成

明代中叶，印章已发展为独特的篆刻艺术。它从实用品、书画艺术的附属品，发展成为独立的艺术。"篆刻"一词原为比喻书写和精心为文的意思，"篆谓篆书，刻谓雕刻文章也"，汉扬雄《法言》一书中也说"童子雕虫篆刻"、"壮夫不为也"，也是指作辞赋时苦心孤诣地雕章琢句，后来却成为镌刻印章这一艺术的名称。篆刻艺术在明清两代好手如林、派别繁多。篆刻流派一般是以篆刻家的籍贯、姓氏、师承关系及其活动区域来命名的。在明代中叶到晚清的近 500 年中出现了各种风格的流派，从而把中国古代篆刻艺术推向了又一繁荣时期。明代的文彭是书画家文徵明的长子，诗书画均传家法，尤以篆刻擅名当代，后来的篆刻家奉他为篆刻之祖。文彭对恢复汉印的传统做出了努力，他的圆珠文印，参以小篆结体，秀丽典雅，最有特色，刀法明快自如，章法安排也颇具匠心。他以"六书为准则"的主张，至今仍是篆刻家所遵循的法则。由于文彭的倡导，篆刻艺术"一时靡漫，敞开风气"。文彭一派被称为吴门派。在吴门派中的篆刻家有归昌世、李流芳、陈万言、顾苓、顾昕等人。与文彭齐名的何震，早年师法文彭，后来转而取法秦、汉玺印，在篆刻上创造了多种的艺术形式，被誉为"法古而不泥古"的"集大成者"，对后世影响很大。何震一派被称为徽派，属于这一派的篆刻家有梁袠、吴忠、积朴、金光先、胡正言等人。明代苏宣、朱简、汪关等人也都能各树一帜，自创新派。

清代金石学盛行，以及历代金石文物的大量出土，不少学者致力于这些文物和古代文字的搜集、研究、著述和传播，因而扩大了篆刻家的视野。清代篆刻流派之多也为前所未有。清代初期以程邃最为出色，他的篆刻能"力变文（彭）、何（震）旧习"，富有创造性。他的白文印师法汉印，厚重凝练；朱文印喜用大篆，离奇错落，奠定了皖派的基础。清代中叶篆刻艺术进入了兴盛时期，高凤翰、汪士慎、巴慰祖、董洵、胡唐等人的篆刻都能自出新意和富有个性。其中影响最大，成就最高当属丁敬和邓石如。丁敬的篆刻直接取法明人，主要是朱简，又以汉印为宗，但他不以膺古为目的，而是从多方面汲取营养来孕育变化，借古开今，成为浙派的开创者。这一流派又经后继者蒋仁、黄易、奚冈、陈豫钟、陈鸿寿、赵之琛、钱松 8 人的继承和发扬，成为清代影响最大的篆刻流派。这 8 位篆刻家也称为西泠八家。其中的钱松能突破浙派樊篱。章法时出新意，刀法切中带削，富有立体感，成就最大。自丁敬之后，在篆刻艺术发展史上，邓石如是一个开拓者，兼善真、草、隶、篆四体书。他的篆刻，早期师法徽派，又受程邃的影响，初以小篆入印，后又参以石鼓文、汉碑篆额等笔意，为印外求印开拓了新的途径。因邓石如是安徽人，故他的篆刻被称为皖派，又称邓派。清代末叶的许多篆刻家都受其影响，如吴熙载、徐三庚、黄士陵等，其中最能传邓派衣钵的是吴熙载，他的篆刻，刀法使转生动自如，充分表现出笔意，有运刀如笔的熟练技巧。他的印婀娜多姿，后来许多学邓石如的人，都先从吴熙载的篆刻入手。晚清的篆刻大都笼罩在浙、皖两派之内，毫无新意。另外像翁大年、王石经、胥伦等人的篆刻，虽然功力很深，但一味追踪秦、汉，终嫌缺少创造性。只是赵之谦、吴昌硕、黄士陵这几位才华横溢的篆刻家，以高度的创造性使清末的印坛又呈现出生机勃勃的局面。赵之谦，书画造诣精深，篆刻曾出入浙皖两派，他不仅借鉴秦、汉玺印，又以碑刻文字入印，形成了他篆刻的多种风貌。他的白文印端庄，朱文印秀丽多姿，能在刀石之间流露出笔墨情趣。他刻的边款也别具一格，突破了前人窠臼，确立了赵派在篆刻领域的地位。吴昌硕是清末艺坛的巨甲，他对诗书画印都有精深的造诣。其篆刻从浙皖两派诸家入手，也曾取法邓石如、吴熙载，后又致力于秦汉玺印、封泥、古陶文，把石鼓文的笔意风采融入印中。他擅长钝刀硬入，刀法冲切兼用。在他的篆刻中，寓秀丽的意趣于苍劲古朴之中，被后人尊为吴派，对国内和日本的印坛都有极大的影响。这一流派的传人很多，其中赵石、陈师曾为佼佼者。黄士陵篆刻初学吴熙载，后转攻秦、汉玺印，尤喜用金文入印。章法处理颇具匠心，离奇错落，很有趣味，刀法也刚健雄奇，刻印往往不加修饰，也不主张残破。他的篆刻平正朴实，寓拙于巧，在清末印坛中异军突起、由于他客居广州最久，对岭南篆刻家影响最大，有人把黄士陵的篆刻名为黟山派。

现代的篆刻家在继续开创篆刻流派艺术的发展道路，借鉴民族的优秀艺术传统，突破秦、汉玺印和明、清流派篆刻的规范，勇于革新，不断探索，揭开了现代篆刻艺术新的一页。现代有成就的篆刻家有丁仁、易熹、王大昕、乔曾劬、钱瘦铁、赵叔孺、陈半丁、寿石工、来楚生、傅抱石等，而以齐白石影响最大。他的篆刻初学丁敬和黄易，进而又追赵之谦和汉凿印，他还把《祀三公山碑》等汉、魏碑刻书法，融化到他的篆刻中去。他以简练的单刀法和汉代《急就章》的神韵，创造出奇恣跌宕、淋润雄健的齐派风格。

五、篆刻的字体和用材

印章上的文字最早是与当时通用的字体是一致的，如战国时期，采用的是各国流行的大篆、籀文，秦用李斯的秦篆，秦汉以后，用于印章上的字体范围扩大了许多，出现了缪篆、鸟虫篆等多种篆体。隋唐以来，不仅沿袭使用篆体类文字，而且把隶、楷等字体也应用于治印，以至于殷代的甲骨文都被吸收进来。当然，始终处于主导地位的依然是篆体类的文字，这一点时至今日仍然没有变。

印章的用材，最初以铜、金等金属材料为主，这与当时的印章大多为铸冶而成是分不开的。亦有少量的犀牛角、象牙、玉印和石印。古玺印一般比较扁小，并雕有坛、台、龙、虎等各种形态的印钮，通常挂在腰带上，以便随时使用。先秦古印用材、形制，各随其便，并无定制。秦以后，官印有明确规定，是区分官阶的标准。其等级次序为：玉最贵，一般为皇帝所专用，金次之，银再次之，一般官吏只能用铜印，私印印材则没有这么多讲究。隋唐以后，官印渐大，印材也更丰富。

元王冕发现了质地松软的花乳石，为篆刻艺术的发展开辟了广阔天地。这一发现使文人自篆自刻形成风气，篆刻艺术如雨后春笋迅速发展。更有明代文彭、何震拔地而起，师承秦汉，大胆突破前人樊篱，穷尽毕生精力为篆刻艺术推波助澜，此后印坛各种流派异彩纷呈，名家辈出。在清代更是百花齐放、万紫千红，至近现代，篆刻艺术更为普及，各种流派不乏继承、创新者。如今，篆刻艺术这一传统艺术宝库中不可多得的瑰宝，以其特有的艺术魅力，屹立在世界民族艺术之林。

六、篆刻作品欣赏

任何种艺术，都有一种美的蕴藉，给人以精神上的享受。篆刻艺术面积虽小，文字古僻，造型抽象，但也同样蕴含着极大的艺术魅力。一方好印能使人爱不释手，甚至废寝忘食，意趣无穷。真可谓"方寸之中，气象万千"。那么，篆刻艺术究竟美在哪里？我们应该怎样去欣赏和评价它呢？

篆刻是我们中华民族灿烂文化的一朵奇葩，是一种文字的艺术。它用的主要是篆字，这种文字虽不易辨认，但它极为生动活泼，给人以强烈的文字美的享受。篆字象形成分较多，线条富于变化，结构伸缩性大，可圆可方，可长可短，集于一印中，成为一个统一体，其美的意境难以言表。这种高度的文字艺术，是我国人民创造和智慧的反映。

首先篆刻依赖于篆字线条的多种变化，产生各种情趣，给人以含蓄美的感受。如横平线条使人产生平静的感觉，竖直线条使人有向上或垂下的感觉，圆转线条使人产生委婉的感觉，弯曲线条使人有波动的感觉，倾斜线条使人产生飘动的感觉等。这引起不同的线条互相交错配合，有对称、有对照、有粗细、有疏密，就产生了多种交相映带的情趣。如我国的一些古玺印，就以其方中寓圆，调整灵活；以粗中有细，细中有粗，调整疏密；用拙中之巧，流露其美质；用增损的方法，不离其义；用朱白相间，增添新趣。

其次，篆字的结构比楷书更富于形象化，而且变化较多，也给人以美的享受。如结构比较复杂的字，各部分都可以表现出不同的造型美。这些都是篆刻艺术的精华，其美无穷。好像陶渊明的诗，平淡、醇醪，久而不失其味，犹如花朵到了春天，迎风怒放，万蝶飞舞，引人入胜。

篆刻是派法、刀法和章法三者相结合的综合艺术。欣赏它，必须懂得分析这三方面的优劣和高下。我们欣赏一方篆刻作品，首先要看文字写得是否准确，再看篆法如何。如果印中的字写错了，尽管艺术很高也失去了价值；反之，字写得都对，却不讲究篆法，也同样没有什么艺术价值。其次要看刀法，有没有功力和情趣，刀法无力，只是一种雕琢，不能算是篆刻艺术。最后，要看章法，着重看其是如何制造矛盾，又如何统一矛盾的。

四、丝织与刺绣

蚕桑丝织技术是中国的伟大发明，是中华民族对人类文明史的重大贡献。根据考古发掘的资料证明，丝织最早开始于东南地区新石器时代的良渚文化。长期以来，中国不但是发明丝和丝绸的国家，并且是有这种手工业的唯一的国家。由于高级丝织品的向国外输出，中国因而被世界各国誉为"丝国"。

早在四五千年前，中国就开始养蚕并有了丝织业。春秋战国时代，中国的蚕丝织造业迅速发展，丝织技术不断进步。汉唐时代，中国桑织业进入成熟期。宋代，丝织技术又发生了革命性变革，采用"通经回纬"织法的"缂丝"，丝织品独占鳌头。以后，丝织技术又有新的发展，取得了世界瞩目的成就。

刺绣，又称丝绣，是中国优秀的民族传统工艺之一。据《尚书》记载在 4000 年前的章服制度，就规定"衣画而裳绣"；另在《诗经》中也有"素衣朱绣"的描绘，宋代时期崇尚刺绣服装的风气，已逐渐在民间广泛流行，这也促使了中国丝绣工艺的发展。

明代刺绣已成为一种极具表现力的艺术品，先后产生号称"四大名绣"的苏绣、粤绣、湘绣、蜀绣。上海的露香园顾绣，就是当时最出名的刺绣。顾氏家族世袭相传，善于刺绣的声誉名扬大江南北，并得到朝廷的赏识。到了清代顾绣不仅名震海内，而且蜚声海外，吸引了不少国外商人来上海，大量订购顾派刺绣品，一时顾绣成为刺绣的通称了。

中国古代的刺绣，很长一段时间内在国际艺术品市场上不走俏，价格平平。直至1993年起在中国香港、新加坡等地，才开始有人专门收集。据市场分析家推论，要使刺绣品成为国际市场上的新宠儿，还需收藏家们10年时间的努力。近两年国内的一些艺术品拍卖会上，刺绣拍品，价格竞现高攀，非常吸引买家竞争。

一、五大丝织品种

中国的丝织品种类繁多，区分极细。帛是一切丝织品的总称（汉代时又称为缯）。以下又分为若干类，这里仅介绍其中的五大丝织品种。

1. 绢类

绢是用桑蚕丝织成的平纹或重平组织的色织或半色织花素织物，经纬一般加弱拈，质地较缎、绵薄而坚韧，细洁光滑。纨为更细密的绢，缣为双丝细绢，缟是未经染色的绢，练是白绢，绨是无花纹的丝织品，缬是有花纹的丝织品。

2. 纱罗类

纱、罗都是有孔眼、经纬线很稀的织品。纱是方眼，罗是椒形眼或菱形眼，与绉都是纱的一种，是用两种捻度不同的强捻丝交织而成，均有皱纹。

3. 绫绸类

绫是采用斜纹组织或斜纹地提花织物。绮为不着色而带花的绫织物。绸是用天然丝以平纹做底组织提花织物。绨是厚绸，以蚕丝做经，棉线做纬织成，绡是生丝织成的绸子。

4. 缎类

缎是以缎纹或缎纹做底组织提花织成，有软缎、织锦缎、漳缎之分，有花缎、素缎之别。其表面光亮平滑，突出特点是经线与纬线不连续相交而形成浮线。

5. 锦类

锦为多彩织花的高级丝织品，在丝绸织品中最为名贵。锦的经纬丝在织造前都预先染色，纬丝的颜色在三种以上，用缎纹地组织提花织成，色泽瑰丽多彩，花纹精致古雅。

五彩缤纷的丝织品为中国的丝绸文化赋予了变化万千的深刻内涵，不仅为中国人民所喜爱，而且也为世界各国人民所青睐。

二、四大名锦

在中国丝绸发展史上，四大名锦技冠中华，享誉中外，为古老的华夏文明增添光彩。

1. 蜀锦

蜀锦因产于四川成都而得名。蜀锦在四大名锦中历史最为悠久。早在西汉时期，蜀锦品种花色就很丰富，产量很大，行销全国。唐代蜀锦业更加兴旺，通过丝绸之路远销西方各国，并流传到日本，被日本称为"蜀江锦"。

在历史上，蜀锦的主要产地在成都，故成都有"锦城"之美誉。蜀锦传统图案的构图大体可分八类：流霞锦（月华三门锦）、雨丝锦、方方锦、条花锦、铺地锦、散花锦、浣花锦、民族锦等，其质地坚韧，色泽鲜艳。

2. 宋锦

宋锦产于苏州，因宋代最为繁盛而得名。至今已有近千年的历史。主要品种有大锦（又称仿古旧锦，主要用于装裱字画）、小锦、彩带等。宋锦具体有龟背纹、绣球纹、剑环纹、古钱纹、席地纹等，多以四方、朱雀、百吉等图案见长，纹样繁杂，配色淳朴。

3. 云锦

云锦始于南北朝，盛于明清的云锦，是南京地区的著名织物，因锦纹瑰丽如彩云，故而得名。云锦的传统品种有库缎、库锦和妆花三大类。库缎是缎底上起本色花的（单色）丝织物，库锦则是一种在缎底上以金线或银线织出各式花纹的丝织品，又称"织金"。妆花，又叫妆花缎，即在缎底（或罗底）上以各色彩绒织出花纹，并用片金交织于花纹边缘，是云锦中最华丽的织品。云锦所用图案多为花草、鸟兽、虫鱼、瓜果、云彩等，适于做服装、装饰等用。

4. 都锦

都锦产于浙江杭州，它传承了中国织锦的传统，把西湖风景和各地风光织造在丝织品上，形成自己的特色。都锦产品有丝织工艺品和绸缎两大类，花色品种达 1000 余种，彩色锦绣"大富贵"等，以花卉、珍禽、异兽为素材，借重传统工笔重彩的手法，深受人们欢迎。此外，中国少教民族的织锦富有民族特色。其中，广西壮族民间手工织品——壮锦早已闻名于世。

三、缂丝

缂丝是中国特有的高级工艺织物，也称"刻丝"。缂丝与织锦、刺绣不同，采用的是"通经断纬"的织法，就是在织造时，以各种彩丝制成纬线，沿图案花纹需要处与经线交织，使图案一块块盘织出来，所以纬线不贯穿全幅，而经线则贯穿织品。

远在汉代，就产生了缂丝这种织法，到唐代有很大进步。现存的缂丝实物均为唐代所制。宋代，缂丝盛行，主要产地在苏州，技法精湛，制作精细，涌现出不少缂丝名家，尤以朱克柔最为有名。她的缂丝作品，技法传神自然，艺术巧夺天工。她所织就的工笔花鸟画卷，与绘画原作有过之而无不及，达到了形神兼备的意境。因此，"朱缂"美名，世代流传。

中国缂丝制品在国际上享有很高威望，不少日用品销售到欧美各国。在日本缂丝和服腰带作为一种高级服饰，颇受日本女士欢迎。

四、刺绣

1. 苏绣

苏州刺绣发源于苏州，有两千多年的历史。苏绣工艺是以绣针引彩线，按率先设计的花纹和色彩，在丝绸、棉布等面料上刺缀运针，通过绣迹构成花样、图案、文字以取得艺术效果。

苏绣是我国著名的手工艺品，素以绣工精细，针法活泼，图案秀丽，色彩雅洁驰名中外，多次被国家领导人作为国家级礼品送给外宾。

2. 湘绣

湘绣是湖南人民创造的一种卓越的手工艺品，具有精湛的技艺和独特的艺术风格，是我国的四大名绣之一。湘绣起源于湖南民间刺绣，历史悠久，源远流长。从1958年长沙楚墓中出土的绣品看，早在2500多年前的春秋时代，湖南地方刺绣就已有一定的发展。1972年又在长沙马王堆西汉古墓中出土了40件刺绣衣物，说明远在2100多年前的西汉时代，湖南地方刺绣已发展到了较高的水平。此后，在漫长的发展过程中，逐渐形成质朴的艺术风格。随着湘绣商品生产的发展，经过广大刺绣艺人的辛勤创造和一些优秀画家参与湘绣技艺的改革提高，把中国画的许多优良传统移植到绣品上，巧妙地将我国传统的绘画、刺绣、诗词、书法、金石各种艺术融为一体，从而形成了湘绣以中国画为基础，运用 70 多种针法和 100 多种颜色的绣线，充分发挥针法的表现力，精细入微地刻画物象外形内质的特点，绣品具有构图章法严谨，形象生动逼真，色彩鲜明，质感强烈，形神兼备，生机勃勃，远观气势宏伟，近看出神入化的艺术效果，湘绣这种独特的民族风格使它很早就驰名中外。

湘绣是以硬缎、交织软缎、透明玻璃纱、尼龙等为原料绣制的精细工艺品，绣品既是名贵的欣赏艺术品，也是美观适用的日用品，主要品种有条屏、画片、被面、枕套、床罩、靠垫、桌布、手帕及各种绣衣等。

3. 广绣

广绣是中国名绣之一，亦称"粤绣"，是产于广东地区的刺绣品。据传创始于少数民族，明中后期形成特色。其特色有五种：一是用线多样，除丝线、绒线外，也用孔雀毛捻缕做线，或用马尾缠绒做线。二是用色明快，对比强烈，讲求华丽效果。三是多用金线做侧绣花纹的轮廓线。四是装饰花纹繁缛丰满，热闹欢快。常用百鸟朝凤、海产鱼虾、佛手瓜果一类有地方特色的题材。五是绣工多为男工所任。绣品品种丰富，有被面、枕套、床楣、披肩、头巾、台帷、绣服、鞋相、戏衣等，也有镜屏、挂幢、条幅等。

4. 蜀绣

中国名绣之一，也称"川绣"，即以四川成都为中心的刺绣品总称。其产地主要集中于成都、重庆、温江、郫县等地。蜀绣具有悠久的历史，与蜀锦一起被称为"蜀中之宝"。

最初，蜀绣主要流行于民间，至清朝中叶以后，逐渐形成行业，尤以成都九龙巷、科甲巷一带的蜀绣最为著名。当时各县官府所办的"劝工局"也设刺绣科，可见其制作范围之广。当时的生产品种主要是官服、礼品、日用花衣、边花、嫁奁、彩帐和条屏等。蜀绣以软缎、彩丝为主要原料，其绣刺技法甚为独特，至少有 100 种以上精巧的针法绣技，如五彩缤纷的衣锦纹满绣、绣画合一的线条绣、精巧细腻的双面绣和晕针、纱针、点针、覆盖针等都是十分独特而精湛的技法。当今绣品中，既有巨幅条屏，也有袖珍小件，既有高精欣赏名品，也有普通日用消费品。比如北京人民大会堂四川厅的巨幅"芙蓉鲤鱼"座屏和蜀绣名品"蜀宫乐女演乐图"挂屏、双面异色的"水草鲤鱼座屏"、"大小熊猫"座屏，都是蜀绣中的代表作。

第五节 戏剧歌舞

一、戏剧艺术概况

戏剧是中国传统的艺术形式，是包含文学、音乐、舞蹈、美术、武术、杂技以及表演艺术各种因素综合而成的。它的起源历史悠久，早在原始社会歌舞已经萌芽，在其漫长发展的过程中，经过 800 多年不断地丰富、革新与发展，才逐渐形成比较完整的戏曲艺术体系。虽说它的渊源来自民间歌舞、说唱、滑稽戏三种不同艺术形式，但区别一个剧种所显示的最大的特色，首先仍表现在它来自不同声腔系统的音乐唱腔。这些音乐唱腔则是以所产生地区的语言、民歌、民间音乐为依据，并兼收其他地区音乐而产生的。各个剧种的剧中人物大部分由生、旦、净、末、丑等不同脸谱变化的角色行当充任。表演上着重运用以生活为基础提炼而成的程式性动作和虚拟性的空间处理。讲究唱、念、做、打等艺术表现手段，舞蹈性、技术性很高，构成有区别其他艺术形式而成为完整的戏曲艺术体系。

据不完全统计，我国各民族地区的戏曲剧种，有 360 多种，传统剧目数以万计。中华人民共和国成立后又出现许多改编的传统剧目、新编历史剧和表现现代生活题材的现代戏，深受广大观众的热烈欢迎。比较流行著名的剧种有：京剧、昆曲、越剧、豫剧、湘剧、粤剧、秦腔、川剧、评剧、晋剧、汉剧、潮剧、闽剧、河北梆子、黄梅戏、湖南花鼓戏等 50 多个剧种，尤以京剧流行最广，遍及全国，不受地理所限。

二、主要戏曲剧种简介

1. 京剧

京剧是我国的国粹，是流行于全国的重要剧种之一。迄今已有 200 多年的历史。清乾隆五十五年（1790 年）江南久享盛名的徽班"三庆班"入京为清高宗（乾隆帝）的八旬"万寿"祝寿。徽班是指演徽调或徽戏的戏班，清代初年在南方深受欢迎。继此，许多徽班接踵而来，其中最著名的有三庆、四喜、春台、和春，习称"四大徽班"。他们在演出上各具特色，三庆擅演整本大戏，四喜长于昆腔剧目，春台多青少年为主的童伶，和春武戏出众。

1828年以后，一批汉戏演员陆续进入北京。汉戏又名楚调，现名汉剧，以西皮、二黄两种声腔为主，尤侧重西皮，是流行于湖北的地方戏。由于徽、汉两个剧种在声腔、表演方面都有血缘关系，所以汉戏演员在进京后，大都参加徽班合作演出，且一些成为徽班的主要演员，如余三胜。徽调多为二黄调、高拨子、吹腔、四平调等，间或亦有西皮调、昆腔和弋腔，而汉调演员演的则是西皮调和二黄调。徽、汉两班合作，两调合流，经过一个时期的互相融会吸收，再加上京音化，又从昆曲、弋腔、秦腔不断汲取营养，终于形成了一个新的剧种——京剧。第一代京剧演员的成熟和被承认大约是在1840年。逐渐融合、演变，发展成为京剧。其音乐基本上属于板腔体，唱腔以徽调的二黄和汉调的西皮为主，所以旧时称之为"皮黄"。另有西皮反调（反西皮）、二簧反调（反二簧）以及南梆子、四平调、吹腔、高拨子、南锣等唱腔。伴奏乐器以京胡为主，二胡、月琴、三弦为辅，有的唱腔及乐曲以唢呐、笛等伴奏。打击乐器有单皮鼓、檀板、大锣、小锣、铙钹、堂鼓、星子等。京剧表演讲究唱、念、做、打并重，常用虚拟动作，重视情景交融，声情并茂。京剧自产生以来，曾有过许多名称，如"乱弹"、"簧调"、"京簧"、"京二簧"、"二簧（二黄）"、"大戏"、"平剧"（北京曾称为北平）、京戏等。京剧传统剧目有上千个，流行的有《将相和》、《群英会》、《空城计》、《贵妃醉酒》、《三岔口》、《拾玉镯》、《打渔杀家》等。

2. 二人台

二人台，俗称"双玩意儿"。流行于内蒙古自治区及山西、陕西、河北三省的北部地区。初名"打玩艺儿"，后来统称二人台。其形成过程有二说：一说清光绪年间，于内蒙古西部，在蒙汉民歌和丝弦坐腔的基础上，吸收汉族民间舞，创造出一丑一旦、载歌载舞的表演形式，取名"蒙古曲"。一说清末叶，由山西河曲民间演唱小曲的"打坐腔"与秧歌等结合发展为歌舞表演唱，之后流传至内蒙古西部，吸收蒙古族歌曲演变而成。初为曲艺走唱形式，表演者通常为一男一女，一人可饰几个角色，后来进一步发展成扮演固定人物的民间小戏。乐队由笛子、四胡、扬琴和四块瓦组成，服装、化妆仿效晋剧，道具有扇子、手绢、霸王鞭等。内蒙古的二人台，以呼和浩特为界，分东西两路，西路二人台初称"蒙古曲"。演员只有丑、旦二人，节目中人物多时，由丑扮演各种角色，称"抹帽戏"。东路二人台初名"蹦蹦"，遇有剧中人物超过两个时，则由多人分饰角色同台演出，传统剧目以《走西口》、《打金钱》、《五哥放羊》、《珍珠倒卷帘》等影响较大。

3. 山东梆子

山东梆子，也叫"高调梆子"、"高梆"。流行于山东菏泽、曲阜以及河南、河北的部分地区。约在清代初期，山陕梆子传入山东，受当地方言影响，唱腔有所变化，逐渐形成为具有粗犷豪放风格的本地梆子。剧目、唱腔同山东的平调、莱芜梆子等剧种有过相互的影响。表演程式和柳子戏等古老剧种近似。唱腔属于板腔体，唱腔板头有多种。伴奏用的管弦乐曲牌有 180 余种。伴奏乐器最早用八楞月琴、二弦、三弦，以后改用板胡、二胡为主。1958 年成立山东省梆子剧团。过去经常上演的传统剧目有 6000 余个，山东省戏曲研究室记录了 440 个。影响较大的剧目有《两狼山》、《玉虎坠》、《墙头记》等。《墙头记》已制成影片。

4. 川剧

川剧，流行于四川全省及云南、贵州部分地区。在戏曲声腔上，川剧由高腔、昆腔、胡琴、弹戏和本省民间灯戏组成。原先各种声腔均单独在四川各地演出。清乾隆以来，由于经常同台演出，形成了较多的共同风格，清末时统称"川戏"，后称"川剧"。川剧的表演艺术有深厚的生活基础，并形成一套完美的表演程式，真实细腻，幽默风趣，生活气息浓厚。原分四个支派："川西派"以擅长胡琴为主，形成独特的"坎调"；"资阳河派"以高腔为主，艺术风格最为严谨；"川北河派"以唱弹戏为主，受秦腔影响较多；"川东派"以唱胡琴腔为主，受徽剧、汉剧影响较多。成都和重庆为川剧的两大演出中心。新中国成立后整理的《柳荫记》、《情探》、《秋江》、《评雪辨踪》、《拉郎配》等传统剧目，根据民间传说新编的《夫妻桥》、《望娘滩》，以及现代剧《江姐》、《丁佑君》等，均影响较大。

5. 皮影戏

皮影戏集造型艺术、表演艺术、音响艺术于一体，用灯光把影像映现在布幕上的一种戏剧形式。又称"影戏"、"灯影戏"、"土影戏"，起源于中国。据晋代干宝《搜神记》记载，汉武帝思念已故的爱姬，齐人少翁以灯光映在帐幔上的人影来解武帝的幽思，此为皮影戏的起源。宋代的《明道杂志》、《东京梦华录》、《武林旧事》等史书中，均有宋代皮影戏的详细记述，当时京都开封城里有许多演出皮影戏的专业团体，每逢正月十五元宵佳节，诸街坊巷口都设有戏棚，演出皮影戏引游人观看。剧中人物也从

"素纸雕镞"发展到驴皮雕形。元初，皮影戏曾作为军队的娱乐活动，常在军营中流动演出，明清两代，皮影戏已遍布全国。就连清代的王府和官衙中，也办起了影戏班，由于流行地区、演唱曲调和剪影原料的不同，皮影戏形成许多类别的剧种，以河北滦县一带的驴皮影和西北的牛皮影较著名，13 世纪初，中国皮影戏流传到东南亚各国及土耳其、波斯。18 世纪中叶传到欧洲各国。

6. 评剧

评剧，流行于北京、天津和华北、东北各省，起源于清末流行在河北省冀东地区的一种较为简单的说唱歌舞"莲花落"。20 世纪初，"莲花落"先后吸收了河北梆子、京剧、滦县皮影的剧目、音乐和表演手法，逐渐发展成蹦蹦戏，1912 年，成兆才、月叫珠等民间艺人在唐山组织"警世戏社"、演出蹦蹦戏，受到当地煤矿工的欢迎，称为"唐山落子"。当时演出剧目有《马寡妇开店》、《花为媒》、《桃花庵》、《杨三姐告状》等，大多由评剧创始人成兆才编写。1923 年前后，唐山落子随着内地农民向东北迁移而传到奉天（沈阳）受到当地人民的生活、风俗、语言和民间艺术的影响，逐渐形成粗犷豪放，激越昂扬的"奉天落子"。此时，出现了花莲舫、李金顺等一批女演员，"九一八"事变后，大批演员流入天津、北京，艺术上受京剧、话剧的影响，故出现了许多新戏，并涌现出许多优秀演员，形成以刘翠霞、李金顺、爱莲君、白玉霜为代表的"四大流派"。1934~1935 年，白玉霜、钰灵芝、喜彩莲、朱宝霞、爱莲君等到上海演出，并正式使用"评剧"名称，从而把评剧的影响进一步扩大到江南一带，音乐曲调流畅自然，属板腔体，分慢板、二六、楼上楼、散板等不同板式，伴奏乐器以板胡为主。早期评剧只有男、女角之分，后逐渐发展为生、旦、丑的"三角"，表演的革新取得了显著成就。

三、舞蹈艺术概况

舞蹈是一门综合艺术。它是以艺术化的人体动作作为物质材料，表现人的思想感情及社会生活的一门以抒情为其特长的剧场艺术。在音乐、美术等多种艺术因素的共同参与下融为整体，成为一门多元艺术共同协作的综合性艺术。

舞蹈又是一种文化。它是一个国家、一个民族、一个地区风俗人情、文化传统的有形表现，更是一个国家、民族、地区经济发达、文化昌盛、艺术繁荣的一种象征。舞蹈作为艺术的一种，它以情感为动力、以人体为工具、以艺术化的人体动作为物质材料，在一定的空间之内合着一定的时间（节奏）连续不断的运动，以鲜明的表现性特点刻画人的思想感情、表现社会生活的一门古老而又年轻的艺术。

尽管舞蹈作品的类别、品种、样式、风格各有不同，但它们那具有人体的、时空的、综合艺术的共同特征，它们的艺术语言都由一些起相对稳定的因素构成。

1. 动作语言

动作语言是舞蹈语言的核心元素，是构成舞蹈语言的基本材料，是形成舞蹈语言使其有直接可视性的物质前提。简而言之，动作是舞蹈艺术赖以存在的条件。

2. 舞蹈语言

舞蹈语言不是哑语手势的解释，也不是文字语言的直接图解，而是通过连绵不断的、具有强烈感情色彩的舞蹈动作去表现人物的内心感情，使观众通过这流动的视觉形象去感受人物的内心感情或作者的表现意图。

舞蹈语言既有空间属性，又有时间属性。舞蹈的内容（情感、思想）既在一定的空间中展现，又在一定的时间中流动。通过空间的展现，使作品的内容变成直接可视的对象；通过时间的流动，使内容成为连绵不断呈现的过程。空间与时间的互相依存、互相构成，便成为舞蹈语言的基本存在方式，也是舞蹈语言美学特征的重要标志。在舞蹈艺术中，动作语言与音乐语言共同承担着表现内容的任务，它们犹如一条铁路上并行而立的两根铁轨，共同承载着同样的表现任务，向着创作的预期目标奔驰而去。

舞蹈有着鲜明的直观性特点，它的内在激情通过动作语言的负载，成为直接可视的对象，它又是流动的，在音乐（节奏）的陪伴下绵绵不断地持续呈现。既有形可见，又流动持续，这便是舞与诗、乐的区别。舞蹈艺术是由内在的心动、情动去驾驭外部的"形"动的。舞蹈中的高难度技巧，也是为了表现一定的情绪、一定的思绪，或营造某种环境氛围而存在的。舞蹈的人体，是由心灵驾驭的人体；舞蹈的心灵，是由人体外化的心灵，身心一致，表里透明，身体与心灵一起飞翔，这便是舞蹈这种人体艺术所具有的特殊品格。

舞蹈因为强调抒情，而且富有韵律性，就总是借助于音乐，与音乐结合在一起。所以说，音乐是舞蹈的孪生姐妹，形影不离。本来，音乐和舞蹈在产生和发展的初期，就是结为一体的，乐舞不分家，后来才分了家，成为两门独立的艺术。但是，音乐可以只靠自己，独立发展，而舞蹈还要音乐来帮助。这也是舞蹈的特点之一。

舞蹈没有音乐配合，就真的会成为哑巴，在那里空比画，舞蹈家们甚至说"音乐是舞蹈的灵魂"。舞蹈编导的创作和舞蹈演员的表演，都离不开音乐。

舞蹈之所以与音乐如此密切结合在一起，因为它们有共同的特征：一是抒情性，二是韵律性。两者完全和谐一致，而且它们一个靠视觉，一个靠听觉，绝不互相挤压，只会互相补充。

四、舞蹈艺术作品欣赏

舞剧是舞蹈文化高度发展的结晶，也是一个国家、一个民族舞蹈创作水平的综合体现。中国舞剧是随着中华人民共和国的诞生而诞生的，艺术实践十分丰富，下面，我们将从独舞、双人舞、三人舞、群舞等样式的舞蹈作品中，选取有代表性的几部作品简要介绍。

1.《丝路花雨》

这是由甘肃省歌舞团创作并演出的一部饮誉中外的舞剧。1979 年在首都舞台与观众见面之后，引起强烈反响。其后，便应邀在为数众多的国际舞台上表演，获得中外观众一致好评。它那花雨漫天飞，仙女凌空舞，神奇美妙、别开生面的舞台画面，以及"扭腰"、"送胯"、"勾脚"，全身体态呈三道弯"S"形的舞姿，开拓了一个自成天地的动作体系，为"敦煌舞蹈"的研究提供了生动的形象基础。《丝路花雨》的出现，不仅为舞蹈艺术增添了新的视觉形象，同时也为中国古代舞蹈的研究提供了新的启示。

2.《无字碑》

舞剧《无字碑》是北京舞蹈学院编导系大学本科毕业生张守如、于春燕、黄蕾、邓一江四人的实习作品。在山东省歌舞剧院投入排练，并于 1989 年庆祝新中国成立 40 周年和第二届山东艺术节首次推上舞台。《无字碑》的突出特点是结构凝练。它将女皇武则天一生种种经历，从才人到女皇的复杂斗争，用四个命题场次："不屈命运"、"母爱升华"、"治世之争"、"女皇超尘"组合起来，将武则天"以凡人来世，却以皇名归阴"的一段历史简练地加以概括，巧妙地处理了这个本来十分复杂、情节性很强的历史故事。舞剧借鉴了音乐创作中交响乐作品的结构方式，每个乐章可以独立成章，几个乐章组合起来又完整统一。每一"乐章"均塑造一种不同形象，表现一种不同的思想情感。归总起来，又统一而有层次地表现了一个完整的思想内涵。用舞剧的行话来说，这是典型的"块状结构"样式，它避免了用舞蹈动作去讲述一个根本无法讲清的复杂故事的窘境，把凝练心灵的结构空间，留给动作语言去施展它的表现力。

3.《秦始皇》

舞剧《秦始皇》是北京舞蹈学院编导系青年教师张建民、陈维雅应香港舞团之邀，为该团创作并排练的一部舞剧。此剧于 1990 年 5 月首演于香港文化中心大剧院。这部舞剧的结构，也属于"块状结构"的类别。它将秦王朝的轰轰烈烈但又匆匆短暂的一段历史，分别投入四大块状结构之中给予表现。通过"扫六合，建统一；秦旌猎猎映千秋"、"征徭役、筑阿房；胭钗窈窕舒长袖"、"谋宫闱、思归宿，白发忧忧风雨聚"、"塑兵俑、封幽府；雄灵千载覆九州"四个场次，多视角地思考这段历史，详尽地再现秦始皇从扫六合、统一中华的大业开始，到暮年思归、幽府雄灵的历史全过程。值得一提的是，创作者运用几段流动围墙，构成多层舞台空间，将六国战场、室内室外、宫内宫外、墓内墓外的不同场景呈现于舞台，开创多重空间，造成视觉上的交响效果。

4.《雀之灵》

《雀之灵》是白族舞蹈家杨丽萍创作并表演的女子独舞。首演于 1985 年第二届全国舞蹈比赛。杨丽萍的独舞《雀之灵》是舞蹈家美好理想在舞蹈中的投影。舞蹈家动用身体的局部及全身的配合，特别是手指、手臂的细腻表演，腰、胯部位的婀娜身段，精巧别致地塑造了一个灵秀美丽的孔雀形象。这个独舞，既有空灵而丰满的内涵，又有形式美的欣赏价值，堪称是精雕细琢的舞蹈佳品。

5.《黄河儿女情》

《黄河儿女情》是山西省歌舞剧院王秀芳、张继刚等创作，由该剧院演出的一台富有泥土芳香和山乡风情的专场歌舞晚会，于 1987 年 6 月首演于山西太原。从《黄河儿女情》的几段舞蹈中，找不到山西某种民间舞的动作原型，而是以宽、深的宏观视角去分析山西的民间艺术。他们以三晋高原这片黄土地上所特有的文化意蕴为衬托，以率真质朴、热情奔放的歌词所塑造"高原汉子实在、黄河儿女多情"的人物形象为依据，吸收了山西民间艺术（如牛皮影戏、民间剪纸等）的造型特点及顿挫有致的线条为舞蹈形态的基础，还大胆地吸收了迪斯科、爵士舞的腰胯动作。经过舞蹈家创造性思维的改造、发展，呈现在观众面前的，既不是山西的牛皮影戏，也不是迪斯科，而是一个全新的"自我"，一个崭新的视觉形象。它既有民间艺术拙朴率真的内蕴，又有适合当代观众接受的表现形式。因此，一经问世，便引起强烈反响，是近年来一台比较有影响的、高水平的、雅俗共赏的民间歌舞艺术。

【本章小结】

　　本章介绍了中国绘画文化、书法文化、雕刻文化、戏剧文化、曲艺文化、歌舞文化的形成和发展及其鉴赏艺术，通过挖掘他们的文化内涵，帮助读者更多、更好、更全面地了解中国的旅游文化。

第八章　旅游饮食文化

【学习目标】

1. 了解中国八大菜系的特点

2. 了解中国白酒的各种香型及特征

3. 了解茶叶的基本鉴别方法

【章节导读】

饮食对于一切生命来说，都是最基本、最重要的需要之一。人类在长期的社会发展过程中，使饮食不仅在数量、质量上有了极大的飞跃，而且形成了特有的饮食观念，并被赋予了重要的社会职能，升华为一种特殊的文化形态。中国作为一个文明古国，很早就进入农耕时代，千百年来创造了光辉灿烂的饮食文化。在中国，很早就形成了对饮食的基本看法，即"民以食为天"。古往今来，百姓"饱"则"太平"，"饥"则"革命"，人类的饮食生活，是一定历史阶段、文明阶段与文化风貌的综合反映。任何一个民族的文化都具有相当浓烈的"饮食"色彩。中华民族的祖先在自己的饮食生活中倾注的心血是世界上任何其他民族所无法比拟的，因此中华民族的文化，有更为鲜明和独特的饮食色彩。

第一节　中国饮食文化概述

饮食对于一切生命来说，都是最基本、最重要的需要之一。对于一般动物而言，饮食不过是一种本能的需求——填饱肚子而已，但对于人——有着独立的双手、发明了火和工具、具有高度社会文明的高等动物来说，饮食就不限于填饱肚子了，虽然它仍是第一需要。人类在长期的社会发展过程中，使饮食不仅在数量、质量上有了极大的飞跃，而且形成了特有的饮食观念，被赋予了重要的社会职能，升华为一种特殊的文化形态。中国饮食文化是中华传统文化重要的组成部分，中国有句古话：民以食为天。作为世界文明古国，中国饮食的历史几乎与中国的文明史一样长。在充饥果腹之外，人们赋予了饮食更多的文化意味。无论是讲究色、香、味、形、质、器的烹饪文化，还是融品评、修身、养性于一体的茶文化，都是世界文化体系的重要组成部分，对人类文明有着极其重要的贡献。

中国饮食讲究"情"、"礼"，与我们的传统文化有很大关系。《礼记·礼运》中说："夫礼之初，始诸饮食"，生老病死、送往迎来、祭神敬祖，无一不体现出饮食活动的社会功能。

在中国的传统节日中，大部分节日都与饮食紧密相关。"吃"已经不单纯是一种生理性需求，同时还寄托着人们各种各样的情感。

春节是中华民族的传统节日，中国人的传统里有各种形形色色的饭局，但天字一号重要的当属大年三十晚上的这顿年夜饭。按照我国民间的传统习俗，年夜饭的吃食很有讲究。通常有馄饨、饺子、长面、元宵等。

中华民族是"礼仪之邦"，懂礼、习礼、守礼、重礼的历史，源远流长。食礼就是中国传统礼仪之一。

最早出现的食礼，与远古的祭神仪式直接相关。对此，《礼记·礼运》又有一段概括性的描述，其大意是：原始社会的先民，把黍米和猪肉块放在烧石上烤炙而献食，在地上凿坑当做酒樽用手掬捧而献饮，还用茅草扎成长槌敲击土鼓，以此来表示对鬼神的敬畏和祭祀。后来食礼由人与神鬼的沟通扩展出人与人的交际，以便调节日益复杂的社会关系，逐步形成吉礼、凶礼、军礼、宾礼、佳礼等"先秦五礼"，奠定了古代饮食礼制的基石。

作为汉族传统的古代宴饮礼仪，一般的程序是，主人折柬相邀，到期迎客于门外；客至，互致问候，延入客厅小坐，敬以茶点；导客入席，以左为上，是为首席。席中座次，以左为首座，相对者为二座，首座之下为三座，二座之下为四座；客人坐定，由主人敬酒让菜，客人以礼相谢；宴毕，导客入客厅小坐，上茶，直至辞别。席间斟酒上菜，也有一定的规程。

现代的标准规程是：斟酒由宾客右侧进行，先主宾，后主人。先女宾，后男宾，酒斟不得过满。上菜先冷后热，热菜应从主宾对面席位的左侧上；上单份菜或配菜席点和小吃先宾后主；上全鸡、全鸭、全鱼等整形菜，不能把头尾朝向正主位。

在用饭过程中，也有一套繁文缛节，一般称为进食之礼。《礼记·曲礼》载："共食不饱，共饭不择手，毋搏饭，毋放饭，毋流歠，毋咤食，毋啮骨。毋反鱼肉，毋投与狗骨。毋固获，毋扬饭，饭黍毋以箸，毋嚃羹，毋刺齿。客絮羹，主人辞不能烹。客歠醢，主人辞以篓。濡肉齿决，干肉不齿决。毋嘬炙。卒食，客自前跪，撤饭齐以授相者，主人兴辞于客，然后客坐。"这段话的大意是讲：大家共同吃饭时，不可只顾自己吃饱。如果和别人一起吃饭，就要检查手的清洁。不要用手挑饭团，不要把多余的饭放进锅中，不要喝得满嘴淋漓，不要吃得嘚嘚作声，不要啃骨头，不要把咬过的鱼肉又放回盘碗里，不要把肉骨头扔给狗。不要专据食物，也不要簸扬饭菜，吃黍蒸的饭用手而不用箸，不可以大口囫囵地喝汤，也不要当着主人的面调和菜汤。不要当众剔牙齿，也不要喝瞻渍的肉酱。

第二节 中国烹饪文化

烹饪是人类在烹调与饮食的实践活动中创造和积累的物质财富与精神财富的总和。它包含烹调技术、烹调生产活动、烹调生产出的各类食品、饮食消费活动以及由此衍生出的众多精神方面的产品。中国烹饪文化具有独特的民族特色和浓郁的东方魅力，主要表现为以味的享受为核心、以饮食养生为目的的和谐与统一。

中国烹饪从远古走到了今天，在这绵延数千年的历程中，经历了不同的发展阶段，呈现出不同的时代特点。

中国烹饪起源较早，距今 50 万年左右，生活在北京周口店一带的"北京猿人"就已学会用火来烹制熟食，"炮生为熟"、"燔而食之"，应是中国最古老的烹饪了。

殷商时期，人类社会进入青铜期，有了传热较快和锋利的金属鼎、刀、匙等炊具，有了品种较齐全的小麦、大麦、小米、大米、黍等粮食和蔬菜，学会驯养家畜、家禽，奴隶主们已经吃到很多佳肴，"食前方丈，罗致珍优、陈馈八，味列九鼎"。这样盛馔一直延续到以后的封建时代，对后世的烹调发生了深远的影响。

春秋时期，随着农业、手工业的发展，特别是炼铁技术的发明发展、调味品品种的增多，对烹调技术又有很大促进。《周礼·天官》中这样说："凡和，春多酸，夏多苦，秋多辛，冬多咸，调以滑干。"可以看出，当时的烹调就已经讲究五味调和。

汉晋时期，农、渔、牧和食品加工业有了很大发展，果蔬大面积栽培，牛、羊、猪已成群放牧和饲养，鱼塘大面积养殖，酒、醋、酱、曲产量很大。随着对外贸易和文化的交流，还引入西域等地的胡瓜、胡椒等多种果蔬、调料，为烹调提供了充足的原料辅料。与此同时，随着佛教的传入和兴起，使祭祀、宴会空前增多，佛教素食兴盛。

唐朝是我国历史上的鼎盛时期，经济文化发达，四邻友好，通商往来增多，饮食行业和烹调技术都得到了很大的发展。以长安为中心的都市饮食市场进一步形成和繁荣，饭店、酒楼、茶肆林立，饮食品种多达 100 多种，反映了烹调技术的娴熟程度。制陶工艺的发展，也使得菜肴完美地具备了色、香、味、形、器五种属性。此外，食疗营养也于唐朝逐步兴起，《千金药方》、《食疗本草》等疗效食品专著问世，对形成我国寓营养、防病、疗病和颐养于饮食的传统，做出了出色的贡献。

宋元时期我国的烹饪文化也得到了长足的发展，南宋由汴京迁都临安（杭州）。出现了我国饮食习俗和烹调技术的第一次大交流。元代时，宫廷菜和少数民族菜点较前有了很大发展，忽斯慧所著宫廷菜谱《饮膳正要》即是这时期烹调饭菜品种的缩影。

我国古代烹饪文化在明清时期达到了鼎盛，选料更加严格，加工更为精细，烹调方法更为广泛和纯熟，佳肴美味更为丰盛，地方风味道出多门。"满汉全席"是这一时期的代表作，是我国烹饪文化的精华，集各路名菜佳肴之大成，所用原料，取精用宏，争奇斗胜，几乎动用了所有烹调技术，历经二百年久传不衰。这一时期烹饪著作甚多，代表作有《随园食单》、《闲情偶寄》、《醒园录》等。

民国以后，由于历年军阀混战，特别是日本帝国主义入侵我国，战火纷飞，民不聊生，传统的烹调技术就整体而言，几乎处于停滞状态，制作各种名菜佳肴基本沿用旧法。此时，名噪一时的满汉全席已不为时尚，代之而起的有燕翅席、海参席、鸭翅席等。在北方比较流行的是八大菜、八小菜、四冷荤、四热荤、两甜头、四京果、四看果等。抗战期间，又有改为八大件、六大碗的热荤筵席，这种筵席更接近于人民大众。

近代以来一些西方烹调技术也进入中国，一些大的酒家、饭店开始经营西餐，一些传统菜肴的烹调吸取外来技术，中西结合，更为改观。

中国烹饪经过几千年的发展演变，推陈出新、去糟取精，无论是烹饪方法、技术，还是文化内涵都已经达到相当的高度。在现代社会，烹饪所包含的文化意蕴是十分丰富的，"吃"已经远远超越了生理性的需求而成为一种综合的人生享受。经过几千年的积淀，百花齐放、百家争鸣。中国烹饪形成众多风味、诸多体系。如按地域分有川、粤、鲁等八大菜系。

随着人们精神文明和物质文明的逐步提高，越来越多的饮食意识潜移默化地起着变化，"古为今用"、"洋为中用"、"土为新用"等理念渗透到烹饪文化的各个领域，融会贯通、不断发展，促使中国烹饪文化不断改良与创新。

当前，随着国际、国内可持续发展意识、环保意识逐步增强，一场"绿色革命"也在餐饮业悄然兴起，绿色消费、绿色食品等逐渐进入人们的饮食消费观念和行为中。绿色餐饮、绿色烹饪大行其道，成为今后餐饮文化和烹饪文化的主流。

第三节 风味菜肴

中国疆域辽阔，气候多样，热带、亚热带、温带、亚寒带兼而有之。地形多样，江河湖海，山川平原，无一不备，这样就为中国的饮食与烹调提供了不同种类、不同品质的鱼肉禽蛋、山珍海味、瓜果蔬菜等丰富的动植物原料、调料，因而也形成了不同的地方风味。

长期以来，各地由于选用不同的原料、不同的配料，采用不同的烹调方法，因而形成了各自的独特风味和不同的菜系。其中，较为著名的是八大菜系。

一、粤菜

广东人以吃闻名，是中国食文化的开拓者和实践者。广东地处亚热带，地形多变，物产丰饶，同时，广东又处在中外交流的枢纽，天南海北的游客、商人云集，使广东的食文化丰富多彩。"食在广东"已名扬海内外。粤菜包括广州、潮州、东江等地菜。粤菜风味独特，用料广泛，各种奇珍异食无所不吃，丰富多彩，营养上乘的广东菜、广东小吃和广东食品尽管使广东人大饱口福，但广东人对"吃"的要求越来越高，广东人的食文化吃出了情调，吃出了享受。

二、川菜

四川是天府之国，物产丰饶。川菜源远流长，历史悠久。其烹调技法博大精深，调味品纷繁而富有特色，故菜肴的口味丰富而独特，素有"一菜一格，百菜百味"之美称。由于四川气候潮湿，因此四川人吃辣椒是出名的，吃辣椒能祛寒除湿。在大多数川菜中，无论是炒菜、凉菜，还是在汤里都要放辣椒。四川人吃辣的方式多样，有单用辣椒的吃法，但更多的是辣椒与花椒并用的麻辣味。川菜善于因时因地制宜，灵活掌握味道的浓与淡、麻与辣，使味道浓淡有别、清鲜醇浓。川菜的用料比较大众化，一般的禽、兽、鱼、蔬、鲜都可，但烹调方式十分多样，且精工细做，对刀工切配，色味火候都有独特的要求。川菜是由四川人居家吃的家常菜发展而成的，虽然川菜中也有名贵的燕窝、鱼翅做成的豪华菜式，但其中给人回味至深的代表菜却是麻婆豆腐、鱼香肉丝、水煮牛肉、河水豆花、花肚火锅一类的家常菜。

三、鲁菜

山东地处我国胶东半岛，依山傍海，物产丰富。山东历史悠久，是我国古代齐鲁文化的发源地，鲁菜早在春秋时期已负盛名，是我国北方菜的代表。到了元朝，鲁菜的风格更加鲜明，制作更加精湛，在华北、东北、北京、天津等地广为流传。此时，山东菜还传进宫廷，成为御膳的主体。传统鲁菜擅长烹调海鲜与禽兽，讲究清鲜。选料十分精细，多选用当地特色的原料和新鲜的海产品，采用多种烹调方法精心制作。其特点是清香、鲜嫩、味纯，既讲究真材实料，又讲究丰满实惠。鲁菜至今仍有大鱼大肉、大盘大碗的特点，请客宴会以丰满实惠著称。鲁菜的代表菜如葱烧海参、糖醋鲤鱼、德州扒鸡、清汤燕菜等皆给人留下了清香鲜美、酥脆质嫩的美好回味。在鲁菜的发展过程中，也广泛地吸收了全国各地菜系之所长，使之成为我国影响最大的菜系之一。

四、苏菜

江苏位于我国东南沿海，长江下游。这里气候温和，土地肥沃，盛产稻、麦、棉、蚕、鱼等土特产，素有"鱼米之乡"的美誉。"春有刀鲚夏有鲥，秋有肥鸭冬有蔬"，一年四季各种禽蛋、瓜果蔬菜、水产、土产不断上市，这为苏菜的形成与发展提供了有利条件。经过长期的演变与发展，江苏的食文化积累了丰富的烹饪经验，烹调技术日臻完善，逐步形成了以淮扬、南京、苏锡三种地方菜为主体的江苏菜系。江苏菜历史悠久，品种繁多。据《史记》、《吴越春秋》等书记载，早在 2400 年前已有炙鱼、蒸鱼、鱼片等不同的烹调方法。用鸭子做菜起源也较早，在 1400 年前鸭子已是金陵民间喜爱的食品。苏菜的主要特点是选料以鲜活、鲜嫩为佳，制作精细，注重刀工火候，四季有别。如"淮扬狮子头"这一名菜随季节变化用不同原料烹制，春秋宜清炖，冬季宜烩焖，春季做河鲜芽笋狮子头，秋季做蟹粉狮子头，冬季做芽菜凤鸡狮子头等因时而异。苏菜在调味上讲究清淡入味，追求清香四溢淡香扑鼻，注重色泽鲜艳清爽悦目。苏菜是我国主要的传统菜系之一，在国内外享有较高盛誉。

五、徽菜

安徽位于华东的西北部，兼跨长江、淮河流域，境内平原、丘陵、山地俱全，河流湖泊交错，物产丰盛。徽菜分南北两大菜系，即皖南徽菜与江淮徽菜，徽菜是我国八大菜系的一系，起源最早，取材于本地区的土特产，又以当地传统的烹调方法烧制，形成了独特的地方风味。徽菜以烹制山珍野味著称，如传统风味中的"火腿炖甲鱼"就是选用皖南地区特产沙地马蹄鳖做主料。其特点是量大油重，朴素实惠，善于保持原汁原味。徽菜虽取料朴素，但色、香、味俱全，可谓物美价廉。如有机会品尝几道传统的徽菜，定有"日啖徽菜一二道，不辞长作徽州人"之感。

六、浙菜

浙江气候温和，土地肥沃，境内有平原，有山区，丘陵绵延，河流纵横，湖泊水库，星罗棋布，自然条件非常优越。浙江人心灵手巧，善于动脑，加上浙江文化发达，历史悠久，内地浙菜有其独到之处。浙菜的特点是选料时鲜，制作精细，色彩鲜艳，味道鲜美。浙菜魅力巨大，正如诗人白居易所赞："清明土步鱼初美，重九团脐蟹正肥，莫怪白公抛不得，便论食品亦忘归。"经过长时期的演变发展，以杭州、宁波、绍兴三个地区为代表的浙江菜系以其独特的风味誉满中外。

七、闽菜

福建位于我国东南沿海，境内山岭耸峙，丘陵起伏，河谷与盆地错落，素有"八山一水一分田"之称。这里气候温暖湿润，盛产热带作物。物产丰富，水产发达。福建历史悠久，是"海上丝绸之路"的起始驿站，也是我国海洋文化的发源地。闽菜起源历史早，由福州、泉州、厦门等地方菜组成，擅长烹调海鲜及当地土特产。其特点是色彩绚丽、味鲜而清淡、咸中略带酸甜。驰名的闽菜有佛跳墙、雪花鸡、八宝鲟饭、太极明虾等。闽菜继承了地方烹饪技艺的优良传统，以其浓厚的地方色彩和独特的福建风味而香飘中外。

八、湘菜

湖南地处我国长江中游，洞庭湖以南，境内河流纵横，气候潮湿，奇山秀水，物产富饶。湘菜由湘江流域、洞庭湖区和湘西地方风味构成。其特点是制作精细，用料广泛，讲究原料的入味。口味偏重咸、辣、酸、香，以辣为特色。湘人食辣为瘾，无论男女老幼皆嗜辣成癖，一顿没有辣椒便会饭菜不香，正所谓"无辣不成味"。著名的湘菜有：麻辣子鸡、红煨鱼翅、火方银鱼、油辣冬笋尖等。

第四节 中国烹饪文化的对外交流

中国作为一个文明古国，很早就进入农耕时代，数千年来创造了光辉灿烂的饮食文化。随着近代中西文化的交流，中国的饮食文化在世界各国大放异彩，一直享有盛誉，这是值得千百万炎黄子孙引以为傲的。

世界上，凡是有华人甚至没有华人的地方，都能够受到中国饮食文化的影响。那么，中国的烹饪原料、烹饪技法、传统食品、食风食俗等，又是怎样传播到世界各地去的呢？

早在秦汉时期，中国就开始了饮食文化的对外传播。据《史记》、《汉书》等记载，西汉张骞出使西域时，就通过丝绸之路同中亚各国开展了经济和文化的交流活动。张骞等人除了从西域引进了胡瓜、胡桃、胡荽、胡麻、胡萝卜、石榴等物产外，也把中原的桃、李、杏、梨、姜、茶叶等物产以及饮食文化传到了西域。今天在原西域地区的汉墓出土文物中，就有来自中原的木制筷子。我国传统烧烤技术中有一种啖炙法，也很早通过丝绸之路传到了中亚和西亚，最终在当地形成了人们喜欢吃的烤羊肉串。

此外，我国的饮食文化对朝鲜的影响也很大，这种情况大概始于秦代。据《汉书》等记载，秦代时"燕、齐、赵民避地朝鲜数万口"。这么多的中国居民来到朝鲜，自然会把中国的饮食文化带到朝鲜。汉代的时候，中国人卫满曾一度在朝鲜称王，此时中国的饮食文化对朝鲜的影响最深。朝鲜习惯使用筷子吃饭，朝鲜人使用的烹饪原料、朝鲜人在饭菜的搭配上，都明显地带有中国的特色。甚至在烹饪理论上，朝鲜也讲究中国的"五味"、"五色"等说法。

鉴真东渡把中国的饮食文化带到了日本，日本人吃饭时使用筷子就是受中国的影响。唐代时，在中国的日本留学生还几乎把中国的全套岁时食俗带回了本国，如元旦饮屠苏酒，正月初七吃七种菜，三月上巳摆曲水宴，五月初五饮菖蒲酒，九月初九饮菊花酒等。其中，端午节的粽子在引入日本后，日本人又根据自己的饮食习惯作了一些改进，并发展出若干品种，如道喜粽、饴粽、葛粽、朝比奈粽等。唐代时，日本还从中国传入了面条、馒头、饺子、馄饨和制酱法等。

日本人调味时经常使用的酱油、醋、豆豉、红曲以及日本人经常食用的豆腐、酸饭团、梅干、清酒等，都来源于中国。饶有趣味的是，日本人称豆酱为唐酱，蚕豆为唐豇，辣椒为唐辛子，萝卜为唐物，花生为南京豆，豆腐皮为汤皮等。

除了西北丝绸之路和西南丝绸之路之外，还有一条海上丝绸之路，它扩大了中国饮食文化在世界上的影响。泰国、缅甸、老挝、柬埔寨等国饮食文化也深受影响。

如泰国人的米食、挂面、豆豉、干肉、腊肠、腌鱼以及就餐用的羹匙等，都和中国内地有许多共同之处。菲律宾人从中国引进洋白菜、菠菜、芹菜、莴苣、大辣椒、花生、大豆、梨、柿、柑橘、石榴、水蜜桃、香蕉、柠檬等蔬菜和水果，菲律宾人还爱吃中国的饭菜，如馄饨、米线、春饼、叉烧包、杂碎、烤乳猪等。

应当指出，我国的饮食文化有着文明、光辉灿烂的一面，同时也有着某些落后、不尽如人意的地方。例如随处可见的合餐形式，极易传播各种疾病；暴食豪饮现象不少，过分重视饮食的味道、数量和排场，忽视了饮食的色香、营养和情调；大小"公"宴不断，形式单一，浪费太多的时间、精力和资源，形成了公害等。

第五节　中国酒文化

酒是人类生活中的主要饮料之一。在中国的饮食文化漫长的发展历程中，酒始终扮演着重要的角色。可以说，酒渗透于整个中华五千年的文明史中，从文学艺术创作、文化娱乐到饮食烹饪、养生保健等各方面，酒在中国人生活中都占有重要的位置。

一、酒的起源

在古代，往往将酿酒的起源归于某某人的发明，把这伟人说成是酿酒的祖宗，由于影响非常大，以至于成了正统的观点，现将常见几种说法罗列如下：

1. 仪狄醉酒

相传夏禹时期的仪狄发明了酿酒。公元前 2 世纪史书《吕氏赛秋》云："仪狄作酒"。汉代刘向编辑的《战国策》则进一步说明："昔者，帝女令仪狄作酒而美，进之禹，禹饮而甘之，曰：'后世必有饮酒而之国者。'遂疏仪狄而绝旨酒。"根据这段记载，情况大体是这样的：夏禹的女人，令仪狄去监造酿酒，仪狄经过一番努力，做出来的酒味道很好，于是奉献给夏禹品尝。夏禹喝了之后，觉得的确很美好。可是这位被后世人奉"圣明之君"的夏禹，不仅没有奖励造酒有功的仪狄，反而从此疏远了他，对他不仅不再信任和重用了，反而自己从此和美酒绝了缘。还说：后世一定会有因为饮酒无度而误国的君王。

2. 杜康酿酒

杜康酿酒的另一则传说认为，酿酒始于杜康（亦为夏朝时代的人）。东汉《说文解字》中解释"酒"字的条目中有："杜康作秫酒。"《世本》也有同样的说法。

3. 酿酒始于黄帝时期

一种传说则表明在黄帝时代人们就已开始酿酒。汉代成书的《黄帝内经·素问》中记载了黄帝与岐伯讨论酿酒的情景，《黄帝内经》中还提到一种古老的酒——醴酪，即用动物的乳汁酿成的甜酒。黄帝是中华民族的共同祖先，很多发明创造都出现在黄帝时期。《黄帝内经》一书实乃后人托名黄帝之作，其可信度尚待考证。

4. 酒与天地同时

更带有神话色彩的说法是"天有酒星，酒之作也，其与天地并矣"。这些传说尽管各不相同，大致说明酿酒早在夏朝或者夏朝以前就存在了，这是可信的，而这一点已被考古学家所证实。夏朝距今约 4000 多年，而目前已经出土距今 5000 多年的酿酒器具。这一发现表明：我国酿酒起码在 5000 年前已经开始。在远古时代，人们可能先接触到某些天然发酵的酒，然后加以仿制，这个过程可能需要一个相当长的时期。

二、中国酒的种类

在我国，由谷物酿造的酒一直处于优势地位，果酒所占的分量很小。中国谷物酿酒一个显著的特点就是酒曲的使用，因此在了解中国酒的种类之前，有必要先对酒曲有个较详细的了解。

1. 酒曲

综观世界各国用谷物原料酿酒的历史，可以大致分为两类：一类是以谷物发芽的方式，利用谷物发芽时产生的酶将原料本身糖化成糖分，再用酵母菌将糖分转变为酒精；另一类是用发霉的谷物，制成酒曲，用酒曲中所含的酶制剂将谷物原料糖化发酵成酒。而我国大部分酒都是用酒曲制成的。

虽然中国人民与曲蘖打了几千年的交道，知道酿酒一定要加入酒曲，但一直不知道曲蘖的本质所在。现代科学才解开其中的奥秘。酿酒加曲，是因为酒曲上生长有大量的微生物，还有微生物所分泌的酶（淀粉酶、糖化酶和蛋白酶等），酶具有生物催化作用，可以加速将谷物中的淀粉、蛋白质等转变成糖、氨基酸。糖分在酵母菌的酶的作用下，分解成乙醇，即酒精。蘖也含有许多这样的酶，具有催化作用。可以将蘖本身中的淀粉转变成糖分，在酵母菌的作用下再转变成乙醇。同时，酒曲本身含有淀粉和蛋白质等，也是酿酒原料。

酒曲的分类方法有很多种，现代大致将酒曲分为五大类，分别用于不同的酒。它们是：

麦曲，主要用于黄酒的酿造。

小曲，主要用于黄酒和小曲白酒的酿造。

红曲，主要用于红曲酒的酿造（红曲酒是黄酒的一个品种）。

大曲，用于蒸馏酒的酿造。

麸曲，这是现代才发展起来的，用纯种真菌接种以麸皮为原料的培养物，可用于代替部分大曲或小曲，目前麸曲法白酒是我国白酒生产的主要操作方法之一。其白酒产量占总产量的 70 % 以上。

2. 中国白酒

我国酒的分类方法有很多种，比如按照所用酒曲和主要工艺可分为大曲酒、小曲酒、麸曲酒、混曲酒等；按酒精度又可以划分为高度白酒、低度白酒等。这里我们主要介绍按照酒的香型为依据的划分形式。一般来说，这种方法按酒的主体香气成分的特征分类，在国家级评酒，往往按这种方法对酒进行归类。

1）酱香型白酒：酱香型白酒因有一种类似豆类发酵时的酱香味而得名。因源于茅台酒工艺，故又称"茅香型"。这种酒优雅细腻，酒体醇厚丰富，回味悠长。酱香型白酒的各种芳香物质含量较高且种类多，又分前香、后香。其代表是茅台酒、四川的郎酒等，主要原料有高粱、小麦，贮存三年以上。

2）浓香型白酒：以泸州老窖特曲、五粮液等酒为代表，浓香干爽。发酵原料是多种原料，以高粱为主，发酵采用混蒸续渣工艺。发酵采用陈年老窖，也有人工培养的老窖。在名优酒中，浓香型白酒的产量最大，四川、江苏等地所产的酒均是这种类型。

3）清香型白酒：清香型白酒是一种传统的老白干风格，以山西杏花村的汾酒为代表，又叫"汾香型"，特点是清香纯正、多味协调、余味爽净。原料除高粱外，制曲用大麦、豌豆，采用清蒸清渣工艺，地缸发酵，贮存期为一年。

4）米香型白酒：以桂林三花酒为代表，特点是米香纯正，入口柔绵，落口爽净、回味怡畅。以大米为原料，糖化发酵剂采用传统的小米曲，发酵工业特点是半液态法，贮存期一般 3 ~ 6 个月。

5）其他香型白酒：除了以上介绍的几种香型以外的各种香型的白酒，都属于其他香型，是一些因为工艺独特、风格独具而对其香型定义及主体香气成分有待进一步确定，或以一种香型为主兼有其他香型的白酒品种。如西凤酒、董酒等。

3. 中国黄酒

中国的黄酒，也称为米酒，属于酿造酒，与葡萄酒、啤酒并称为世界三大酿造酒。其酿造技术独树一帜，成为东方酿造界的典型代表和楷模。

有的人将黄酒这一名称翻译成"Yellow Wine"，其实这并不恰当。黄酒的颜色并不总是黄色的，在古代，酒的过滤技术并不成熟之时，酒是呈混浊状态的，当时称为

"白酒"或浊酒。黄酒的颜色就是在现在也有黑色的、红色的，所以不能光从字面上来理解。黄酒的实质应是谷物酿成的，因可以用"米"代表谷物粮食，故称为"米酒"也是较为恰当的，现在通行用"Rice Wine"表示黄酒。

1）黄酒的酿造：黄酒是用谷物做原料，用麦曲或小曲做糖化发酵剂制成的酿造酒。在历史上，黄酒的生产原料在北方以粟（在古代是秫、粱、稷、黍的总称，有时也称为粱，现在也称为谷子，去除壳后的叫小米），在南方，普遍用稻米（尤其是糯米为最佳原料）为原料酿造黄酒。由于宋代开始，政治、文化、经济中心的南移，黄酒的生产局限于南方数省。南宋时期，烧酒开始生产，元朝开始在北方得到普及，北方的黄酒生产逐渐萎缩，南方人饮烧酒者不如北方普遍，而黄酒生产得以保留。在清朝时期，南方绍兴一带的黄酒称雄国内外。目前黄酒生产主要集中于浙江、江苏、上海、福建、江西和广东、安徽等地，山东、陕西、大连等地也有少量生产。

2）黄酒的种类：经过数千年的发展，黄酒家族的成员不断扩大，品种琳琅满目。酒的名称更是丰富多彩。最为常见的是按酒的产地来命名，如绍兴酒、金华酒等。黄酒类型的划分依据也有很多，如可以按照原料划分为糯米酒、黑米酒、玉米黄酒等；按酒的外观可以划分为清酒、浊酒、白酒、黄酒、红酒等。

在最新的国家标准中，黄酒的定义是：以稻米、黍米、黑米、玉米、小麦等为原料，经过蒸料，拌以麦曲、米曲或酒药，进行糖化和发酵制而成的各类黄酒。按黄酒的含糖量将黄酒分为以下 6 类：

干黄酒："干"表示酒中的含糖量少，糖分都发酵变成了酒精，故酒中的糖分含量最低，最新的国家标准中，其含糖量小于 1.00g/ml（以葡萄糖计）。这种酒属稀醪发酵，总加水量为原料米的 3 倍左右。发酵温度较低，开耙搅拌的时间间隔较短。酵母生长较为旺盛，故发酵彻底，残糖很低。在绍兴地区，干黄酒的代表是"元红酒"。

半干黄酒："半干"表示酒中的糖分还未全部发酵成酒精，还保留了一些糖分。在生产上，这种酒的加水量较低，相当于在配料时增加了饭量，故又称为"加饭酒"。酒的含糖量在 1.00%~3.00%。在发酵过程中要求较高。酒质厚浓，风味优良，可以长久贮藏，是黄酒中的上品。我国大多数出口酒，均属此种类型。

半甜黄酒：这种酒含糖分在 3.00%~10.00%。这种酒采用的工艺独特，是用成品黄酒代水，加入到发酵醪中，使糖化发酵的开始之际，发酵醪中的酒精浓度就达到较高的水平，在一定程度上抑制了酵母曲的生长速度，由于酵母菌数量较少，对发酵醪中产生的糖分不能转化成酒精，故成品酒中的糖分较高。这种酒，酒香浓郁，酒度适中，味甘甜醇厚，是黄酒中的珍品。但这种酒不宜久存，贮藏时间越长，色泽越深。

甜黄酒：这种酒一般是采用淋饭操作法，拌入酒药，搭窝先酿成甜酒酿，当糖化至一定程度时，加入 40%~50%浓度的米白酒或糟烧酒，以抑制微生物的糖化发酵作用，酒中的糖分含量达到 10.00~20.00g/100ml 之间。由于加入了米白酒，酒度也较高，甜型黄酒可常年生产。

浓甜黄酒：糖分大于或等于 20g/100ml。

加香黄酒：这是以黄酒为酒基，经浸泡（或复蒸）芳香动植物或加入芳香动植物的浸出液而制成的黄酒。

三、酒与中国文化

酒是社会文明的标志。研究社会的文明史，不可不研究酒文化史。中华酒文化中的丰富内涵，会给人们带来乐趣和启示。

1）酒与中国文学艺术："对酒当歌，人生几何"，在文学艺术的王国中，酒的神精神无所不在，它对文学艺术家及其创造的登峰造极之作产生了巨大深远的影响。因为，自由、艺术和美是三位一体的，因自由而艺术，因艺术而产生美。

酒与诗文：饮酒想起诗，赋诗想起酒。酒与诗好像是孪生兄弟，结下了不解之缘。我国最早的一部诗歌总集《诗经》中，已经有了关于酒的诗句："清酒既载，骍牡既备。以享以祀，以介景福。"（《大雅·旱麓》）

中国古代文人墨客嗜酒成风，不同时期不同的政治经济背景下，诗人们饮酒赋诗，借以抒发不同的情怀。魏晋文人，处在政治动荡的社会，朝不保夕，心中充满忧伤和恐惧，饮酒是为了消忧，逃避现实，无法谱出昂扬的情调，因而留下了"何以解忧，唯有杜康"的千古名句。

唐代的酒业到了鼎盛时期，唐代的诗歌创作也达到高峰。酒与诗，这两者之间，到底存在一种什么关系？简而言之，相得益彰。"李白斗酒诗百篇，长安市上酒家眠，天子呼来不上船，自称臣是酒中仙。"（杜甫《饮中八仙歌》）在唐代许多诗人的心目中，人生的最大快乐，不是封侯拜相，不是拥有金山银海，不是得道成仙，而是有诗与酒的享受。

2）酒与书法绘画：人们常说，"酒为诗侣"，二者有不解之缘。其实，酒不止于诗如此，于画、于书法亦然。在我国历史上，诸多丹青、书法名家，常常"每欲挥毫，先必酣饮"。

"书圣"王羲之醉时挥毫而作《兰亭序》"遒媚劲健，绝代所无"，而至酒醒时"更书数十本，终不能及之"。

明代著名画家唐伯虎，酷好饮酒。求画者纷纷载酒而来，常常与其畅饮终日始得一画，因此当时流传着"欲得伯虎画一幅，须费兰陵酒千钟"的谚语。

清代扬州八怪之首郑板桥，有"诗书画三绝"之誉。他常常写字不离酒，酣饮始作画，正如他在《自遣》诗中所言："看月不妨人尽去，对花只恨酒来迟。笑他嫌素求书辈，又要先生（自指）烂醉时。"可谓"酒中有画，画中有酒"。

不只古人如此，今人亦然。当代有些画坛名人，也喜欢饮酒挥毫。著名画家傅抱石生性好酒，自制一枚闲章，印文为"往往酒后"，常钤诸得意之作，寓有"成功之作得益于酒"之意。他创作北京人民大会堂厅内巨画《江山如此多娇》时，有段佳话颇为有趣。当时商品紧缺，接受了作画任务的傅抱石，因买不到酒而画兴索然。为了按时完成任务，他致信周总理请求"酒援"，总理接信后即刻派人买酒送去。抱石几杯酒入肚，画兴勃发，浮想联翩，挥笔如神，终成巨作。酒画何以有如此之缘？这看似非常神秘，其实也好理解。嗜酒画家平时作画，往往拘谨小心，囿于故习，兴致不高，缺乏想象，没有灵智。饮酒之后，由于主观想象力和创造力的右脑受到刺激，豪情勃然，灵感顿生，才思横溢，思维活跃，冲破常规，创出佳作，这就是酒中出画之真谛。当然，这不能一概而论。

四、饮酒与节庆习俗

酒与民俗不可分。诸如农事节庆、婚丧嫁娶、生期满日、庆功祭奠、奉迎宾客等民俗活动，酒都成为中心物质。

1）节日饮酒习俗：中国人一年中，只要是节日，往往都离不开饮酒：

春节期间要饮用屠苏酒、椒花酒（椒柏酒），寓意吉祥、康宁、长寿。

农历正月十五元宵节，是三官大帝的生日，人们都向天宫祈福，必用五牲、果品、酒供祭。祭礼后，撤供，家人团聚畅饮一番，以祝贺新春佳节结束。晚上观灯、看烟火、食元宵（汤圆）。

清明节饮酒有两种原因：一是寒食节期间，不能生火吃热食，只能吃凉食，饮酒可以增加热量；二是借酒来平缓或暂时麻醉人们哀悼亲人的心情。古人对清明饮酒献诗较多，唐代白居易在诗中写道："何处难忘酒，朱门美少年；春分花发后，寒食月明前。"杜牧在《清明》一诗中写道："清明时节雨纷纷，路上行人欲断魂。借问酒家何处有，牧童遥指杏花村。"

端午节人们为了辟邪、除恶、解毒，有饮菖蒲酒、雄黄酒的习俗。

中秋节时，无论家人团聚，还是挚友相会，人们都离不开赏月饮酒。韩愈在诗中写道："一年明月今宵多，人生由命非由他，有酒不饮奈明何？"到了清代，中秋节以饮桂花酒为习俗。

2）其他饮酒习俗：除了各种节日之外，民间的婚丧嫁娶、开业、远行等活动往往都离不开酒：

"满月酒"或"百日酒"，中华各民族普遍的风俗之一是生了孩子，满月时，摆上几桌酒席，邀请亲朋好友共贺，亲朋好友一般都要带有礼物，也有的送上红包。

"寿酒"：中国人有给老人祝寿的习俗，一般在 50、60、70 岁等生日，称为大寿，一般由儿女或者孙子、孙女出面举办，邀请亲朋好友参加酒宴。

"上梁酒"和"进屋酒"：在中国农村，盖房是件大事，盖房过程中，上梁又是最重要的一道工序，故在上梁这天要办上梁酒，有的地方还流行用酒浇梁的习俗。房子造好，举家迁入新居时，又要办进屋酒，一是庆贺新屋落成，并致乔迁之喜；二是祭祀神仙祖宗，以求保佑。

"开业酒"和"分红酒"：这是店铺作坊置办的喜庆酒。店铺开张、作坊开工之时，老板要办酒席，以恭喜庆贺；店铺或作坊年终按股份分配红利时，要办"分红酒"。

"壮行酒"，也叫"送行酒"，有朋友远行，为其举办酒宴，表达惜别之情。战争年代，勇士们上战场执行重大且有很大生命危险的任务时，指挥官们都会为他们斟上一杯酒，用酒为勇士们壮胆送行。

五、酒与政治

在我国几千年的历史中，酒与政治也结下了不解之缘。由此，也流传了很多有关酒的历史片段。

历代君王、大臣中嗜酒者甚众，因而误国误事者也不胜枚举。《史记·殷本纪》称："（纣）以酒为池，县（悬）肉为林，使男女裸相逐其间，为长夜之饮。"后人常用"酒池肉林"形容生活奢侈，纵欲无度。商纣的暴政，加上酗酒，最终导致商代的灭亡。

此外，也有很多借酒而达到政治目的的历史故事。宋代第一个皇帝赵匡胤自从陈桥兵变，一举夺得政权之后，却担心从此之后他的部下也效仿之，想解除手下一些大将的兵权。于是在 961 年，安排酒宴，召集禁军将领石守信、王审琦等饮酒，叫他们多积金帛田宅以遗子孙，歌儿舞女以终天年，从此解除了他们的兵权。在 969 年，又召集节度使王彦超宴饮，解除了他们的藩镇兵权，这就是著名的"杯酒释兵权"。

第六节　中国茶文化

中国是茶的故乡，茶的原产地。中国人的饮茶文化由来已久，上至帝王将相、文人墨客、诸子百家，下至贩夫走卒、平民百姓，无不对茶情有独钟。"文人七件宝，琴棋书画诗酒茶，开门七件事，柴米油盐酱醋茶"，这些都体现了无论是对于舞文弄墨的文人，还是普普通通的老百姓，饮茶文化都有深远影响。

一、茶的历史沿革

中国人的饮茶文化，经过几千年的演变，从牛饮的茶汤，到唐宋时精致的品茗，再到明清时归于平淡，落实于人伦。

1. 茶的起源

有关茶的起源，众说纷纭。中国历史上有很长的饮茶记录，已经无法确切地查明到底是在什么年代了。世界上其他地方的饮茶习惯、种植茶叶的习惯都是直接或间接地从中国传过去的。

"茶"字的起源，最早见于我国的《神农本草》一书，它是世界上最古的第一部药物书。因而，很多人认为茶叶最早是用作药物的，"神农尝百草，一日遭七十二毒，得茶而解"，这里的"茶"指的就是茶。

有的说法认为茶与一些其他的植物最早是作为祭品用的，后来有人尝食之发现食而无害，便"由祭品，而菜食，而药用"，最终成为饮料。此外，还有很多关于茶起源的说法。

无论是哪一种说法，可以证明的是：茶在中国很早就被认识和利用，也很早就有茶树的种植和茶叶的采制。

2. 古代茶文化的形成与发展

1）秦汉以前：顾炎武曾道，"自秦人取蜀而后，始有茗饮之事"，认为饮茶是秦统一巴蜀之后才开始传播开来，肯定了中国和世界的茶叶文化，最初是在巴蜀发展起来的。这一说法，已为现在绝大多数学者认同。巴蜀产茶，可追溯到战国时期或更早，巴蜀已形成一定规模的茶区，并以茶为贡品。

关于巴蜀茶业在我国早期茶业史上的突出地位，直到西汉成帝时王褒的《童约》，才始见诸记载，内有"烹筱尽具"及"武阳买茶"两句。前者反映成都一带，西汉时不仅饮茶成风，而且出现了专门用具。从后一句可以看出，茶叶已经商品化，出现了如"武阳"一类的茶叶市场。西汉时，成都不但已形成为我国茶叶的一个消费中心，由后来的文献记载看，很可能也已形成了最早的茶叶集散中心。不仅仅是在秦之前，秦汉乃至西晋，巴蜀仍是我国茶叶生产和技术的重要中心。

2）魏晋时期：三国、两晋阶段，随荆楚茶业和茶叶文化在全国传播的日益发展，也由于地理上的有利条件和较好的经济文化水平，长江中游或华中地区，在中国茶文化传播上的地位，逐渐取代巴蜀而明显重要起来，而我国的茶文化的雏形也形成于这一时期。两晋北朝时，一些有眼光的政治家提出"以茶养廉"，以对抗当时的奢侈之风。魏晋以来，天下骚乱，文人无以匡世，渐兴清谈之风。这些人终日高谈阔论，必有助兴之物，于是多兴饮宴。以最初的清谈家多酒徒，如"竹林七贤"。后来清谈之风发展到一般文人，但能豪饮终日不醉的毕竟是少数，而茶则可长饮且始终保持超然，于是清谈家们就转向好茶，所以后期出现了许多茶人。

3）唐朝：六朝以前，茶在南方的生产和饮用，已有一定发展，但北方饮者还不多。及至唐朝中后期，如《膳夫经手录》所载："今关西、山东，闾阎村落皆吃之，累日不食犹得，不得一日无茶。"中原和西北少数民族地区，都嗜茶成俗，于是南方茶的生产，随之空前蓬勃发展了起来。尤其是与北方交通便利的江南、淮南茶区，茶的生产更是得到了格外发展。唐代中叶后，长江中下游茶区，不仅茶产量大幅度提高，而且制茶技术也达到了当时的最高水平。湖州紫笋和常州阳羡茶成为了贡茶就是集中体现。茶叶生产和技术的中心，已经转移到了长江中游和下游，江南茶叶生产，集一时之盛。

唐朝时期，疆域广阔，注重对外交往。长安是当时的政治、文化中心，中国茶文化正是在这种大气候下形成的。茶文化的形成还与当时佛教的发展、科举制度、诗风大盛、贡茶的兴起、禁酒有关。

可以说，在唐朝之前，茶仅仅作为一解渴的饮料，在文士和僧侣的推荐下，精致的茶文化在盛唐时期终于成熟，茶从一种日常生活饮料进阶为品茗艺术。谈到唐朝中华茶文化的形成，必然要提到陆羽及其所著的《茶经》。

陆羽不但是一位茶叶专家，用现在的专业说，其同时也是一位杰出的诗人、小说家、传记作家、史学家、地理学家。《茶经》全书共 7000 多字，分三卷十节，卷上：一之源，谈茶的性状、名称和品质；二之具，讲采制茶叶的用具；三之造，谈茶的种类和采制方法。卷中：四之器，介绍烹饮茶叶的器具。卷下：五之煮，论述烹茶的方法和水的品质；六之饮，谈饮茶的风俗；七之事，汇录有关茶的记载、故事和效用；八之出，列举全国重要茶叶产地和所出茶叶的等级；九之略，是讲哪些茶具、茶器可以省略；十之图，即教人用绢帛抄《茶经》张挂。可以说，《茶经》不仅是一部系统阐述茶的著作，而且把诸家精华及诗人的气质和艺术思想渗透其中，奠定了中国茶文化的理论基础。

4）宋元时期：这一时期茶文化的发展主要是宋代，是我国茶业发展史上一个有较大改革和建设的重要时代。因此，史籍中也有"茶兴于唐，盛于宋"的说法。从五代和宋朝初年起，全国气候由暖转寒，致使中国南方南部的茶业，较北部更加迅速发展了起来，并逐渐取代长江中下游茶区，成为茶业的重心，主要表现在贡茶从顾清紫笋改为福建建安茶，唐时还不曾形成气候的闽南和岭南一带的茶业，明显地活跃和发展起来。宋朝茶业重心南移的主要原因是气候的变化，长江一带早春气温较低，茶树发芽推迟，不能保证茶叶在清明前贡到京都。福建气候较暖，如欧阳修所说"建安三千里，京师三月尝新茶"。作为贡茶，建安茶的采制，必然精益求精，名声也越来越大，成为中国团茶、饼茶制作的主要技术中心，带动了闽南、岭南茶区的崛起和发展。

由此可见，到了宋代，茶已传播到全国各地。此外，宋元时期茶叶制作工艺有了很大的改进，宋元茶业发展变革的另一特点，是这时的茶业生产，由团饼为主趋向以生产散茶为主的转变，从表面来看，似乎只是制茶工艺或茶业生产上的一种改制，但实际涉及我国茶叶文化的各个方面，是我国茶叶文化的一次深刻改革。因为很明显，茶业生产的改制，必然连带影响到饮茶的风俗和习惯，饮茶风习的变革，直接又影响茶具的革新等。所以，从这一角度上说，宋元是我国茶业和茶叶文化发展上的一个承前启后的阶段。

5）明清时期：明代是我国茶业生产和制茶技术上，继宋之后最为发展的一个重要时代。此时已出现燕青、炒青、烘青等各茶类，茶的饮用已改成"撮泡法"，明代不少文人雅士留有传世之作，如唐伯虎的《烹茶画卷》、《品茶图》，文徵明的《惠山茶会记》、《陆羽烹茶图》、《品茶图》等。茶类的增多，泡茶的技艺有别，茶具的制式、质地、花纹千姿百态。晚明时期，文士们对品饮之境又有了新的突破，讲究"至精至美"之境。

张源首先在其《茶录》一书中提出了自己的"茶道"之说："造时精，藏时燥，泡时洁。精、燥、洁茶道尽矣。"他认为茶中有"内蕴之神"即"元神"，发挥于外者叫做"元体"，两者互依互存，互为表里，不可分割。元神是茶的精气，元体是精粹外观的色、香、味。只要在事茶的过程中，做到淳朴自然，质朴求真，玄微适度，中正冲和，便能求得茶之真谛。张源的茶道追求茶汤之美、茶味之真，力求进入目视茶色、口尝茶味、鼻闻茶香、耳听茶涛、手摩茶器的完美之境。

张大复则在此基础上更进一层，他说："世人品茶而不味其性，爱山水而不会其情，读书而不得其意，学佛而不破其宗。"他想告诉我们的是，品茶不必斤斤于其水其味之表象，而要求得其真谛，即通过饮茶达到一种精神上的愉快，一种清心悦神、超凡脱俗的心境，以此达到超然物外、情致高洁的仙境，一种天、地、人融通一体的境界。这可以说是明人对中国茶道精神的发展与超越。到清朝时，茶叶出口已成一种正规行业。茶书、茶事、茶诗不计其数。

清朝后期，在腐败清政府统治下的中国日益衰败，中国茶文化也盛极而衰，直到新中国成立后，茶文化才日益复苏兴盛起来。

3. 中国茶文化的对外传播

当今世界广泛流传的种茶、制茶和饮茶习俗，都是由我国向外传播出去的。据推测，中国茶叶传播到国外，已有两千多年的历史。

约于公元 5 世纪南北朝时，我国的茶叶就开始陆续输出至东南亚邻国及亚洲其他地区。

公元 805~806 年，日本最澄、海空禅师来我国留学，归国时携回茶籽试种；宋代的荣西禅师又从我国传入茶籽种植。日本茶业继承了我国古代蒸青原理制作的碧绿溢翠的茶，别具风味，并且融入日本佛教文化，形成独特的茶文化。

10 世纪时，蒙古商队来华从事贸易时，将中国砖茶从中国经西伯利亚带至中亚。

15 世纪初，葡萄牙商船来中国进行通商贸易，茶叶对西方的贸易开始出现。

荷兰人在公元 1610 年左右将茶叶带至了西欧，1650 年后传至东欧，再传至俄、法等国。17 世纪时传至美洲。

印度尼西亚于 1684 年开始传入我国茶籽试种，以后又引入中国、日本茶种及阿萨姆种试种。历经坎坷，直至 19 世纪后叶开始有明显成效。第二次世界大战后，加速了茶的恢复与发展，并在国际市场居一席之地。

18 世纪初，品饮红茶逐渐在英国流行，甚至成为一种表示高雅的行为，茶叶成了英国上层社会人士用于相互馈赠的一种高级礼品。1780 年印度由英属东印度公司传入我国茶籽种植，至 19 世纪后叶已是"印度茶之名，充噪于世"。今日的印度是世界上茶的生产、出口、消费大国。

二、茶叶的种类

我国地大物博，不同的地域孕育了不同的茶类。不同的茶叶的种植、采集、加工、鉴赏品评不尽相同。按照其颜色和风味的不同，可以分为绿茶、乌龙茶、红茶、白茶等。

1. 绿茶

绿茶是历史上最早的茶类。古代人类采集野生茶树芽叶晒干收藏，就可以看做是绿茶加工的开始。绿茶为我国产量最大的茶类，产区分布于各个产茶省、市、自治区，其中尤以浙江、安徽、江苏三省产量最高，品质最好，是绿茶的主要生产基地。

绿茶是将采摘来的鲜叶先经高温杀青，杀灭了各种氧化酶，保持了茶叶绿色，然后经揉捻、干燥而制成，清汤绿叶是绿茶品质的共同特点。按杀青和干燥方式不同又可分为蒸青绿茶、炒青绿茶、烘青绿茶、晒青绿茶四种。绿茶中的名品有西湖龙井、洞庭碧螺春、黄山毛峰等。

龙井本是一个地名，也是一个泉名，而现在主要是茶名。龙井茶产于浙江杭州的龙井村，历史上曾分为"狮、龙、云、虎"四个品种，其中多认为以产于狮峰的龙井的品质为最佳。龙井属炒青绿茶，向以"色绿、香郁、味醇、形美"四绝著称于世。好茶还需好水泡，"龙井茶、虎跑水"被并称为杭州双绝。虎跑水中有机的氮化物含量较多，而可溶性矿物质较少，因而更利于龙井茶香气、滋味的发挥。冲泡龙井茶可选用玻璃杯，因其透明，茶叶在杯中逐渐伸展，一旗一枪，上下沉浮，汤明色醇，历历在目，仔细现赏，真可说是一种艺术享受。有专家说，正宗龙井可能绝迹。

2. 红茶

红茶属发酵茶类，基本工艺过程是萎翻、揉捻、发酵、干燥。我国红茶种类较多、产地较广，有我国特有的功夫红茶和小种红茶，也有与印度、斯里兰卡相类似的红碎茶。

红茶在加工过程中发生了化学反应，鲜叶中的化学成分变化较大，茶多酚减少90%以上、香气物质增加至300多种，从而形成了红茶、红汤、红叶和香甜味醇的品质特征。红茶的名品有祁红、滇红、广东红碎茶等。

祁门红茶是我国传统功夫红茶的珍品，有百余年的生产历史。主产安徽省祁门县，与其毗邻的石台、东至、黟县及贵池等县也有少量生产。常年产量5万担左右。祁红功夫茶以外形苗秀、色有"宝光"和香气浓郁而著称，在国内外享有盛誉。祁红功夫茶条索紧秀，株苗好，色泽乌燕泛灰光，俗称"宝光"，内质香气浓郁高长，似蜜糖香，又蕴藏有兰花香，汤色红艳，滋味醇厚，回味隽永，叶底嫩软红亮。祁门红茶品质超群，被誉为"群芳最"，这与祁门地区的自然生态环境条件优越是分不开的。全县茶园占总面积的65%左右。这些茶园，土地肥沃，腐殖质含量较高，早晚温差大，常有云雾缭绕，且日照时间较短，构成茶树生长的天然佳境，酿成"祁红"特殊的芳香厚味。

3. 乌龙茶

乌龙茶又名青茶，属半发酵茶类。基本工艺过程是晒青、晾青、播青、杀青、揉捻、干燥。乌龙茶的品质特点是，既具有绿茶的清香和花香，又具有红茶醇厚的滋味。乌龙茶种类因茶树品种的特异性而形成各自独特的风味，产地不同，品质差异也十分显著，乌龙茶的名品有铁观音、武夷岩茶、闽北水仙、台湾乌龙等。

铁观音原产福建省安溪县。铁观音原是茶树品种名，由于它适制乌龙茶，其乌龙茶成品遂亦名为铁观音。所谓铁观音茶即以铁观音品种茶树制成的乌龙茶。在台湾地区，铁观音茶则是指一种以铁观音茶特定制法制成的乌龙茶，所以台湾地区铁观音茶的原料，可以是铁观音品种茶树的芽叶，也可以不是铁观音品种茶树的芽叶。这与福建铁观音茶的概念有所不同。安溪铁观音的制造工艺，要经过晾青、晒青、做青（摇青、摊置）、炒青、揉捻、初焙、复焙、复包揉、文火慢烤、拣簸等工序才制成成品。

4. 白茶

白茶属轻微发酵的茶类，基本工艺过程是晾晒、干燥。白茶的品质特点是干茶外表满披白色茸毛，色白隐绿，汤色浅淡，味甘醇。白茶是我国特产。白茶的主要品种有白牡丹、银针白毫。

银针白毫，简称银针，又叫白毫，近年多称白毫银针，属白茶类。它与宋代《大观茶论》中记述的白茶，以银线水芽为原料制成的"龙团胜雪"饼茶和现代的凌云白毫、君山银针等茶不同，它们的原料先经蒸、炒杀青，属绿色茶或黄茶类。银针白毫芽头肥壮，遍披白毫，挺直如针，色白似银。福鼎所产茶芽茸毛厚，色白而富光泽，汤色呈浅杏黄，味清鲜爽口。政和所产，汤味醇厚，香气清芬。

5. 黄茶

黄茶属轻发酵茶类，基本工艺近似绿茶，但在制茶过程中加以闷黄，因此具有黄汤黄叶的特点。黄茶制造历史悠久，有不少名茶都属此类。

君山银针产地湖南，属芽茶，因茶树品种优良，树壮枝稀，芽头肥壮重实，每 500 克银针茶约 2.5 万个芽头。君山银针风格独特，产量不多，质量超群，为我国名优茶之佼佼者。其芽头肥壮，紧实挺直，芽身金黄，满披银毫，汤色橙黄明净，香气清纯，滋味甜爽，叶底嫩黄匀亮。根据芽头肥壮程度，君山银针产品分特号、一号、二号三个档次。用洁净透明的玻璃杯冲泡君山银针时，可以看到初始芽尖朝上、蒂头下垂而悬浮于水面，随后缓缓降落，竖立于杯底，忽升忽降，蔚成趣观，最多可达三次，故君山银针有"三起三落"之称。最后竖沉于杯底，如刀枪林立，似群笋破土，芽光水色，浑然一体，堆绿吸翠，妙趣横生，历来传为美谈。且不说品尝其味以饱口福，只消亲眼观赏一番，也足以引人入胜，神清气爽。根据"轻者浮，重者沉"的科学道理，"三起三落"是由于茶芽吸水膨胀和重量增加不同步，芽头密度瞬间变化而引起的。

6. 黑茶

黑茶属后发酵茶，是我国特有的茶类，生产历史悠久，花色品种丰富。早在 11 世纪，即北宋熙宁年间（公元 1074 年）就有用绿毛茶做色变黑的记载。黑茶是很多紧压茶的原料，黑茶压制成的紧压茶有茯砖茶、黑砖茶、花砖茶、湘尖茶、青砖茶、康砖茶、金尖茶、方包茶、六堡茶、圆茶、紧茶等。以湖南、湖北、四川、云南、广西等省区为主要产区。黑茶的年产量很大，仅次于红茶、绿茶产量，成为我国的第三大茶类。黑茶以边销为主，部分内销，少量外销，因此，习惯上又把黑茶制成的紧压茶称为边销茶。

普洱茶是用优良品种云南大叶种，采摘其鲜叶，经杀青后揉捻晒干的晒青茶（滇青）为原料，经过滚水堆积发酵（沤堆）的特殊工艺加工制成。普洱散茶外形条索粗壮肥大，色泽乌润或褐红（俗称猪肝色），滋味醇厚回甘，并其有独特的陈香。普洱茶历来被认为是一种具有保健功效的饮料。现经国内外有关专家的临床试验证明，普洱茶具有降低血脂、减肥、抑菌、助消化、吸胃、生津、止渴、醒酒解毒等多种功效。因此，普洱茶在日本、法国、德国、意大利等国家和我国香港、澳门地区有"美容茶"、"减肥茶"、"益寿茶"和"窈窕茶"之美称。

7. 其他

1）花茶：又名窨花茶、香片茶等。因茶使用花的种类不同，可分为茉莉花茶、珠兰花茶、玉兰花茶、玫瑰花茶等。目前市场上都以茉莉花为主窨制。

2）紧压茶种类：古代就有紧压茶的生产，唐代的蒸青团饼茶，宋代的龙团凤饼，都是采摘茶树鲜叶经蒸青、磨碎、压模成型而后烘干制成的紧压茶。现代紧压茶与古代制法不同，大都是以已制成的红茶、绿茶、黑茶的毛茶为原料，经过再加工、蒸压成型而制成，因此紧压茶属再加工茶类。如云南沱茶、湖南砖茶等。

3）工艺茶：我们之所以把工艺茶独立出来放入再加工茶的范畴，主要是基于我们近几年来对"茶叶加工艺术化"倾向的考虑，各种富有诗意和美感的茶名不断涌现，让现代气息扑面而来。不说早年的"牡丹绣球"、"出水芙蓉"等，就说如今的"贵妃环"、"千千结"、"金丝螺"、"金葫芦"、"凤眼"等，举不胜举。

三、茶的鉴赏与品评

我国是茶的原产地，不同气候、地形孕育了种类繁多的茶叶。就饮茶而言，首先要懂得茶叶的鉴赏、冲泡、品评，由此才能体味中国博大精深的茶文化。

1. 茶的鉴别

茶叶的鉴别是一门学问，要观其形、闻其香、品其味，才能判断出是新茶或是陈茶、春茶或秋茶、真茶或是假茶。

新茶与陈茶是相比较而言的。在习惯上，将当年春季从茶树上采摘的头几批鲜叶，经加工而成的茶叶，称为新茶，而将上年甚至更长时间采制加工而成的茶叶，即使保管严妥，茶性良好，也统称为陈茶。

在现实生活中，多数茶叶品种新茶比陈茶好，但也有的品种陈茶不亚于新茶，甚至反比新茶好的，于是产生了这样一个问题，如何鉴别新茶与陈茶？这可从以下几方面去识别：

色泽：茶叶在贮存过程中，由于受空气中氧气和光的作用，使构成茶叶色泽的一些色素物质发生缓慢的自动分解。如绿茶叶绿素分解的结果，使色泽由新茶时的青翠嫩绿逐渐变得枯灰黄绿，绿茶中含量较多的抗坏血酸（维生素C）氧化产生的茶褐素，会使茶汤变得黄褐不清。对红茶品质影味较大的茶黄素的氧化、分解或聚合，还有茶多酚的自动氧化的结果，会使红茶由新茶时的乌润变成灰褐。

滋味：陈茶由于茶叶中酯类物质经氧化后产生了一种易挥发的醛类物质，或不溶于水的缩合物，结果使可溶于水的有效成分减少，从而使茶叶滋味由陈厚变得淡薄，同时又由于茶叶中氨基酸的氧化和脱氨、脱羧作用的结果，使茶叶的鲜爽味减弱而变得"滞钝"。

香气：陈茶由于香气物质的氧化、缩合和缓慢挥发，使茶叶由清香变得低浊。上述区别，是对较多的茶叶品种而言的。而且，贮存条件良好，这种差别就会相对偏小。至于有的茶叶，贮存后品质并未降低，那就另当别论了。

茶树由于在年生长发育周期内受气温、雨量、日照等季节气候的影响，以及茶树自身营养条件的差异，使得加工而成的各季茶叶自然品质发生了相应的变化。"春茶苦，夏茶涩，要好喝，秋白露（指秋茶）"，这是人们对季节茶自然品质的概括。

现将春茶、夏茶和秋茶的品质特征分述如下，以供选购茶叶时作参考。

干看：主要从茶叶的外形、色泽、香气上加以判断。凡红茶、绿茶条索紧结，珠茶颗粒圆紧，红茶色泽乌润，绿茶色泽绿润，茶叶肥壮重实，或有较多毫毛，且又香气浓郁者，乃是春茶的品质特征。凡红茶、绿茶条索松散，珠茶颗粒松泡，红茶色泽红润，绿茶色泽灰暗或乌黑，茶叶轻以宽大，嫩梗瘦长，香气略带粗老者，乃是夏茶的品质特征。凡茶叶大小不一，叶张轻薄瘦小，绿茶色泽黄绿，红茶色泽暗红，且茶叶香气平和者，乃是秋茶的品质特征。

湿看：就是进行开汤审评，通过闻香、尝味、看叶底来进一步作出判断。冲泡时茶叶下沉较快，香气浓烈持久，滋味醇厚；绿茶汤色绿中透黄，红茶汤色红艳显金圈；茶底柔软厚实，正常芽叶多，叶张脉络细密，叶缘锯齿不明显者，为春茶。凡冲泡时茶叶下沉较慢，香气欠高；绿茶滋味苦涩，汤色青绿，叶底中夹有铜绿色芽叶；红茶滋味欠厚带涩，汤色红暗，叶底较红亮；不论红茶还是绿茶，叶底均显得薄而较硬，对夹叶较多，叶脉较粗，叶缘锯齿明显，此为夏茶。凡香气不高，滋味淡薄，叶底夹有铜绿色芽叶，叶张大小不一，对夹叶多，叶缘锯齿明显的，当属秋茶。

真茶与假茶，对有一定实践经验的人，只要多加注意，是不难识别的。但有时把假茶原料和真茶原料一起拌和加工，就增加了识别的难度。真茶与假茶，一般可用感官审评的方法进行鉴定，即运用视觉、味觉等器官，对茶叶固有的色、香、味、形特征，用看、闻、尝的方法，判断茶叶的真假。鉴别时，首先用双手捧起一把干茶放在鼻端，做一个深呼吸，闻茶叶的气味。凡具有茶叶固有的清香者，为真茶；凡带有青腥气或其他异味者，为假茶。如果取少量茶叶用火灼烤，真茶与假茶的气味更易识别。其次，可从茶叶的颜色来区别。抓一把茶叶放在白色的瓷盘上，摊开茶叶，细心观察，若绿茶深绿，红茶乌黑，乌龙茶乌绿，为真茶本色，若颜色杂乱而不相协调，或与茶叶本色不相一致，即有假茶之嫌。最后，如果闻香观色还难以判断，那么，可取少量茶叶放入杯中，加入沸水冲泡，进行开汤审评，进一步从茶叶的色、香、味、形，特别是从展开的茶叶叶片上来进行识别。

2. 茶的冲泡与品评

饮茶始于中国。茶叶冲以煮沸的清水，顺乎自然、清饮雅尝，寻求茶的固有之味，重在意境，这是茶的中式品茶的特点。同样质量的茶叶，如用水不同、茶具不同或冲泡技术不一，泡出的茶汤会有不同的效果。我国自古以来就十分讲究茶的冲泡，积累了丰富的经验。泡好茶，要了解各类茶叶的特点，掌握科学的冲泡技术，使茶叶的固有品质能充分地表现出来。

1）选用茶类：要沏出好茶，茶叶的选择是至关重要的：

春天——新茶，显示雅致。

夏天——绿茶，碧绿清澈，清凉透心。

秋季——花茶，花香茶色，惹人喜爱。

冬季——红茶，色调温存，暖人胸怀。

一般红、绿茶的选择，应注重"新、干、匀、香、净"五个字。"新"，一般把当年甚至当季采制的茶叶称新茶，因为新茶香气清鲜，维生素 C 含量较高，多酚物质较少被氧化，汤明叶亮，给人以新鲜感。"干"，是指茶叶中水分含量少，茶叶中的多酚、维生素 C、叶绿素等易被破坏，产生陈色，而且容易受微生物污染而产生"霉气"。

"匀",是指茶叶的粗细和色泽均匀一致。"香",是指香气高而纯正。"净",是指净度好,茶叶中不掺杂异物。

2)泡茶用水:泡茶用水要求水甘而洁,活而清鲜。一般都用天然水,大中城市多用自来水。自来水是经过净化后的天然水,凡达到饮用水卫生标准的自来水都适于泡茶。在选择泡茶用水时,必须掌握水的硬度与茶汤品质的关系。首先,水的硬度影响水的 pH 值(酸碱度),而 pH 值又影响茶汤色泽。当 pH 值大于 5 时,汤色加深;pH 达到 7 时,茶黄素就倾向于自动氧化而流失。其次,水的硬度还影响茶的有效成分的溶解。一般软水泡茶有利于茶叶中有效成分的溶解,故茶味浓;硬水泡茶中含有较多的钙、铁离子和矿物质,茶叶有效成分的溶解度低,故茶味淡。总之,泡茶用水应选择软水,这样泡出来的茶才会汤色清澈明亮,香气高爽馥郁,滋味纯正甘洌。

3)茶具的选用:茶具,主要指茶杯、茶碗、茶壶、茶碟、托盘等饮茶用具。茶具种类繁多,各具特色,要根据茶的种类和饮茶习惯来选用。下面对各种茶具作一简单介绍。

玻璃茶具:包括白瓷茶具、青瓷茶具和黑瓷等。瓷器具传热不快、保温适中,对茶不会发生化学反应,沏茶能获得较好的色香味,而且造型美观、装饰精巧,具有一定的艺术欣赏价值。

陶器茶具:最好的当属紫砂茶具,造型雅致、色泽古朴,用来沏茶则香味醇和、汤色澄清、保温性能好,即使夏天也不易变质。

茶壶是茶具的主体,茶壶以不上釉的陶制品为上,瓷和玻璃次之。陶器上有许多肉眼看不见的细小气孔,不但能透气,还能吸收茶香。每回泡茶时,将平日吸收的精华散发出来,更添香气。

茶杯是茶具中的第二主角,市场上的茶杯与茶壶是成套出售的,色泽和造型的搭配一般不成问题。对茶杯的要求是内部以素瓷为宜,浅色的杯底可以让饮用者清楚地判断茶汤色泽。另外,茶杯宜浅不宜深,如此则不但可让饮茶者不需仰头就可将茶饮尽,还有利于茶香的飘溢。

乌龙茶多用紫砂茶具。功夫红茶和红碎茶,一般用瓷壶或紫砂壶冲泡,然后倒入杯中饮用。名品绿茶用晶莹剔透的玻璃杯最理想,杯中轻雾缥缈,澄清碧绿,芽叶朵朵,亭亭玉立,观之赏心悦目,别有风趣。

茶盘,放茶杯用。

茶托，放置在茶杯底下，每个茶杯配一个茶托。

茶船，分盘形与碗形两种，供放茶壶用，一可保护茶壶，二可盛热水保温并烫杯之用。

茶巾，用来吸茶壶与茶杯外的水滴和茶水，另外，将茶壶从茶船提取倒茶时，特将壶底在茶巾上蘸一下，以吸干壶底水滴，避免将壶水滴滴落到客人身上或桌面上。

四、茶叶用量

泡茶的关键技术之一就是要掌握茶叶放入量与水的比例关系。茶叶用量是指每杯或每壶放适当分量的茶叶。茶叶用量的多少，关键是掌握茶与水的比例，一般要求冲泡一杯绿茶或红茶时茶与水的比例为 1∶50~1∶60，即每杯放 3g 干茶加沸水 150~180ml。乌龙茶的茶叶用量为壶容积的 1/2 以上。总之要适量掌握茶与水的比例，茶多水少则味浓，茶少水多则味淡。

五、泡茶水温

水温高低影响茶叶水溶性物质溶出比例和香气成分挥发的重要因素。一般情况下，泡茶水温与茶叶中有效物质在水中溶解度相关。水温越高，溶解度越大，茶汤就越浓。水温低，茶叶的滋味成分不能充分溶出，香味成分也不能充分散发出来。但水温过高，尤其加盖长时间闷泡嫩芽茶时，易造成汤色和嫩芽黄变，茶汤也变得混浊。高级绿茶特别是细嫩的名茶，茶叶越嫩、越绿，冲泡水温越是要低，一般以 80℃左右为宜。这时泡出的茶嫩绿明亮、滋味鲜美。泡饮各种花茶、红茶和中低档绿茶，则要用 95℃的沸水。如水温低则渗透性差，茶味淡薄。乌龙茶每次用茶量较多，而且茶叶粗老，必须用 100℃的沸滚开水冲泡。有时为了保持和提高水温还要在冲泡前用开水烫热茶具，冲泡后在壶外淋热水。

六、冲泡时间和次数

红茶、绿茶将茶叶放入杯中后，先倒入少量开水，以浸没茶叶为度，加盖 3 分钟左右，再加开水到七八成满，便可趁热饮用。当喝到杯中尚余 1/3 左右茶汤时再加开水，这样可使前后茶汤浓度比较均匀。

一般茶叶泡第一次时可溶性物质能浸出 50%~55%；泡第二次能溶出 30%左右，

泡第三次能溶出 10%左右，泡第四次则所剩无几了，所以通常以冲泡三次为宜。

乌龙茶宜用小型紫砂壶。在用茶量较多的情况下，第一泡 1 分钟就要倒出，第二泡 1 分 15 秒，第三泡 1 分 40 秒，第四泡 2 分 15 秒，这样前后茶汤的浓度比较均匀。

当然，泡茶时间的长短与泡茶水温的高低和用茶数量的多少也直接相关。

【本章小结】

中国饮食文化涉及食源的开发与利用、食具的运用与创新、食品的生产与消费、餐饮的服务与接待、餐饮业与食品业的经营与管理，以及饮食与国泰民安、饮食与文学艺术、饮食与人生境界的关系等，深厚广博。从外延看，中国饮食文化可以从时代与技法、地域与经济、民族与宗教、食品与食具、消费与层次、民俗与功能等多种角度进行分类，展示出不同的文化品位，体现出不同的使用价值，异彩纷呈。

第九章　旅游文学

【学习目标】

1. 了解中国先秦旅游文学

2. 熟悉魏晋南北朝旅游文学的主要作品

3. 掌握隋唐宋著名旅游文学作品名篇

【章节导读】

本章分两个部分：一是旅游文学的基础理论，即旅游文学的定义，其性质与特征，并作出初步分类（山水诗、田园诗、边塞诗、游记散文、名胜楹联、地方风物传说以及名胜掌故等）。二是旅游文学发展简史，分为：汉代以前的萌芽期，魏晋以后的创立期，唐宋的兴盛期，元明清的蓬勃发展期。本章还对旅游文学的多样化及其思想内容、艺术表现手法等进行探访。本章节对旅游诗词及旅游古典文学内容着重笔墨，目的是挖掘其中精华为现实旅游服务，使旅游事业的发展更具文化底蕴。

第一节　旅游文学概述

中国文化源远流长，博大精深，文学艺术绚丽多彩，独特精湛。从整体上构成了一座富有吸引力的文学宝库。文学是一种用语言塑造形象以反映社会生活，表达作者思想感情的艺术形式。它源于生活而又高于生活，是以非物质形式表现为主的审美性艺术产品，包括诗词、小说、散文、游记、传说等形式。中国文学在数千年的发展过程中，取得了光辉灿烂的成就，也成为旅游文化的重要组成部分。作为源远流长的文明古国与地理大国的中国，拥有世界上最丰富多彩的旅游文学宝库。

旅游文学是以旅游景物、旅游者及其活动为对象的文学作品。旅游文学反映的是旅游生活，主要以各种自然景观和人文景观为题材，表达作者的思想、情感和审美情趣。旅游文学可借助文学的形式和艺术的感染力，把作为资源的"景"、旅游者的"情"，以及客观现实和丰富的想象结合起来，实现情与景的交融和统一，发掘自然山水和名胜古迹深层次的内涵和情趣，从而形成一种具有隐性特征的旅游资源。

旅游，作为人类追求精神与物质享受相结合的最大满足的途径，就是以在不同地理环境下的审美性经历与体验为主要内容的活动。因为旅游资源有其独特的审美特征，是其区别于一般资源最基本的属性。旅游资源的审美性又表现为可观赏性和可体验性。旅游活动中的审美是一种身临其境的审美，旅游本身就是对旅游地吸引物的观赏和审美体验过程。在这一过程中，旅游资源的文化性也是不言而喻的，不仅人文旅游资源本身就具有丰富的文化内涵，旅游者对自然旅游资源主要追求的也是其美感、情趣与知识方面的文化价值，从层次上说，旅游者从旅游资源的观赏与体验上，不仅可以得到一般意义的愉悦或痛快的娱乐性享受；而且还能开阔眼界、增长知识、寄寓情怀、陶冶情操。

不同类别的旅游资源必然具有审美与文化类别上的差异，而品位层次的旅游资源也必然表现为审美价值与文化价值上的差异。正因为如此，不同旅游者对同一旅游资源的价值评判，会因其审美需求、审美角度、审美水平的不同而异。古代中国的旅行与游览活动，虽然在总体规模、类型与物质条件上，都远不能与现代旅游活动同日而语，但其悠久的历史、深邃的内涵、较高的境界而形成的旅游文学，以其特有的贡献，对当今旅游地理与旅游学的研究以及旅游业的发展，仍有其深远的意义。

古代由于社会阶层与旅行性质的差异，对不同类别的人的旅游活动有不同的称谓。帝王及皇室成员外出巡幸天下，称为"巡游"；士大夫阶层沉浮宦海，远途离任、赴任过程中的旅游活动称为"宦游"；文人学士游历四方，探奇览胜，称为"漫游"（其"漫游"又多与"宦游"结合起来）；宗教僧道外出化缘或传教，行踪不定，遍及四方，称为"云游"；哲人与政客四处宣扬自己的政治主张或道德理念，称为"周游"。

在种种旅游活动中，文人学者们留下了众多有关各地山水风光、民俗风情、名胜古迹的旅游文字记载，并以诗词、歌赋、散文、游记、楹联等不同文字形式，生动地描绘出各地的山川风物，深入地揭示出旅游审美的一些规律和自然风光的部分奥秘。同时也寄情、忘情、放情并托志于祖国的锦绣山河之中。尤其是一些堪称旅行家的文人学者，几乎一生都在实践着"读万卷书，行万里路"的格言，不仅其自身能以最朴素的旅游形式体验最高的精神享受，而且还撰写了不少饱含旅游内容的名作传世，为包括旅游文化与旅游科学在内的文化科学事业做出了重要贡献。

中国旅游文学作品对开发旅游资源的作用及贡献主要表现在以下三个方面：

一、直接构成旅游资源

从远古时代就开始的帝王与百姓崇山、敬山活动，到魏晋以后文人墨客观山、游山和僧人道士居山、持山的历史过程中，给我国东部不少风景山岳留下了众多诸如碑刻石刻、寺观书院、名人遗迹及诗文字画、神话传说等丰厚的历史文化遗产。这也是我国山地旅游资源的一大突出特色，如特定文学地域的题刻、碑匾、楹联等有形文学艺术景观。其中，我国传统的书法艺术等就非常富有旅游吸引力。

二、无形包装旅游资源

一些影响面大、艺术感染力强的文学艺术产品，其描绘的对象、故事发生的地点都容易成为旅游资源，甚至成为旅游热点。如李白的《望庐山瀑布》，张继的《枫桥夜泊》，阿炳的《二泉映月》，电影《少林寺》等都起到了这方面的作用，这类情况不胜枚举。文学艺术作为旅游资源在这方面的作用也最大、最广泛。比较著名的还有河北正定"荣宁一条街"、"西游记宫"等与文学及电影有关的景点，北京的十三陵明皇蜡像宫等与名人有关的景点，南京的秦淮河、开封"宋城"等再现历史风貌的景点，规模较大的河北涿州电影城、无锡"三国城"、杭州"未来世界"等。

三、借名作创造旅游资源

借助名作在有关地点创造旅游资源的做法，在旅游业中被广泛采用。如依《桃花源》建"桃花源"；依《红楼梦》建"大观园"，依《清明上河图》建"宋城"；依《三国演义》开发三国旅游线路等，不一而足。以古典小说四大名著《红楼梦》、《三国演义》、《西游记》、《水浒传》为代表的文学艺术作品，堪称是我国有待进一步发掘的文学艺术旅游资源，是极为丰富的艺术宝藏。

第二节 诗词

诗词是中国古代最瑰丽的文学艺术形式,它产生最早,发展最充分,样式最多,成就最高,对旅游资源的促进作用也最大。古代旅游诗词,主要有四种形式:山水诗词、田园诗词、边塞诗词以及咏史怀古诗词。

一、山水诗词概念及其与旅游的关系

山水诗是诗歌的一种。以山水名胜为主题,表现山水自然美的抒情诗。对景物观察细致、形象清晰逼真、语言富丽精工是其主要特点。中国古代山水诗也常流露出作者纵情山水、标举隐逸的消极情趣。在诗中对山水景色进行描绘,晋代已开其端,南朝谢灵运始开山水一派诗风,其后最著名的山水诗人有南朝齐谢朓、梁何逊,唐朝孟浩然、王维等。

山水诗词既为旅游活动的一部分,又为旅游活动增添文化色彩和艺术魅力,促进了旅游资源内涵的扩大和深化,其与旅游的联系最为紧密,对旅游资源的开发作用最大。因为旅游山水诗词的产生有一定的条件,大多是物质条件富裕,漫游或旅游成为一种风尚,又有独特优美的审美的对象,即名山胜水,所以可以说是旅游活动促进了山水诗词的产生,而山水诗词又为旅游活动的发展起到了推动作用。

中国山水诗词的萌芽,是我国最早的一部诗歌总集《诗经》。其中有不少涉及山水的诗句或篇章。战国时代的楚国诞生了最伟大的浪漫主义诗人屈原,因其后期经历独特,被多次放逐,在颠沛流离中,对江南的山川风光有了更多的了解,写下了许多生动优美的山水诗句。汉乐府中亦有写景片断。魏晋南北朝时期,出现第一首完整的山水诗,是曹操的《观沧海》:"东临碣石,以观沧海。水何澹澹,山岛竦峙。树木丛生,百草丰茂。秋风萧瑟,洪波涌起。日月之行,若出其中,星汉灿烂,若出其里。"通过辽阔雄壮的沧海景色表现了诗人开阔的胸怀。

但第一个大量写作山水诗的著名诗人是谢灵运,其山水诗绝大部分是作者任永嘉太守后所写。这一期间,他肆意遨游山水,在诗中,作者用富丽精工的语言描绘了永嘉、会稽、彭蠡湖等地的自然景色。谢灵运的山水诗虽然不能做到情景交融和风格完整。但是，由于他把自己目睹的山光水色、朝霞夕霏用诗句描绘出来，开创了旅游诗词的新气息。

谢朓的人生经历与谢灵运相似，他的诗受谢灵运影响较大，从总体上看，他的诗风清新炫丽，较少繁芜词句和玄言成分，和谢灵运的富丽精工、典丽厚重颇有不同。因此，他有许多写山水的诗，脍炙人口的佳句也特别多，这些诗句，很像一幅萧疏淡远的水墨画，平淡而又富有思想。

唐代是旅游山水诗词的繁荣期。在唐代初期，初唐四杰和陈子昂、张若虚、张九龄等，都创作了不少描绘山水胜景的佳句。孟浩然是唐代第一个大量创作山水诗的著名诗人。他前半生主要是在家闭门苦学，曾一度隐居鹿门山。40岁才到长安。入仕失望、在江淮吴越各地漫游了几年，重回故乡。他的一生经历比较简单，以漫游隐逸为主，他的代表作品是山水田园诗。这些诗，有一部分是漫游秦中、吴越等地所写的。他多数的山水诗，都是写故乡襄阳的鹿门万山、岘同、鱼梁州等名胜景物。

王维是一个多才多艺的人，不仅能诗，而且精通书画和音乐。王维的山水诗主要是在40岁隐居终南别业，尤在蓝田辋川得到宋之问的别墅后，生活更为悠闲所作。他后期为人所称道的《辋川集》绝句就有许多优美的山水诗。如《鹿砦》："空山不见人，但闻人语响，返景入深林，复照青苔上。"《竹里馆》："独坐幽篁里，弹琴复长啸。深林人不知，明月来相照。"往往都写了空山的幽静之美。他的《山居秋暝》："空山新雨后，天气晚来秋。明月松间照，清泉石上流。竹喧归浣女，莲动下渔舟。随意芳春歇，王孙自可留。"更写得别有声色。这里，空山雨后的秋凉，松间明月的清光，石上清泉的激鸣，浣纱归来的女孩在竹林中传来的笑声，小渔船缓缓穿过，荷花随之倒伏摇荡，一系列的景、物、人和谐地融合在一起，给人一种丰富新鲜的感受。它好像一只恬静优美的抒情乐曲，又像一幅清闲秀丽的山水画。《东坡志林》说："味摩诘之诗，诗中有画；观摩诘之画，画中有诗。"的确说出了王维山水诗最突出的艺术特色。

唐代著名诗人李白一生大半过着浪游生活，也写下了不少游历名山大川的诗篇。他那种酷爱自由、追求解放的独特性格，常常是借这类诗篇表现出来。他喜爱的山水往往不是宁静的丘壑，幽雅的林泉，而是高峰绝壑的大山，天外飞来的瀑布，道貌岸然的江河，这些雄伟高险的山川，特别契合他叛逆不羁的个性。《梦游天姥吟留别》当是这方面的杰出代表。尤其是使李白获得巨大声誉的《蜀道难》，以神奇莫测之笔，凭空起势，从乔丛魚兔说到五丁开山，全用渺茫无凭的神话传说，烘托奇险的气氛。高标插天可以使"六龙回日"，也是凭借神话来驰骋幻想。以下又用黄鹤、猿猱、悲鸟、子规作夸张的点缀，然后插入胁息、抚膺、凋朱颜的叙述，作为全诗的骨干。"蜀道之难难于上青天"的诗句在篇中三次出现，更给这首五音繁会的乐章确定了回话往复的基调。值得一提的是，李白一生并未到过剑阁，这篇诗完全是凭传说想象落笔。正因为如此，他的胸怀、性格在这里得到了最充分的表现，同时代人对这首诗十分惊奇赞叹，就在蜀道畅通的今天，它仍然是具有历史价值和美学价值的不朽杰作。他的《望庐山瀑布》二首、《庐山谣》也是历来传诵的名篇，后一诗中写他在庐山顶上望大江的景色："登高壮观天地间，大江茫茫去不还。黄云万里动风色，折波九道流雪山。"完全摆脱了真实空间感觉的拘束，以大胆的想象夸张，突出了山川的壮丽，展示了诗人壮阔的胸怀。

杜甫并不是山水诗人，但他却比之一般山水诗人写出了更多的山水诗，而且自具特色，杜甫在 20 岁起，有 10 年以上的"壮游"经历，先南游吴越，后北游齐赵，曾先后和苏源明、高适、李白等人有时呼鹰逐兽，打猎取乐，有时登高怀古，饮酒赋诗，并和李白结下了兄弟般的友谊。在这长期的壮游中，诗人接触到我们祖国无比丰富的文化遗产和壮丽山河，不仅充实了他的生活，也扩大了他的视野和胸怀，为他早期诗歌带来相当深厚的浪漫主义色彩。中国有五岳，杜甫用同一诗题《望岳》写了其中三个：泰山、华山、衡山，可为其山水诗的代表。此外像陇山、剑阁、三峡、洞庭等也都作了出色的描绘。"秦城楼阁烟花里，汉主山河锦绣中"。（《清明》）"一重一掩吾肺腑，山鸟山花吾友于"。（《岳麓山道林二寺行》）。从这类句子中我们可以看出诗人的爱国情怀。

中唐时期白居易是大量创作山水诗的著名诗人。他曾在杭州任刺史多年，写下了许多赞誉西湖山水的诗歌，如《钱塘湖春行》："孤山寺北贾亭西，水面初平云脚低。几处早莺争暖树，谁家新燕啄春泥。乱花渐欲迷人眼，浅草才能没马蹄。最爱湖东行不足，绿杨阴里白沙堤。"诗歌处处扣紧环境和季节的特征，把西湖的早春描绘得生机盎然，恰到好处，且即景寓情，把自然之美给诗人带来的春天般的心境也表现得自然、真切。

中唐前后，由于民间词的广泛流传，一部分比较接近人民的诗人开始了词的创作。在唐代文人词中张志和、刘长卿、韦应物是较早的作家。张志和的《渔歌子》五首，描绘水乡风光，在理想化的先人生活中，寄托了自己爱自然、慕自由的情趣，与盛唐山水诗人的作品有其一致之处。如他的第一首："西塞山前白鹭飞，桃花流水鳜鱼肥。青箬笠，绿蓑衣，斜风细雨不须归。"

刘禹锡长期流贬巴渝、湘沅等少数民族居住的边远地区，写下了大量反映少数民族劳作婚嫁、狩猎竞渡、风情民俗的诗歌，这些诗犹如一幅幅形象的风俗画，具有宝贵的史料价值。刘禹锡学习民间歌谣改写创作的《竹枝词》、《浪淘沙》、《踏歌》等，题材很广，其中一些诗写山水景物优美婉转，别具一格。

晚唐诗人杜牧，山水诗以描绘江南风光为多，如《江南春》："千里莺啼绿映红，水村山郭酒旗风。南朝四百八十寺，多少楼台烟雨中。"《泊秦淮》："烟笼寒水月笼沙，夜泊秦淮近酒家。商女不知亡国恨，隔江犹唱后庭花。"《山行》："远上寒山石径斜，白云生处有人家。停车坐爱枫林晚，霜叶红于二月花。"词语清丽，意境深幽，写景咏物之中往往寄情寓念。此外，孟郊、贾岛、李贺、李商隐、温庭筠、韩愈等都写过出色的山水旅游诗。如韩愈的《送桂州严大夫》，诗中"江作青罗带，山如碧玉簪"是吟咏桂林山水最广的佳句。又如温庭筠的《商山早行》："晨起动征铎，客行悲故乡。鸡声茅店月，人迹板桥霜。"写景之中传达一种淡淡的乡愁，有很深的艺术感染力。

宋代是词的时代，在众多的宋词中，又有相当一部分是与旅游有关的旅游词。这些旅游词或抒发旅途情绪，或描绘自然景物，或凭吊历史古迹等，有独到的欣赏价值。柳永是北宋第一个着力写词的作家，他的词多从都市风光、市民生活摄取题材，而最具特色的是在长期漂泊不定的生涯中写下的抒写羁旅行役之苦的作品。《望海潮》是他描写都市风光的名篇，表现杭州市列珠玑、户盈罗绮的豪奢景象和西湖"三秋桂子、十里荷花"的清丽风光。

李清照是婉约派的代表词人，其描写自然景物的作品，轻灵典雅，为人喜爱。如早期所写的小令《如梦令》，用白描的手法追记一次春日郊游，写得活泼率真。宋词中描绘自然景物的佳作还有很多。如潘浪写泛舟西湖的《采桑子·轻舟短棹西湖好》、吴潜的《水门歌头·焦山》、汪莘的《沁园春·忆黄山》、吴文英的《望江南·三月暮》、周密的《闻喜鹊·吴山观涛》、方岳的《水调歌头·平山堂》等，都各具特色，被人们广泛传唱。

宋代以词著称，但优秀的旅游山水诗也让人耳目一新。苏轼描写自然景物，抒发情怀的诗篇，不仅数量多，而且风格多样、极有个性。"欲把西湖比西子，浓妆淡抹总相宜"，"不识庐山真面目，只缘身在此山中"都是流传极广的名句。江西诗派的黄庭坚、陈师道等也创作有山水诗，如黄庭坚《登快阁》，写得格高意远，瘦硬奇崛。爱国诗人陆游有不少描写农村风光，歌咏山水的诗，如《瞿塘行》、《过灵石三峰》、《剑门道中遇微雨》、《临安春雨》、《游山西村》等，"山重水复疑无路，柳暗花明又一村"传诵千古的名句。范成大以田园诗著称，有著名《四时田园杂兴》60首，写尽田园况味。如"梅子金黄杏子肥，麦花雪白菜花稀。日长篱落无人过，唯有蜻蜓蛱蝶飞。"写得活泼明快，清新自然，对农村生活和田园风光的描绘历历如画。还有很多诗人的山水诗，如杨万里的《晓出净慈送林子方》、王安石的《泊船瓜州》、欧阳修的《伊船独游》、张耒的《初见嵩山》、陈师道的《十七日观潮》等，都是公认的优秀旅游诗作。

金代的元好问，无论是山水诗还是写景词，内容丰富，很有特色。如《水调歌头·赋三门津》，描绘黄河三门峡的壮丽景象，写得声情激越，气势豪迈，其风格接近苏辛一派。元明清以及近代描绘山水的旅游诗词也不乏名家精品，他们的诗、词、曲多在写景之中抒发怀古之幽情。

明代的旅游山水诗内容相当丰富，高启、杨基、李东阳、马中锡、李梦阳、何景明、杨慎等都有优秀之作。如杨基的《岳阳楼》："春色醉罢陵，阑干落洞庭。水吞三楚白，山接九嶷清。空阔鱼龙舞，婵娟帝子灵。何人夜吹笛，风急鱼冥冥。"岳阳楼是我国江南三大名楼之一，素有"洞庭天下水，岳阳天下楼"的盛誉，历来诗人多有吟咏。这首诗写景虚实结合，把洞庭的浩瀚无边和深幽旷渺都描绘得极富神韵。

清初，王世祯的诗作多描绘山水景色，意境淡远，语言典丽流畅。如《江上》："萧条秋雨夕，苍茫楚江晦，时见一舟行，蒙蒙云水外。"这首诗描写的是秋雨之夕的长江小景。茫茫江面上，一只小船渐行渐远，消失在秋雨蒙蒙的云水之外。短短二十言却极具神韵，有一种迷离深邃之美。

纳兰性德，善于写词，写景咏物，情感真实。如他的《长相思》写北方雪夜景色，抒发旅人的离情别绪，真切感人。《浣溪沙》写梅雨江南，山水如画，自然清婉。

袁枚曾漫游各地，登山临水，寻幽访胜，其诗作真率自然，清新洒脱，别有特色。《山行杂咏》是袁枚出游浙江南部山区时所写："十里崎岖半里开，一峰才送一峰迎。青山似茧将人裹，不信前头有路行。"这组诗共有六首，这是其中一首。写得真切细致，新颖奇特，使人读后如身临其境。

近代，魏源除写了不少反映鸦片战争、充满爱国激情的诗外，还擅长山水诗。

康有为的山水诗，多即景抒怀。如《登万里长城》、《庐山谣》、《泛漓江至桂林》等。想象丰富奇特，用语瑰丽，体现了他开阔的胸襟和不凡的气度。

二、田园诗

田园诗词是诗歌的一种，歌咏农村景物或农民、牧人、渔夫的生活，格调恬静悠然。

原本田园生活与古代文人的价值观念并无关系，而且，田园诗词也并不是传统旅游的产物，甚至可以说田园生活与文人的求学、漫游等人生观是背道而驰的。因此，传统的旅游文学中并不应该包含田园诗词。但在现代文明高度发达、城市生活的节奏加快，钢筋水泥的空间结构造成极大的人际阻隔，多种都市文明并发症困扰人类的今天，田园再也不是传统意义上的贫困、落后（既指经济也指出路）的生存状态，而成为享受大自然悠然惬意、呼吸纯净空气的代名词了，人类的回归情结造就了今天"农家乐"、"田园行"等旅游资源项目的开发，使得我们不得不重视田园诗词对旅游文化的建设和贡献。

如上所述，由于古代文人的价值观念与田园生活是那样的格格不入，导致在浩瀚的古代文学史上真正的田园诗人唯有陶渊明一人。东晋陶渊明的一些诗被称为"田园诗"的代表作。陶渊明早年就有爱书自然，企羡隐逸的思想，而因出身寒微，在等级门第观念极重的东晋时代，几次出仕做官都抑郁不得志，他不满现实而又无力抗争，从而退居乡野。值得一提的是他亲自参加了劳动，这就当时文人来说是一件了不起的大事，使得他同统治阶级上层社会完全决裂，回到田园中来，写下了大量的田园诗。他的田园诗充满对污浊社会的憎恶和对纯洁田园的热爱，着重细致地描写了纯洁、优美的田园风光，字里行间流露出了作者对田园生活由衷的喜爱。在这里，淳朴、宁静的田园生活与虚伪、欺诈、互相倾轧的上层社会形成了鲜明的对比，具有格外吸引人的力量。当陶渊明远离了污浊的现实，回到田园中来，感到获得了归宿。这种自由而恬静的心境在《饮酒》中酣畅鲜明地表现出来："结庐在人境，而无车马喧。问君何能尔？心远地自偏。采菊东篱下，悠然见南山；山气日夕佳，飞鸟相与还。此中有真意，欲辨已忘言。"

有关田园生活的诗歌在唐代也散见于其他作家笔下，只是为区分田园与山水的彼此不同，故又称为"山水田园诗"，以孟浩然、王维为代表。孟浩然虽未必亲身参加过劳动，但他毕竟是半生住在农村的，他的田园诗数量虽不多，生活气息却相当浓厚。如《过故人庄》："故人具鸡黍，邀我至田家。绿树村边合，青山郭外斜。开轩面场圃，把酒话桑麻，待到重阳日，还来就菊花。"《游精思观回王白云在后》："出谷未停午。到家日已曛。回瞻下山路，但见牛羊群。樵子暗相失，草虫寒不闻。衡门犹未掩，伫立待夫君。"这些诗虽然缺乏陶诗的那种理想境界，也缺乏劳动生活的体验，但前一首写农家生活，简朴而亲切；写故人情谊，淳淡而深厚，能给人历久难忘的印象。后一首更是"淡到看不见诗"的家常话。但是，乡村黄昏的景色气氛，却写得非常真实。王维是一个多才多艺的人，不仅能诗，而且精通书画和音乐。王维的山水诗主要是在 40 岁后隐居终南别业，尤在蓝田辋川得到宋之问的别墅，生活更为悠闲所作。例如《渭川田家》："斜光照墟落，穷巷牛羊归。野老念牧童，倚杖候荆扉。雉雊麦苗秀，蚕眠桑叶稀。田父荷锄至，相见语依依。即此羡闲逸，怅然吟式微。"描绘了日暮时分农村的景色气氛。

辛弃疾也有不少农村词、闲适词，描写农村景色，格调清新优美，充满诗情画意。如《清平乐·村居》："茅檐低小，溪上青青草。醉里吴音相媚好，白发谁家翁媪？大儿锄豆溪东，中儿正织鸡笼。最喜小儿无赖，溪头卧剥莲蓬。"《西江月》："明月别枝惊鹊，清风半夜鸣蝉，稻花香里说丰年，听取蛙声一片。七八个星天外，两三点雨山前，旧时茅店社林边，路转溪桥忽见。"描写了他在农村闲居的生活，能从惯见的平凡事物中发掘出引人入胜的一个侧面。写及其所见所感，诙谐中带有一点悲辛。

三、边塞诗词

边塞即边疆设防之处，自古以来，各个时代的边塞概念是有所不同的，但总体看来集中在中国的西部，尤以西北为主。今天大西北的沙漠、戈壁之地成了旅游热地，是古代写边塞诗的文人所想不到的。边塞诗的写作主要集中在唐代。

初唐四杰中的杨炯写边塞的五律诗较有特色，《从军行》是他的名作："烽火照西京，心中自不平。牙璋辞凤阙，铁骑绕龙城。雪暗凋旗画，风多杂鼓声。宁为百夫长，胜作一书生。"这首诗反映了许多士人向往边塞生活的慷慨心情。骆宾王在四杰中诗作最多，他曾久戍边城，写了不少边塞诗。如《夕次蒲类津》："二庭归望断，万里客心愁。山路犹南属，河源自北流。晚风连朔气。新月照边秋。灶火通军壁，烽烟上戍楼。龙庭但苦战，或额会封侯。莫作兰山下，空令汉国羞。"这里不仅有立功边塞的豪情壮志，也有边塞生活的亲见亲闻。

盛唐时期，以描写边塞风光、军旅生活为主要内容的边塞诗，其创作蔚为风气，形成流派。代表诗人有高适、岑参。此外，王之涣、王昌龄、李颀、崔颢、王瀚等也都留下了许多脍炙人口的名句名篇。

高适曾两次出塞，写下了许多边塞诗。他最为有名的边塞诗代表作是开元二十六年在梁州创作的《燕歌行》。诗的内容极为复杂，用错综交织的诗笔，把荒凉绝漠的自然环境、如火如荼的战争气氛、士兵在战斗中复杂变化的内心活动融合在一起，形成了全诗雄厚深广、悲壮淋漓的艺术风格。他的另一名篇《别董大》应算赠别之作："千里黄云白日曛，北风吹雁雪纷纷。莫愁前路无知己，天下谁人不识君。"但前两句的写景，也描绘出了大野苍茫、落日黄云的边塞独特的奇观。

岑参曾两次出塞，在鞍马风尘的战斗生活里，他的诗境界空前开阔，爱好新奇事物的特点使他的创作充满雄奇瑰丽的浪漫色彩，成为他边塞诗的主要风格。《走马川行奉送出师西征》、《轮台歌奉送封大夫出师西征》、《白雪歌送武判官归京》可以说是其代表杰作。

韦应物和戴叔伦的两首《调笑令》是最早的描写边塞景象的文人词。韦应物所作的是："胡马，胡马，远放燕支山下；跑沙跑雪独嘶，东望西望路迷。迷路，迷路，边草无穷日暮。"词中所写胡马实际是一个远戍边塞、无家可归的战士的象征。戴叔伦所作的是："边草，边草，边草尽来兵老。山南山北雪晴，千里万里月明。明月，胡笳一声愁绝。"此词更通过雪月交加的场景，衬托出久戍边疆的兵士的仇。这些作品又使我们联想起盛唐边塞诗人的作品，不过情调上已经没有那么悲壮。

四、咏史怀古诗词

咏史怀古诗就是以史事为题，追念古昔，抒写怀抱的诗。这类诗词的写作与山水景物有关联，但作者立足于山水景物，而能放眼宇宙，纵横古今，或感怀身世不遇，或抨击时世之弊。所以咏史怀古诗词依附于山水风物，用它们起势，但通过咏史怀古激活了山水风物，与此同时为那些普通的建筑或古迹平添历史的厚重感。咏史怀古诗词历代都有，唐代是大量创作的时期。

初唐的陈子昂好纵横任侠，洞察国家安危，关怀人民疾苦，有极高的政治热情。因登蓟北楼，感昔乐生、燕昭之事，赋诗数首，乃泫然流涕而歌曰："前不见古人，后不见来者。念天地之悠悠，独怆然而涕下！"这就是他的咏史怀古的杰作《登幽州台歌》。

中唐诗人刘禹锡写下不少咏史怀古诗，抒发自己身世遭遇的愤懑和痛苦。如《戏赠看花诸君子》："紫陌红尘拂面来，无人不道看花回。玄都观里挑千树，尽是刘郎去后栽。"《再游玄都观》："百亩庭中半是苔，桃花开尽菜花开。种桃道士归何处？前度刘郎今又来。"比较著名的怀古作品有《西塞山怀古》："王濬楼船下益州，金陵王气黯然收。千寻铁锁沉江底，一片降旗出石头。人世几回伤往事，山形依旧枕寒流。从今四海为家日，故垒萧萧芦荻秋。"写孙皓的千寻铁锁，并没有挽回东吴被灭亡的命运。诗人的感叹中，深寓着历史的教训。他的《金陵五题》，也一向被视为怀古的名作。《乌衣巷》写煊赫了二百年的王谢世族的没落，《台城》写梁陈的荒淫亡国，都是关系六朝历史的大事。《石头城》："山围故国周遭在，潮打空城寂寞回。淮水东边旧时月，夜深还过女墙来。"更是在低头感叹中充满了对兴亡变化的无限沉思。

诗人李贺才能出众，以远大自期，但由于封建礼教的限制，不能应进士试，写了一系列诗篇，发泄自己怀才不遇的愤懑与牢骚。他这种悲愤感情，也往往用托古讽今的手法表现出来，如《咏怀》："茂陵刘郎秋风客，夜闻马嘶晓无迹。画栏桂树悬秋香，三十六宫土花碧。魏官牵车走千里，东关酸风射眸子。空将汉月出宫门，忆君清泪如铅水。衰兰送客咸阳道，天若有情天亦老。携盘独出月荒凉，渭城已远波声小。"诗歌通过金铜仙人迁离故土的悲哀，寄托自己的"去国之思"，铜人的下泪，衰兰的惆怅，都像人一样具有感情。

晚唐诗人杜牧的咏史怀古诗，风格多样，有的议论精辟，不落窠臼，有的离意精深，含蓄隽永。《过华清宫绝句》中的二首："长安回望绣成堆，山顶千门次第开。一骑红尘妃子笑，无人知是荔枝来。""新丰绿树起黄埃，数骑渔阳探使回。霓裳一曲千峰上，舞破中原始下来。"通过人们所熟知的唐明皇杨贵妃的故事，含蓄而有力地讽刺了晚唐帝王的荒淫享乐。他的一些咏史作品，则带有较为明显的史论特色。如《赤壁》："东风不与周郎便，铜雀春深锁二乔。"《乌江亭》："江东子弟多才俊，卷土重来未可知"都是对历史上兴亡成败的事件发表独创的议论。

宋代是词的时代，在众多的宋词中，又有相当数量是与旅游有关的旅游词。这些旅游词或抒发旅途情绪，或描绘自然景物，或凭吊历史古迹等，有独到的欣赏价值。以苏轼的成就为最高。苏轼的词极富开拓性，其题材的广泛、风格的多样，为词的发展做出了巨大贡献。他的旅游词主要以咏史、咏物、登临怀古以及描写农村生活田园风光为主。如《念奴娇·赤壁怀古》、《永遇乐·明月如霜》、《浣溪沙·簌簌衣巾落枣花》等都是名篇，写景抒怀，或大气磅礴，或清空飘逸，独树一帜，自成一家。

登临怀古词，在宋词中以辛弃疾的创作最为突出。辛弃疾是著名的爱国词人，他善于借助登临来抒发他的爱国情怀。如《永遇乐·京口北固亭怀古》："千古江山，英雄无觅，孙仲谋处。舞榭歌台，风流总被，雨打风吹去。斜阳草树，寻常巷陌，人道寄奴曾住。想当年，金戈铁马，气吞万里如虎。元嘉草草，封狼居胥，赢得仓皇北顾。四十三年，望中犹记，烽火扬州路。可堪回首，佛狸祠下，一片神鸦社鼓。凭谁问，廉颇老矣，尚能饭否?"《南乡子·登京口北固亭有怀》："何处望神州? 满眼风光北固楼。千古兴亡事? 悠悠，不尽长江滚滚来。年少万兜鍪，坐断东南战未休。天下英雄谁敌手? 曹、刘。生子当如孙仲谋。"等等，这些词往往气魄宏大，悲壮苍凉，情景交融。

元代是曲的时代，其中旅游散曲也颇多佳作。如马致远的《双调·落梅风·潇湘八景》、卢华的《双调·折桂令·钱塘怀古》、张养浩的《中吕，山坡羊·潼关怀古》等，写景抒情都有独到之处。

第三节 散文游记

散文游记是旅游文学的重要组成部分，取材极为广泛，文笔轻松，描写生动，记述翔实，给人以丰富的社会知识和美的感受。旅游散文不仅包括游记，还包括那些描写、议论旅游生活或旅游服务的广义的散文，如报告文学（包括文艺性的通讯、速写、特写）、杂文（包括杂谈、杂感、随笔）以及导游词等。游记，从文体上说，以散文为主，也有一部分是骈文。

一、散文游记的产生与发展大致经历了四个时期

1. 孕育时期——先秦两汉

在先秦两汉的漫长历史发展中，散文游记经历了长期的孕育过程，我国最早具有游记雏形的作品是《山海经》和《穆天子传》。在《尚书》的"禹言"部分也有一些记载山川地理的文字，类似现在我们说的游记。《山海经·西山经》"又西六十里，曰太华之山，削成而四方，其高五千仞，其广十里，鸟兽莫居……"这段文字读起来像一则山水小品，可以看做是散文游记的某种萌芽状态。

到春秋战国时期，散文游记有了更为成熟的孕育，以自然山水或即兴为内容的成

分日渐增多，已初步具备了散文游记的雏形。例如《论语·先进》中的一段描写："莫春者，春服既成，冠者五六人，童子六七人，浴乎沂，风乎舞雩，咏而归。"这段精彩的描写是我国古代最早抒写春游的散文文字。

发展到两汉，文学作品中的旅游成分更多了，特别是描写帝王、贵族外出活动的作品，有的可以看成是散文游记作品。例如东汉马第伯的《封禅仪记》就被一些评论家视为"我国第一篇游记散文"，"中国山水旅游文学史上单篇登山游记的开山之作"。文中有许多精彩生动的纪游描写，比如对登山的描写就较为完整地描写了登山、观览及下山的经过，纪行、写景、感受和议论在文中都有反映。从这个角度说，《封禅仪记》可以看做一篇广义的散文游记作品。

2. 形成时期——魏晋六朝

从汉末到魏晋南北朝，以山水自然为主要表现对象的作品空前活跃，相对完整的骈文游记应运而生，如东晋僧人慧远的《庐山诸道人游石门诗序》刻画了庐山石门山水的雄伟壮丽。另外，还出现了一些骈散相间，甚至散多骈少的旅游作品，如东晋桓玄的《南游衡山诗序》记述作者跋涉千里去南岳衡山游览的经过和见闻，其中对衡山奇特景色和作者欢愉心情的描写，给读者留下深刻印象。全文以散句为主，偶有骈语，描写生动细致。又如陶渊明的《游斜川诗序》，生动、真切地记叙了作者与邻人同游斜川的所见所感，是一篇清新优美的旅游散文。

魏晋南北朝时期，虽然骈文游记已相对完整成熟，但却没有独立完整的散文游记作品，一是当时的旅游散文大都已散失；二是当时不认为散文语言是文学语言，不过，这个时期的两部地理人文专著《水经注》和《洛阳伽蓝记》中的部分篇章历来被看做是散文游记的佳作。

3. 发展时期——唐宋元代

从隋代到唐玄宗开元盛世，文坛上仍旧盛行骈文，初唐王勃的《滕王阁序》，盛唐王维的《山中与秀才裴迪书》，描述山水景象，表现孤寂情怀，都是广为传诵的佳篇。

完整的散文游记的独立出现，是在唐德宗贞元年间到唐宪宗元和年间。韩愈、柳宗元倡导"古文运动"，改变了传统的文学观念，解决了作文的文学语言问题，游记也冲破了骈文的束缚，使自然山水的形象变得更为充实有力。特别是柳宗元的《永州八记》等的出现，标志着古代散文游记的成熟。他的这些作品已不再是书品小札或解释山河的注文，也不再附属于诗赋的文，而成为一种独立的文体发展起来。柳宗元的贡献不仅在于他精心写作这些摆脱了骈文束缚的散体作品，还在于这些作品具有巨大的艺术魅力。它们既善于抓住景物的个性特征，加以具体细致的描写，又能融进作者的主观感受，创造出情景交融的优美意境，如《至小丘西小石潭记》："从小丘西行百二十步，隔篁竹，闻水声，如鸣佩环，心乐之。伐竹取道，下见深潭，水尤清冽。全石以为底，近岸卷石底以出，……青树翠蔓，蒙络摇缀，参差披拂。潭中鱼可百许头，……潭西南而望，斗折蛇行，明灭可见。其岸势犬牙差互，不可知其源。坐潭上，四面竹树环合，寂寥无人，凄神寒骨，悄怆幽邃，其景过清，不可久居。"全文仅 200 余字，写修竹青树，写小溪水声，写潭中游鱼，全都自在无羁，创造了一个令人舒畅适怀的清幽境界。除柳宗元外，韩愈的《燕喜亭记》、《记宜城驿》，白居易的《冷泉亭记》、《庐山草堂记》、《三游洞序》等，也都各有风致，别具特色。

宋代的散文游记较唐朝有了很大的发展。唐朝虽然完成了旅游散文的转化，使之成为一种独立的文学品种，艺术上也取得了可喜的成就，但作品较少，也不十分丰富，而到宋代却出现了繁荣的局面。作家众多，硕果累累。苏舜钦、欧阳修、王安石、苏轼、晁补之、陆游、范成大、王质、朱襄、邓牧、谢翱等都写有不少名篇佳作。如王安石的《游褒禅山记》，写景记游部分简单介绍了"人之愈深，其进愈难，而其见愈奇"的山中溶洞和作者与众人游洞半途而返的过程，然后借游洞的经历说明"世之奇伟、瑰怪、非常之观，常在于险远"。宋代散文游记虽然有一些借景抒情或以繁说理的作品，特别是说理的成分很重，造成议论多而景少，但更多的则是以观赏山水作为主要的描写对象。如周密的《观潮》"浙江之潮，天下之伟观也。自既望以至十八日为盛。方其远出海门，仅如银线；既而渐近，则玉城雪岭际天而来，大声如雷霆，震撼激射，吞天沃日，势极雄豪。杨城斋诗云：'海涌银为郭，江横玉系腰'者，是也。……吴儿善泅者数百，皆披发文身，手持十幅大彩旗，争先鼓勇，溯迎而上，出没于鲸波万仞中，腾身百变，而旗尾略不沾湿，以此夸能。"文章围绕"观"字而展开，写出了钱塘江潮声如雷，吞天吐日的气势，也写出了弄潮儿身怀绝技、出没浪潮的姿态，形象极为鲜明。

4. 游记的兴盛时期——明清两代

明清两代是散文游记繁荣昌盛的时期。这一时期，大多数文人学者钟情旅游，流连山水，他们继承唐宋以来的优良传统，创作了大量风格多样的游记作品。宋濂、刘基和高启是明初文坛鼎足三分的台柱，游记作品分别有《游钟山记》、《松风阁记》、《游天辛山记》等，文中的山水描述、古迹记叙，往往寄托某种感慨、情怀，艺术各臻其妙，风格鲜明独特。

明代中叶以后，出现了以"三袁"为代表的公安派和以钟惺为代表的竟陵派，他们的散文游记也都各具特色。其中成就最高的是袁宏道。袁宏道的山水游记善于抓住景物的特点，运用比喻、拟人、议论等多种艺术手法写出自己的最深感受，不仅能描绘景物的外部特征，而且能传达出景物的内涵神态，不但能写出景物的整体美，而且能写出景物的个性美，极擅表现山水之神韵。他的作品真率自然，不苟流俗，文笔清逸，代表了明代散文游记单篇创作的最高成就。他的作品很多，如《虎丘记》、《天目》、《游盘山记》、《雨后游六桥记》、《满井游记》等成为中国古代旅游文学中的著名篇目。他的游记很少政治寄托，也很少历史感慨，全然是对山水景物独具慧眼的欣赏、品评，以山水"自适"，别有一种情趣。袁宏道的弟弟袁中道也是明代有名的游记作家。《西山十记》、《游黄山记》等都是明代游记中的佳作。公安派后，以钟惺为首的竟陵派也反对因袭，主张自我表现。他们继承和发扬袁宏道的创作思想，同时努力使自己的作品新奇，形成了幽深孤峭的艺术风格。

小品文在晚明旅游散文中占有突出的地位。代表作家有张岱、王思任、祁彪佳等人，他们的作品，语言明净，描写细腻，情感亲切，如张岱的《湖心亭看雪》、《西湖七月半》，或写湖中景色，或写社会风情，在新奇的构思、生动的描写中，寄托着作者清高雅洁的情怀，寓意含蓄，隽永耐读。

明代游记创作最杰出的作家是徐宏祖，他的《徐霞客游记》既是一部地理学专著，又是一部具有高度文学性的游记名著。其中不少片断，描写真实，风格清雅，情景交融，意境高远，都是极为精美的散文游记。

散文游记在清代得到了继续发展，作者众多，风格多样，代表作家有袁枚、姚鼐等人。袁枚是清中叶享有盛誉的性灵派作家，他一生好游，自称"江山无我亦虚生"，39岁即辞官归隐，游山玩水，写下大量旅游作品，如《峡江寺飞泉亭记》、《游黄山记》、《游桂林法山记》等，文笔清新流畅，骈、散皆精，堪称其代表作。

姚鼐是桐城派代表作家，桐城派以旅游散文突出。他们虽然宣扬理学，但在散文中却寓含着较多的山水情趣，其中以姚鼐的成就最高。其代表作是《登泰山记》，记叙了从登临到坐观日出的情景。结构简洁，笔调雅淡，记事切实，写景有神，抒情言志，融"义理、考据、辞章"于一体，耐人寻味。

现代，散文游记有了很大发展，"五四"时期记游作品形成了两大分支：一是采风访俗、了解社会的旅行记；二是写景抒怀、发现自然的山水游记。到了 20 世纪 30 年代，记游作品不仅比前 10 年多产，而且在艺术上也有所进展，出现一批有总体计划的系列性文章，展开了广阔的艺术珍品画廊和伟大的山水画卷，这是"五四"时期所无法比拟的。对山水自然的多角度多层次描写有新的成就，由于专注绘画和园林的鉴赏，有些作者还把说明文写法引进记游文学，增强了丰厚细致的艺术效果，作品更充分地表现了作者的高层次知识结构，故多博识与精鉴相互结合的佳篇。20 世纪 30 年代游记散文取得了一定的成就，主要有郁达夫的《屐痕处处》《达夫游记》，朱自清的《欧游杂记》《伦敦杂记》等。

二、散文游记具有四方面的特征

1. 借景抒情，具有浓郁的抒情性

散文游记以写景为主，但在写景的过程中，往往寓寄着作者的感情。作者在赏景记游的过程中，将感情寓于具体的写景叙事或形象塑造上，通过景物、情节或人物抒发自己的感受。如唐柳宗元《始得西山宴游记》一文中，通过描写作者登上西山后所见的景色："其高下之势，岈然洼然，若垤若穴；尺寸千里，攒蹙累积，莫得遁隐，萦青缭白，外与天际，四望如一。然后知是山之特立，不与培塿为类。"抒发了作者在临西山时那种"心凝形释，与万物冥合"，陶醉于大自然的深切感受，流露出作者对当时处境的不满，也暗寓着他虽身处逆境但仍然执著追求革新的精神。在一幅绚丽多姿、萦青绕白的山水图画里蕴藏着一位失意政治改革家深厚的情感。

2. 抒怀写意，具有较强的说理性

散文游记就是记叙游览中的所见所闻所感所想，因此，情、景、理互相交融，浑然一体。作者在写景的过程中，抒怀写意，记游喻理，寓理于景。如王安石《游褒禅山记》就是一篇以抒写感受、发表议论为重点的游记。作者记游喻理，紧密结合，以"深"、"难"、"奇"为中心，抒发了许多感慨："夫夷以近，则游者众；险以远，则至者少。而世之奇伟、瑰怪、非常之观，常在险远，而人之所罕至焉。故非有志者不能至也。"这既是写游褒禅山，又是写作大事业，使具体的叙事增加了思想深度，又使抽象的说理具有了形象性和生动性，使全文具有很强的说理性。

3. 摹山绘水，具有强烈的美感性

旅游是一种审美活动，整个旅游过程就是一种追求美的过程。所以，游记散文在摹山绘水的记游过程中，也就反映出特定的审美内容，具有强烈的美感性。旅游活动多种多样，游记散文的审美内容也丰富多彩，既可描绘建筑、雕塑、壁画体现出其艺术美；也可描写旖旎多姿的风光、历史悠久的古迹等体现其自然美、社会美；还可通过作者的巧妙构思、准确描绘体现出意境美、语言美。如范仲淹的《岳阳楼记》、郦道元的《三峡》等都体现出强烈的美感性。

4. 内容丰富，具有很强的知识性

游记散文通过生动形象地描写，不仅能描绘出山水美、社会美，更能传达出丰富的知识，能给读者提供与旅游活动相关的各种知识信息，包括各种历史文化知识、民情风俗知识、自然科学知识等，能使读者开阔眼界、启迪智慧。如郦道元的《水经注》、杨炫之的《洛阳伽蓝记》、徐宏祖的《徐霞客游记》，不仅是优秀的文学作品，同时还为我们提供了大量的水文、地理、佛学、建筑、风俗民情等知识，使读者在赏析作品的同时获取到丰富的知识。

第四节　小说

"小说"一词最早见于《庄子·外物》"饰小说以干县令，其于大达亦远矣。"这里的小说指游说之士的言辞，与今天所说的文学意义上的小说不尽相同。东汉时，桓谭《新论》中称小说是"合丛残小语"而写成的"短书"，班固《汉书·艺文志》中把小说家列为诸子之末，并说："小说家者流，盖出于稗官，街谈巷语，道听途说者之所造也。"这是说小说来自于民间的口头传说。

中国小说源远流长，小说的产生可以溯源很早。大约产生于秦汉以前的《山海经》和《穆天子传》，保存了许多神话传说，在一些书里夹杂着不少寓言故事，它们是小说的萌芽。班固《汉书·艺文志》还著录小说十五家，但只有极少的遗文保存了下来。在汉人的著作里被称为杂史的《吴越春秋》和《越绝书》等，已富有小说的意味。汉魏时期的《燕丹子》，是现在公认最早的近似于小说的作品，但著作者难以考定。中国真正的小说创作从魏晋南北朝时期开始，那时，小说创作盛行，产生了许多作品。它们大致可分为志怪和轶事两类。志怪小说来源于古代神话传说。魏晋南北朝志怪小说保存30多种，如托名东方朔的《神异经》、《十洲记》，托名班固的《汉武帝故事》、《汉武帝内传》，张华的《博物志》，王嘉的《拾遗记》，干宝的《搜神记》等。志怪小说对于中国小说史上说狐道鬼流派的形成起了发源开流的作用，但多数作品仍是"粗陈梗概"，作者只是记录、整理群众口头创作的成果，想象和虚构也还未能从宗教的束缚中解脱，只有到了唐代传奇出现时，文人才开始独立地、有意识地创作小说，这才是古典小说的成就。轶事小说的先河主要为史传文学。另外，诸子寓言和秦汉短书也可是短篇轶事小说的发端，纯粹记述人物轶事的小说，有晋代裴启的《语林》、郭澄之的《郭子》、宋代刘义庆的《世说新语》、梁代沈约的《俗说》等。《世说新语》保存较完整，是轶事小说的代表。

中国小说发展到唐代，进入了一个新的阶段。唐代用文言写的短篇小说称为"传奇"。因晚唐裴铏的小说集《传奇》而得名，是唐代流行的文言短篇小说的总称。其篇幅短小、情节奇特、神异。唐传奇标志着我国古代短篇小说的成熟。唐传奇是由六朝志怪小说发展来的，但已有根本性质的变化，志怪小说是把神异故事当做实事、传说来记载，而唐人写传奇则是有意识地从事创作。除志怪小说外，轶事小说以及唐以前的史传文学在结构和刻画人物方面也给传奇的创作以很大的影响。传奇小说是我国小说发展的新阶段。与魏晋时期的志人志怪小说相比，它呈现出了一些新特点，在内容上比魏晋小说更加丰富，更为贴近现实；艺术手法上，唐传奇的结构、情节、人物形象塑造等手法更为成熟；在创作目的上，唐传奇创作目的更为自觉，即是鲁迅先生在《中国小说史略》中所说的"唐人始有意为小"。

因此，我们说，唐传奇是我国古典小说发展的新阶段。唐传奇的发展大约经历了三个阶段，初盛唐时期是由志怪小说到传奇小说的过渡时期，是传奇的初步发展阶段。代表作品有王度的《古镜记》、无名氏的《补江总白猿传》等。中唐时期是传奇的繁荣时期。作家作品多，成就也最高。这一时期的作品以反映现实生活为主，即使谈神怪也具有现实生活内容。题材也开始由志怪转入现实生活的描写。艺术成就也很高。其中尤以爱情题材成就最高。主要作家作品有沈既济的《枕中记》、《任氏传》，李朝威的《柳毅传》，江防的《霍小玉传》，李公佐的《南柯太守传》，白行简的《李娃传》，陈鸿的《长恨歌传》，元稹的《莺莺传》等。晚唐是传奇进一步繁荣发展而后走向衰落的时期。这一时期出现了大批的传奇专集,如牛僧孺的《玄怪录》、薛用弱的《集异记》等。这一时期的传奇作品数量虽多,在艺术技巧方面也有某些提高,但距离现实生活却越来越远,在农民起义的大背景下逐渐走向衰落,唐传奇标志着我国古典短篇小说的成熟,从此小说正式形成了自己的特点,成为一种独立的文学形式。

宋元话本是我国小说发展史上的一个崭新阶段,有继往开来、承先启后的作用,它初步形成了中国古典小说的民族形式和民族风格,可以说对后来明清白话小说的发展起了奠基作用,同时,小说话本对明清的传奇、志怪之类的文言小说在题材内容形式上也有一定的影响。此外,讲史话本对后来的《三国演义》、《水浒传》、《封神演义》等历史小说的成书都有很大的影响。现存宋元话本的"小说"包括《京本通俗小说》的全部,《清平山堂话本》中的大部和《喻世明言》、《警世通言》和《醒世恒言》中的小部分,约40篇。成就最高的作品是《碾玉观音》和《闹樊楼多情周胜仙》等。

明代小说的发展,可以简括地分为两大阶段:前段(洪武至嘉靖年间),宋元话本发展成熟,以《三国志通俗演义》、《水浒传》、《西游记》为代表;后段(嘉靖至崇祯年间),长篇文人创作出现,短篇的繁兴,以《金瓶梅》、《三言》、《二拍》为代表。明代长篇小说,一般按题材内容分为四大类:一类是讲史小说,包括历史演义和英雄传奇两种,以罗贯中的《三国志通俗演义》(后经清人毛宗岗加工改题《三国演义》)、《水浒传》为代表。二类是神魔小说,它以神魔鬼怪、奇异幻想故事为特点。以吴承恩的《西游记》,许中琳编的《封神演义》等为代表。三类是世情小说,它以社会现实中的家庭生活琐事,通过人物悲欢离合,描写世态炎凉。以兰陵笑笑生的 《金瓶梅》(或谓他人所著)为代表。它以乡镇恶霸西门庆为中心,详尽地揭露出统治阶级官场的腐朽、社会生活的阴暗和官僚地主的荒淫纵欲。它以现实日常生活为题材,展示了广阔的生活画面,塑造了众多的各色人物,使现实主义小说开创了新阶段,创作方法对后世影响较大。四类是公案小说,它以描写冤狱诉讼公案,反映出明末政治黑暗和社会腐败,重要作品有《海刚峰先生居官公案传》、《包孝肃公百家公案演义》、《皇明诸司公案传》。它们歌颂海瑞、包拯、况钟等清官,追求情节的离奇曲折,传扬鬼神迷信和封建伦理道德。明代短篇小说盛行于中叶以后,出现了冯梦龙所编的《三言》和凌蒙初的《二拍》等拟话本。《三言》中的拟话本,更代表了明代短篇小说的成就。

清代小说的发展分为前后两期:前期(清初至乾隆末年),题材广,名家名作多,内容与形式各方面都比明代有较大发展与提高。一是历史演义和英雄传奇,大都借历史题材表现现实的民族意识和反抗暴政压迫斗争。如《水浒后传》、《隋唐演义》、《说岳全传》等所写的历史故事和英雄人物，都久传不衰。二是短篇文言小说，继承发展了六朝志怪、唐代传奇，多方面反映现实生活，暴露黑暗，向往光明幸福，使古典文言短篇小说达到高峰，如《聊斋志异》。三是产生了古典讽刺小说的杰作《儒林外史》。它以现实主义讽刺手法，反映了现实生活，其中对读书人受科举毒害，市侩利害得失造成的灵魂扭曲与丑恶，作了极其深细的描绘。四是出现了中国古典长篇小说顶峰作品《红楼梦》。它通过贾宝玉、林黛玉和薛宝钗三人爱情与婚姻悲剧故事，描写了贾、史、王、薛四大封建贵族家庭的衰败，反映了封建末世的现实和封建社会的必然崩溃。小说在揭示封建社会的腐朽没落的同时，表现出渴望个性自由解放的初步民主主义倾向。它的现实主义艺术成就在古典小说中无与伦比。五是《醒世姻缘传》、《绿野仙踪》、《斩鬼传》等长篇小说和话本小说《醉醒石》、《照世杯》、《五色石》等，也都从不同方面、不同程度上反映了现实生活。后期（嘉庆至道光二十年），总体上成就不如前期。即使较好的作品也表现出衰退趋势。思想内容、艺术形式都不如前期同类作品。较有新意的是《绿牡丹》、《雷峰塔奇传》、《粉妆楼全传》和《镜花缘》等。

近代小说的新局面，是随着资产阶级登上政治舞台而出现的。20 世纪初，一场号为"小说界革命"的文学运动，揭开了中国小说史上新的一页。"小说界革命"的口号，虽然直到 1902 年才由梁启超在《论小说与群治之关系》中正式提出，但戊戌前后文学界对域外小说的介绍和对小说社会价值的强调，以及对别具特色的"新小说"的呼唤，可以看做是小说界革命的前奏。也就是说，戊戌变法在把康、梁等维新志士推上政治舞台的同时，也把新小说推上了文学舞台。晚清小说呈现出一派繁荣景象。著名的作品有四大谴责小说《官场现形记》、《二十年目睹之怪现状》、《老残游记》、《孽海花》等。

我国现代小说继承我国古典小说创作的优良传统，借鉴别国小说创作的宝贵经验，随着五四运动的发生发展而产生发展，具有鲜明的现实主义色彩。鲁迅在五四运动爆发前夕，创作出《狂人日记》，这是我国现代文学的第一篇小说，继而写出《孔乙己》、《药》等共 14 篇小说，编成《呐喊》，接着创作出《祝福》等 11 篇小说，编成《彷徨》。著名作家作品还有茅盾的《蚀》三部曲：《幻灭》、《动摇》、《追求》；"农村三部曲"：《春蚕》、《秋收》、《残冬》和长篇小说《子夜》，短篇小说《林家铺子》、《春蚕》等。叶圣陶的短篇小说《多收了三五斗》和现代文学史上最早出现的长篇小说《倪焕之》。郁达夫的短篇小说《春风沉醉的晚上》、长篇小说《沉沦》。老舍的长篇小说《骆驼祥子》和《四世同堂》。巴金的"爱情三部曲":《雾》、《雨》、《电》和"激流三部曲":《家》、《春》、《秋》。沈从文的中篇小说《边城》,丁玲的《太阳照在桑乾河上》,赵树理的《小二黑结婚》、《李有才板话》,周立波的《暴风骤雨》,杨沫的《青春之歌》,曲波的《林海雪原》,杜鹏程的《保卫延安》,柳青的《创业史》,王蒙的《青春万岁》等。

第五节　楹联

楹联是对联的雅称,楹联因古时多悬挂于楼堂宅殿的楹柱而得名,对联是楹联的泛称,在一般情况下两者可以通用。对联,又称楹贴、联语、对句,俗称对子。它言简意深、对仗工整、平仄协调,可以说,对联艺术是中华民族的文化瑰宝。对联历史悠久,流传广泛,雅俗共赏,在我国众多的名胜古迹之中,对联随处可见,这些对联都和旅游景点相关的历史传说、人情风物有密切的联系,与景点融为一体,往往成为旅游景点的有机组成部分,也是景点的重要欣赏对象,给人知识,发人联想,助人游兴,同时也是研究社会史的资料来源。楹联是旅游文学的重要组成部分,了解和掌握楹联知识对旅游者和旅游工作者都是非常重要的。

一、楹联的产生与发展

对联的起源与发展主要经历了三个阶段:①对联的孕育产生时期——从先秦到五代;②对联的发展时期——宋代、元代;③对联的鼎盛时期——明代、清代。

1)对联的孕育产生时期——从先秦到五代。对联的产生首先是因为我国的诗辞歌赋中有对偶句。对偶句可溯源至先秦古籍中,如《诗经》中就有这样的句子:"昔我往矣,杨柳依依,今我来思,雨雪霏霏。"《尚书》中也有"满招损,谦受益"等。汉代时,赋体盛行,在这种文体中,骈偶对仗得到了自觉、更广泛的运用。魏晋以后,出现了骈体文,这种骈文常常通篇都用对偶句组成。唐代时,律诗成熟,其中的对仗句形式多样,刻意求精,为人们所乐于吟诵。对联是从律诗的对仗句中脱胎出来演变而成的。

对联在我国有着悠久的历史,它起源于题书桃符。秦汉以前用桃木作板书写神书,悬挂于门前左右，以避邪驱鬼，所谓桃符，即把传说中的降鬼大神"神荼"和"郁垒"的名字，分别书写在两块桃木板上，悬挂于门左右，以驱鬼压邪。这种习俗持续了一千多年。据《宋史蜀世家》记载，五代后蜀主孟昶"每岁除，命学士为词，题桃符，置寝门左右"。末年（公元964年），学士章逊撰词，昶以其非工，自命笔题云："新年纳余庆，佳节号长春。"这是我国最早出现的一副春联。春联的出现，标志着对联从漫长的萌芽状态进入迅速发展的时期。

2）对联的发展时期——宋代、元代。宋代以后，民间新年悬挂春联已经相当普遍，王安石诗中"千门万户曈曈日，总把新桃换旧符"一句，就是当时盛况的真实写照。由于春联的出现和桃符有密切的关系，所以古人又称春联为"桃符"。北宋以后，对联这种形式有了蓬勃发展和广泛的运用。对联已不仅仅用于春联。在许多建筑物的楹柱上也开始书写对联，称为楹联。人们之间在相互交往庆吊上也开始使用对联。宋代著名的文学家、学者苏轼、王安石、朱熹都写过许多对联，如苏东坡题武昌黄鹤楼联：

爽气西来，云雾扫开天地憾

大江东去，波涛洗尽古今愁

抒发了诗人登上拔地而起旅踞大江的黄鹤楼的感慨，寓意无穷。

又如朱熹题福州西禅古寺联：

碧涧生潮朝自暮

青山如画古尤今

生动地描绘了西禅古寺的景象。元代的对联没有大的发展。

3）对联的鼎盛时期——明代、清代。直到了明代，人们才使用红纸代替桃木板，出现了我们今天所见的春联，据《簪云楼杂话》记载：明太祖朱元璋定都金陵后，除夕前，曾命公卿士庶家门须加春联一副，并亲自微服出巡，挨门观赏取乐。尔后，文人学士无不把对联作对视为雅事。"对联"一词兴始于明代，到了清朝乾隆年间，更加流行，几乎家家户户都有吉祥词语悬挂于厅堂。

随着对联发展的兴盛和繁荣，明清两代各个时期出现了许多对联的名家和高手。现在我国各地的名胜古迹中保存下来的对联，绝大多数都是出自明清时期。明朝的对联大家首推解缙。解缙是明成祖时的翰林学士，他的对联工整严谨，构思巧妙，许多至今还为人所传诵。明代著名的吴中四才子：唐伯虎、祝枝山、文徵明、徐祯卿都是名噪一时的作联高手，风景秀丽的江南园林留下了他们许多精妙对联。此外明代杰出的人物于谦、海瑞等人都有对联传世。

清朝对联的发展规模又远远超过了明朝。这不单单体现在对联的数量之多、质量之高等方面，而且妙手大师也如雨后春笋层出不穷，如纪昀、郑板桥、梁章钮、袁枚、翁方纲、何绍基、曾国藩、林则徐、左宗棠、石达开等，更重要的是开始有了搜集、记述和研究对联的著作问世。纪昀是乾隆时期的一代奇才，他不仅是中国历史上辉煌巨著《四库全书》的总编修，而且是对联的泰斗。如在乾隆五十年（1785 年）乾清宫的千叟宴上，乾隆皇帝以一位 141 岁的老叟为题出了个上联，征下联。其上联是：

花甲重逢，增加三七岁月

60 岁为一花甲，"花甲重逢"为 120 岁，再增加"三七岁月"即 21 岁，恰好是141 岁。这个嵌入了一道算式的上联，正使百官苦思不解时，纪昀出口道：

古稀双庆，更多一度春秋

人生七十古来稀，"古稀双庆"为 140 岁，再多"一度春秋"便是 141 岁。纪昀的这副下联妙绝千古。

曾国藩第一个用文章格调属对，为我国的对联的发展和繁荣开辟出了新的广阔的道路。曾国藩路过成都桂湖联：

五千里秦树蜀山，我原过客

一万顷荷花秋水，中有诗人

这副对联不拘泥传统的四六句式，娓娓动听地用散文笔法叙述了不曾被"秦树蜀山"吸引的"诗人"（即作者），却被桂湖的"荷花秋水"留恋住了，构思巧妙，别具匠心。

二、榴联的种类

按应用范围可以分为春联（含节日联）、门联（含行业联）、喜联、寿联、挽联、交际联、堂联、名胜古迹联、文艺作品联、杂类等十多类。

1. 春联（含节日联）

春联又叫春帖，是春节时贴的对联，是对联中出现最早、应用范围最广的一种类型。内容主要是表现人们辞旧迎新的愉悦心情和积极向上的奋发精神。春联一般都贴在门上，都有横批。

2. 门联（含行业联）

门联又叫门帖、门对，是主要反映门第特征和行业性质的对联。其中有的是雕刻、嵌缀在门两旁的永久性对联，有的是在开张或举行庆典时张贴。

3. 喜联

喜联是婚嫁时的专用对联，又叫婚联，多贴在门旁及箱柜等处。内容多为百年好合、白头偕老等喜庆祝愿的吉利话。

4. 寿联

寿联是为年长者祝寿专用的对联，内容多是称颂长者功德业绩，祝其健康长寿。在寿联中，有一些自己写的"自寿联"，多为愤世嫉俗，言志抒怀之作，往往能反映撰者的真实感情与平生志趣。

5. 挽联

挽联是哀悼死者、治丧祭祀时专用的对联，由古代的挽词演变而来，内容大多为评价逝者功业、褒扬其精神情操，寄托生者之哀思。盛情深华，文辞恳切。

6. 交际联

交际联是人们专门用作酬赠交谊的一类饰联，多应用于社会名流以及文人学者之间，作品往往有较高的艺术性。

7. 堂联

堂联是人们用于美化厅堂居室的一种装饰联，往往寄寓主人与作者的情趣、志向与抱负，立意优雅、格调不凡。

8. 名胜古迹联

悬挂、嵌缀或雕刻在山水名胜和历史名人、历史遗迹纪念地的对联。

9. 文艺作品（含题画）联

它是出现在文艺作品中的对联。

10. 可以归入杂类的对联

可以归入对联杂类的有灯联、谜联、宣传联等。

三、楹联的特点

对联是由律诗的对偶句发展来的，它保留着律诗的某些特点。对联要求对仗工整，平仄协调，上联尾字仄声，下联尾字平声。对联文字长短不一，短的仅一两个字，长的可达几百字。对联形式多样，有正对、反对、流水对、联球对、集句对等，但不管何类对联，使用何种形式，都具有以下特点：

1）字数相等，断句一致。对联文字长短不一，短的仅一两个字，长的可达几百字。任何一副对联，上下联字数可以不限，但必须相等。与律诗的对仗句不同的是，对联句式灵活，长短自如，篇幅也不固定，完全根据内容要求，可多可少。如名人巧对"孙行者，祖冲之"，共六个字，却表达了一个完整的意思。

2）平仄相合，音调和谐。平仄的概念："平"指普通话阴平、阳平，即第一、二声，如"妈、麻"，在对联中称为"平声字"；"仄"指普通话上声、去声，即第三、四声，如"马、骂"，在对联中称为"仄声字"。平仄相合，音调和谐就是声调相互协调，以便读起来朗朗上口，有音韵感。传统习惯是"仄起平落"，即上联末句尾字用仄声，下联末句尾字用平声。这主要是为了音的和谐，错落起伏，悦耳动听，铿锵有力。在对联中运用平仄规律，主要表现在两个方面：①上下联的每个联句内，平仄声的安排应是有规则地交替，一般是两个音节（字）一转换；②上下联之间，对应的音节，一般应该平仄相对，即平对仄，仄对平。不管对联长短如何，上下联最后一句的句脚（最后一字），一般说应该是上仄下平。

例：成都望江楼顾复初写的一副对联：

引袖拂寒星，古意苍茫，看四壁云山，青来剑外

（仄仄平平平，仄仄平平，仄仄仄平平，平平仄仄）

停琴伫凉月，余怀浩渺，送一篙春水，绿到江南

（平平仄平仄，平平仄仄，仄仄仄平平，仄仄平平）

从上面所标的平仄，我们可以看出对联平仄交替与对立使用的规律。

3）词性相对，位置相同。一般称为"虚对虚，实对实"，就是名词对名词，动词对动词，形容词对形容间，数量词对数量词，副词对副词，而且相对的词必须在相同的位置上。

对联中的对仗主要有以下几种：

①工对：是指上下联之间的字词或语句间对偶十分工整、妥帖。比如就名词说，上下联不仅要名词对名词，而且要求名词中细分的同一小类如天文类、时令类、地理类、文字类等，也相对，才叫工对。

②宽对：是指词性相同或相近的词构成的对仗，如名词对名词（不必分类）、动词

对动词（包括不及物动词对及物动词）、形容词对形容词、副词对副词等。上下联如果对应的词的词性多数相同，即做到了半对半不对，也是一种宽对。

③借对：包括借义和借音两种情况。借义是指一个词（字）有两个以上的意义，联句中用的是甲义，而同时又借用它的乙义与相对应的词（字）形成对仗。借音是指用与联中本字同一读音的另一个字来跟另一联相对应的字形成对仗。如桂林叠彩山联：

漓江酒绿招凉去

常侍诗清赏雨来

"清"字借用了同音的"青"字与"绿"形成对仗。

4）内容相关，上下衔接。所谓"相关"，是说上下联的内容必须彼此关联，不能风马牛不相及。上下联的关系，有的相向，有的相反，有的相继或相补，有的相交或相同，总之，是相辅相成或相反相成，共同构成一个整体。关联的方法主要有：

正对：上下联的具体内容相同或者相似，但从不同的角度来说明同一事理，内容上互为补充，这叫"正对"。例：

登楼看月胸襟阔

把酒临风感慨多

反对：通过一正一反（常使用反义词）的描写或说理表达同一个主题。例：

多官即少味

无欲斯有为

串对：串对也叫"流水对"，就是一个意思分两句说，两句合起来是一个整体。例：

直登云麓三千丈，

来看长沙百万家。

上下联内容相同，但并不要求都相同，且多数对联上下联内容是不同的，但必须相关。内容相同的上下联是围绕同一事物或同一现象，但从不同角度、用不同表达方式去阐述，而不是上下联的重合。

如广东文丞相祠联：

南宋状元宰相

西京孝子忠臣

以"状元宰相"赞扬其官位之高，以"孝子忠臣"赞扬其道德之美，所颂扬的则是同一个人（文丞相）。

又如江苏项羽庙联：

但以诗书教子弟

莫将成败论英雄

"教子弟"与"论英雄"旨在下联，上下联是衬托关系。上下联内容均一正一反，但彼此的内涵及逻辑关系都是很紧密的。

四、名胜古迹联赏析

（1）武侯祠三国对联：

使君为天下英雄，正统攸归，王气钟楼桑车盖

巴蜀系汉朝终始，遗民犹在，霸图余古柏祠堂

（清人完颜崇实撰书）

上联：陈寿《三国志·蜀书·先主传》载曹操曾对刘备说："今天下英雄，唯使君与操耳"（使君本是使者的尊称，后代常用来指州郡长官，刘备曾为豫州牧即州长官，故称使君）。又载刘备屋舍东南角有一株桑树高五丈余，远望如车盖，时人说他家有王气。作者据此说刘备是天下英雄，为汉王朝正统攸（所）归，楼桑如车盖就是王气所钟（聚集）的明证。

下联：史称刘邦创立汉朝，先从汉中后定三秦，然后统一天下。刘禅在成都降魏，汉朝才最后灭亡，所以说巴蜀关系到汉朝的始终。遗民还在，怀想当年霸业，只剩这座古柏森森的祠堂了。

（2）湖南岳阳楼联：

四面湖山归眼底

万家忧乐到心头

（佚名）

本联联句较短，以极为简洁的语言概括了岳阳楼的特点。联语说，登楼远眺，四面八方的湖光山色尽收眼底，于是千家万户的忧愁和欢乐一起涌上心头。上联写景极为壮阔，下联既表现了作者对民众生活的关心，又自然地巧用了范仲淹"先天下之忧而忧，后天下之乐而乐"的名句。上联的景为下联的情做了铺垫；下联的情又使上联的景在读者眼中得到升华，内容丰富，含义深邃。

（3）北京颐和园十七孔桥联：

烟景学潇湘，细雨轻航暮屿

晴光缅明圣，软风新柳春堤

（佚名）

十七孔桥在颐和园东堤，西连南湖岛，长几十米，有桥孔十七个，故称十七孔桥，又称长桥。乾隆曾题匾额，形容它像长虹一样凌驾于碧波之上。此联写十七孔桥周围的春日胜景。作者以"潇湘八景"与"西湖十景"中与该时、该地情形相类似的景致作为附丽，巧加排列，细致描摹，赏心悦目，美不胜收。

上联是仿制一幅潇湘烟雨图。"细雨"使人想起"潇湘夜雨"，"轻航"使人想起"远浦归帆"，"暮屿"使人想起"渔村落照"，而这三景组合在一起，又成了一幅独立的画面：在一片蒙蒙雨雾中，远帆归来，落脚在这夕阳余晖中的渔村，一日的疲劳，终于有了片刻的安闲。再一联想，这幅画面与昆明湖的雨景也是颇为类似的。当人们驾舟穿梭，游兴正浓的时候，突然降下丝丝细雨，这细雨虽无覆舟之险，却有透衣之凉，无奈何，只好就近避雨，定有不少游船驶向这南湖小岛。如果此时正值黄昏，夕阳灿金，金辉涂染，那么落晖与细雨交融在一起，一定会别有一番景致。

下联则是借来一幅西湖（明圣湖）春景，"软风"使人想起"曲院风荷"，"新柳"使人想起"柳浪闻莺"，"春堤"使人想起"苏堤春晓"，而这三景同样也组成了一幅画面：和风如梳，轻吹慢拂，为千行嫩柳梳理着长丝绿发，但见得长丝飘扬，绿发作浪，把一条春堤装点得妩媚动人。当春日风徐，漫步在颐和园的东堤，看到这样一幅风帘翠幕的佳景，使人目醉神酣。觉得这京城的东堤并不逊色于江南的苏堤。

此联上下句各借两幅图，而这两幅图景又是和谐统一的。潇湘的"雨"与西湖的"风"、潇湘的"烟"与西湖的"柳"，浑然织成一幅雨丝风片、烟柳画桥的新的画面。这就是十七孔桥春雨画。

【本章小结】

旅游文学的审美意义在于它集中地反映了旅游生活美，展示了人的自由，激励人的创造精神。本章主要讲述古今旅游文学发展演变规律，介绍经典的旅游文学作品和实地旅游感受的表达；了解古今著名旅游家及其文学作品，提高文学趣味和鉴赏能力；了解旅游文学的特点及旅游文学发展史中各阶段的特征；充分认识祖国的优秀旅游文学作品及文化资源，增强对祖国传统文化的了解及热爱，陶冶情操、洗濯心灵；培养学生热爱大自然的高尚情趣；了解并学会欣赏人文与自然景观的奥妙，提高审美水平，提升旅游质量。通过本章节的学习，对提高旅游专业的学生的文学欣赏水平和审美素质修养将有很大作用，在人才培养地位中起着进一步提高人才素质的作用。

参考文献

[1] 徐日辉. 中国旅游文化 [M]. 黑龙江：黑龙江人民出版社，2012.

[2] 张新. 中国旅游文化 [M]. 北京：中国科学技术出版社，2011.

[3] 张启. 旅游文化 [M]. 浙江：浙江大学出版社，2010.

[4] 刘建章. 中国旅游文化 [M]. 陕西：西北工业大学出版社，2010.

[5] 黄成林. 旅游文化 [M]. 安徽：安徽师范大学出版社，2010.

[6] 韦燕生. 中国旅游文化 [M]. 北京：旅游教育出版社，2010.

[7] 庄坚毅. 中国旅游文化 [M]. 北京：北京理工大学出版社，2010.

[8] 喻学才. 旅游文化学 [M]. 北京：化学工业出版社，2010.

[9] 沈祖祥. 旅游文化概论 [M]. 福建：福建人民出版社，2010.

[10] 尹华光. 旅游文化 [M]. 北京：高等教育出版社，2003.

[11] 华国梁. 中国旅游文化 [M]. 北京：中国商业出版社，2003.

[12] 康玉庆. 中国旅游文化 [M]. 北京：中国科学技术出版社，2005.